铁军匠心

—— 陕西建工第一建设集团有限公司 编著 ——

中国建筑工业出版社

图书在版编目（CIP）数据

铁军匠心 / 陕西建工第一建设集团有限公司编著
. —北京：中国建筑工业出版社，2023.10
 ISBN 978-7-112-29181-6

Ⅰ.①铁… Ⅱ.①陕… Ⅲ.①建筑企业集团—概况—陕西 Ⅳ.① F426.9

中国国家版本馆 CIP 数据核字（2023）第 175544 号

责任编辑：毕凤鸣
责任校对：姜小莲

铁军匠心
陕西建工第一建设集团有限公司　编著
*
中国建筑工业出版社出版、发行（北京海淀三里河路9号）
各地新华书店、建筑书店经销
北京建筑工业印刷有限公司制版
北京富诚彩色印刷有限公司印刷
*
开本：787 毫米 ×1092 毫米　1/16　印张：16¼　字数：298 千字
2023 年 9 月第一版　　2023 年 9 月第一次印刷
定价：**168.00** 元
ISBN 978-7-112-29181-6
　　（41909）

版权所有　翻印必究
如有内容及印装质量问题，请联系本社读者服务中心退换
电话：（010）58337283　QQ：2885381756
（地址：北京海淀三里河路9号中国建筑工业出版社604室　邮政编码：100037）

铁军匠心

潘建生 题

忆昔西北建筑军能征善战，铁精神继承奋发兴伟业，保持荣誉代代之人

为陕西省第一建筑工程公司题

一九九五年二月 萧桐书

萧桐　原城乡建设环境保护部副部长

编写指导委员会

主　任：
　　毛如柏　第十五届中央委员，第九届、第十届全国人大环境与
　　　　　资源保护委员会主任委员，建设部原副部长
　　潘连生　陕西省政府原副省长，陕西省人大常委会原副主任

副主任：
　　肖绪文　中国建筑业协会副会长，中国工程院院士
　　吴　涛　中国国际贸易仲裁委员会副主任，中国建筑业协会原副会长
　　　　　兼秘书长
　　李里丁　中国建筑业协会文化分会会长，陕西建工集团原总经理
　　毛继东　陕西建工控股集团有限公司党委副书记、总经理

委　员：
　　梁新向　中国建筑第八工程局原董事长（曾担任过陕建一公司前身
　　　　　部队基层单位领导）
　　肖玉龙　陕西省第一建筑工程公司原经理，后任陕西建工集团
　　　　　副总经理，陕西外经贸集团党委书记、董事长
　　刘明生　陕西建工控股集团有限公司总工程师
　　张培林　陕建一建集团原党委书记、董事长，后任陕药集团纪委书记

李忠坤　陕建一建集团原党委书记、董事长，后任陕西建工集团副总经理

章贵金　陕建一建集团原党委书记、董事长，后任陕西建工控股集团有限公司董事

李玉林　陕西省建设工程质量安全监督总站原站长

黄忠银　陕西省第一建筑工程公司原经理

徐长树　陕西省第一建筑工程公司原党委书记

杨江兴　陕西省第一建筑工程公司原副总会计师

孙潼太　陕西省第一建筑工程公司原经理助理

杨怀民　陕西省第一建筑工程公司原经理助理

编写委员会

主　任：
　　黄海龙　陕建一建集团党委书记、董事长

副主任：
　　高　雄　陕建一建集团党委副书记、总经理

委　员：
　　程华安　陕建一建集团纪委书记、工会主席
　　刘家全　陕建一建集团总工程师
　　刘丹洲　陕建一建集团副总经理
　　李引胜　陕建一建集团副总经理
　　吉　哲　陕建一建集团副总经理
　　翟永为　陕建一建集团总会计师
　　李　红　陕建一建集团副总经理
　　杜　旭　陕建一建集团副总经理
　　张　立　陕建一建集团副总经理
　　袁　勇　陕建一建集团原纪委书记、工会主席
　　龚后雨　中国建设报主任记者，资深媒体人，作家
　　刘　飞　著名记者，资深媒体人

邓　阳　中筑华鼎（北京）咨询管理有限公司总经理

主　编：

龚后雨

副主编：

袁　勇

参编人员：

尹义钢　邢书林　吕益平　刘　飞　刘成荫　李艳玲　吴苏楠
余大洋　张　娜　张顺红　周　鹏　屈立娜　孟　雯　胡　萍
高旭升　郭文艳　郭海鹰　蒲　伟

序一

"铁军匠心"代代相传

在陕建一建集团成立七十周年之际,《铁军匠心》一书与读者见面了,值得庆贺。

翻阅书稿,里面充满了人们深情的回忆,记载着企业跌宕起伏的历史,是企业70年蹉跎岁月的生动再现。读后,使人无不为之动容,为之感叹!

在回望中,我们深切地感受到建筑对于国家民生,对于国家建设发展是何等的重要啊!建筑业不愧为国民经济的支柱产业,建筑工人不愧为国家建设的功臣,多少年来,他们为改变国家城市面貌,促进人类文明进步做出了多么重大的贡献。直至今日,我们无论去到哪里,都能看到塔吊林立的建筑工地,都会看到千千万万建筑工人忙碌的身影。

陕建一建集团,曾经是中国人民解放军的一支建筑工程部队,师级建制,在革命战争年代,曾南征北战,屡建奇功。1953年,在社会主义建设初期,整建制转业地方落户西安。以后,随着国家经济体系改革和建筑企业转型升级改选,企业建制历经多次变革,企业名称也经历过多次易名。70年间,企业领导换了一茬又一茬,员工队伍也更新成长了一批又一批,无论社会环境还是企业面貌都发生了翻天覆地的变化。但是,企业和员工的钢铁意志、严明纪律、严谨作风和为国奉献的"红色基因"都始终没有变。特别是改革开放以来,他们勇立潮头,抓住机遇,不断创新，跨越了一道道险滩，攀登上一座座高峰，充分展示了一个特大型建筑企业的风采。现在陕建一建集团已经成为省建工集团名副其实的排头兵，2022年企业总资产已达245亿元，年生产总值达160多亿元。70年来，他们在省内外甚至海外承建了无数个重大工程项目（其中，不乏高度达200米甚至300米以上的超高建筑），更重要的是他们创建了大批优秀工程，据统计，仅获鲁班工程奖就达22项，可以说，陕建一建集团在中华大地上矗立起了一座座载入史册的丰碑，因而在我国建筑界也已声名鹊起，甚是可赞可喜！

纵观世界，可以看到，凡经济发达国家，必定有大批经济发达实体（企业），而每个经济发达实体（企业），必定有一套与之相适应的思想理念和文化，被人们称之为企业软实力。对于陕建一建集团而言，也是如此。70年来，他们始终十分重视企业思想政治工作，重视企业文化建设。他们用逐渐形成的"铁军文化"，培育出一支特别优秀的员工队伍，涌现出数百名劳动模范和英雄人物，是他们创造了陕建一建集团的辉煌业绩。

九万里风鹏正举，现今陕建一建集团正意气风发，跟随国家跨入了中国特色社会主义建设新时代，踏上了复兴伟大中华民族的新征程。我们完全可以相信，陕建一建集团的"铁军匠心"火花，一定能代代相传于后世，一定能再创新的辉煌。

潘连生

2023年6月6日

潘连生：陕西省政府原副省长、党组成员。

序二

匠心闪耀
——写在陕建一建集团七十华诞之际

时光荏苒，沧海桑田。伴随着新中国社会主义建设的声声号角，陕建一建集团穿越了血与火的革命风云，经历了建设与改革的岁月洗礼，迎着新时代高质量发展的春风一路走来。70年风雨兼程，弹指一挥间。

70年前的1953年，在中华人民共和国领袖挥手指引下，中国人民解放军的八个师，八万余军人整建制划转工程部队改为第一师至第八师，奔向大西北，落根西安城。从此，中国建设战线增添了一支"劳武结合，能征善战，以工为主"，作风顽强、永葆军威的生力军。1953年这支队伍又服从祖国建设需要集体转业改编为"建工部西北第二工程公司"，豪情满怀地投入国家第一个五年计划建设中，参加了新中国成立初期经济恢复时期的重点工程建设。先后承建完成了十多项"一五"落地关中地区的工程项目，用生命和热血为西北建设垒砖添瓦，创造了一个又一个的工程建设奇迹。

20世纪六七十年代，由于国内外环境复杂多变，我国的社会主义建设也陷入了非常时期。面对艰难的局面，陕建一建集团发扬自力更生，艰苦奋斗、拼搏向前的铁军精神，下定决心、排除万难，依然激情壮怀，斗志高昂的奋战在施工生产前线，抒写出波澜壮阔的历史画卷，涌现出众多可歌可泣的先进标兵和英雄模范，为国家新工业布局乃至今天西部大开发奠定了坚固的基石。

1978年，祖国大地改革开放号角吹响，在中国共产党十一届三中全会闭幕不久，中央领导就建筑业改革发表了重要讲话"从多数资本主义国家看，建筑业是国民经济的三大支柱之一""建筑业发展起来，就可以更好地满足城乡人民的需要""在长期规划中，必须把建筑业放在重要位置"，至此，一个深化建筑业改革、富民强国的重大战略决策列入了党和国家的重要日程，中国建筑业进入了高速发展的新阶段。作为当时西部改革开放的排头兵，陕建一建集团通过改制，较早实现了计划经济向市场经济的过渡，迎来了艰苦探索，奉献自我的新征程。从20世纪80年代初到进入21世纪2011年的30年间，公司传承红色基因，不忘初心使命，坚持改革开放，抢抓市场机遇，转换经营机制，创建文明工地，推广应用三新技术，不断提高市场竞争力，先后承建完成了西北军工城、陕西宾馆、东方大酒店、嘉翔大厦、蒲城电厂、神府污水处理厂、中通产业园、上海东海商业中心等一大批公共建筑和城市基础设施项目，构建出国有地方企业在改革开放浪潮中从小到大，从大做强改制史上一道道靓丽的城市风景线。

党的十八大以来，中国特色社会主义进入新时代，国民经济由高速增长转向高质量发展的新阶段。在以习近平同志为核心的党中央坚强领导下，建筑业深入贯彻"创新、协调、绿色、开放、共享"的新发展理念，以供给侧结构性改革为主线，全面推进稳增长、调结构、惠民生、防风险、补短板、促发展。坚持质量第一、效益优先、推动经济社会发展质量变革、效率变革、动力变革。正是在这个大背景下，陕建一建集团紧紧围绕国家大政方针和战略布局，举旗定向、夯实基础，加强团队建设，注重提质增效，以创建鲁班奖精品工程为质量目标，以推进工程总承包为主流模式，以智能绿色施工为新型建造方式，以党建文化建设为示范引领，正确选择了内强管理，外塑品牌的企业发展战略，较早做出了走科技创新驱动与质量效益型的发展道路，提出了"以质量求生存，以科技为引擎，以管理创效益，以诚挚树信誉、以品牌拓市场，以匠心创一流，以人文为基石"的企业发展宗旨。通过传承红色基因、加强党建引领、开展品牌建设等活动带动了企业综合管理水平与业务资质的整体提升，有力地推动了新时期省属国有企业"专业化、绿色化、信息化、数字化、产业化、现代化"的深度融合。十年来科技进步与管理创新一年一个台阶，市场开拓主体活力增强，大型工程项目中标率大幅度提高，先后承建和完成了陕西省人民大会堂、延长超高层办公楼、榆林大剧院、全运会场馆等一批"大、高、精、尖、难"具有高科技含量的绿色优质工程，创造了连续十年15个"鲁班奖工程"的新纪录。累计研发国家和省部级工法25项，创新发明技术专利3项，荣获省市级科技创新奖3项和2022年全国建设行业科技二等奖1项。尤其是在加强绿色施工技术研发和BIM技术推广应用方面取得了更加丰硕的成果，被授予"国家高新技术先进企业"和"全国工程建设科技创新示范单位"，彰显了大型国有企业引领行业技术进步的风采，用智慧和匠心竖起一座座行业丰碑，创造了陕建一建集团发展史上前所未有的辉煌业绩，成就了陕建一建集团欣欣向荣的盛世繁花。

陕建一建集团作为"兵转工"大中型国有企业，70年矢志不渝的为生存打拼，为责任付出，在发展中收获，2020年一举突破百亿大关，创造了施工产值和缴纳利税分别增长10倍和20倍的铁军传奇。从一组组数字图表，一项项经典工程，一座座金奖银杯中可以看出，陕建一建集团为经济社会发展和城乡面貌巨变做出的突出贡献，也见证着陕建一建集团70年的发展和变迁。

陕建一建集团之所以能够取得这样的辉煌业绩，并成为我国建设战线上一颗璀璨的明珠，就在于他始终保持着"南征北战铁军，祖国建设先锋"的国企本色，善于辩证地处理好"创业与传承、发展与创新"的关系。从20世纪50年代建立到80年代改制乃至以后几十年的改革发展始终坚持继承和弘扬部队的优良作风，敢打硬仗、善打硬仗、能打硬仗。在中华人民共和国建设发展史上谱写培育了"一建现象"和"铁军精神"。

一是陕建一建人善于把握时代脉搏、响应党的号召。他们瞄准国家政策、适应市场变化、贴近客户需求，从战略选择到战术实施、从经营理念到商业模式、从管理方法到实践探索，创造和形成了独特的"陕一建密码"，走出了一条省属国有大中型企业的自主创新之路，彰显了陕建一建集团这支铁军队伍与时俱进、跨越追赶、引领行业的时代精神。

二是陕建一建人具有不怕艰难、奋发图强的优良传统。70年顶严寒、冒酷暑、风餐露宿、披荆斩棘、不计名利、埋头苦干，用汗水和智慧为小家之福、大国之梦奠基筑宇，建设完成了一栋栋高楼和工厂，架起了一座座江河大桥，铺筑了一条条通向高原山间的公路隧道，在中华人民共和国的城乡建设史上留下了深深的足迹，发扬和传承了这支铁军队伍艰苦创业、顽强拼搏、自强不息的实干奋斗精神。

三是陕建一建人立足自身力量、不断探索、在实践中艰难攻坚。特别是面对计划经济转向市场经济的严峻挑战，善于在实践中学习和磨炼，在进军超高层建筑、特大型机场、场馆建设中，大胆改革、勇于创新，运用项目模拟股份合作制，着力提升"项目生产力"和工程总承包管理水平，攻克了一系列高、新、尖技术难关，一大批科技与管理创新成果转化为现实生产力，有力地提升了企业核心竞争力，在中华人民共和国的城乡建设史上，锤炼了这支铁军队伍锐意改革、科学进取、敢为人先的开拓创新精神。

四是陕建一建人在革命与建设实践中锤炼了"孜孜不倦、同舟共济、甘当孺子牛"的崇高品格。他们深知建筑承载记录着社会与时代的文明，更关系到广大人民群众的生命财产和安居乐业，来不得半点马虎和懈怠。每承接一项工程，班子成员运筹帷幄、精耕细管，一线员工精益求精、一丝不苟，在中华人民共和国的城乡建设史上书写了许多精彩之作，铸就了这支铁军队伍凝心聚力、勤奋团结、追求卓越的团队工匠精神。

五是陕建一建人自始至终立足于创造社会效益和履行国企责任。他们深知作为国有企业虽然是一个经济组织，但首先是一个社会组织。70年红心向党，坚守信仰，不论是在支农脱贫，还是抗震救灾、应急医院援建等方面，只要国家和人民需要，就会义不容辞、一马当先、不辱使命。从而铸就了这支铁军队伍勇于担当、服务人民、造福社会的乐于奉献精神。

70年风雨沧桑创业路，70载兼程跋涉献青春，70岁壮志凌云铸辉煌。70个春华秋实，陕建一建集团积累沉淀铸就了赤诚的红色基因、深厚的文化底蕴、卓越的建筑品质、雄厚的综合实力，无不彰显着陕建一建集团铁军精神的深刻内涵。

回眸历史，珍惜现代；面对未来，使命担当。发扬陕建一建集团铁军精神需要一代又一代人实干与传承。昔日的经典力作凝固在历史的扉页，将留下深刻的记印；已荣获的鲁班金像陈列于伟大祖国建筑艺术的殿堂，将成为后人追求卓越的榜样。新时代召唤陕建一建人用铁军的肩膀再一次托起高耸入云的大厦楼房，气势恢宏的宝塔场馆，横贯大江南北的高架桥梁，伴随着新阶段建筑业高质量发展，让"中国建造"服务于长城内外，跨越五大洲七大洋，让陕建一建集团铁军品牌越闪越亮，铁军精神薪火相传。

热烈祝贺陕建一建集团 70 年华诞，衷心祝愿陕建一建集团明天更辉煌。

2023 年 3 月 3 日

吴涛：中国国际贸易仲裁委员会副主任，
原中国建筑业协会副会长兼秘书长。

序三

铁军匠心　　筑梦情怀

拿到《铁军匠心》这部作品后，就迫不及待地翻阅起来。一段段承载着历史印记和奋斗足迹的故事，让我陷入了满满的感动和回忆中。在迎来成立70周年之际，陕建一建集团精心创作的《铁军匠心》这一纪实文学作品，全面展示了企业70年来发展的光辉岁月和艰辛历程，深刻彰显了广大党员干部、职工群众"务实执着、永创第一"的品格精神和工作作风，鼓舞人心，催人奋进。

梁思成先生说过，"建筑是民族文化的结晶，是凝动的音乐，是永恒的艺术"。活泼、通透、淡雅的园林建筑；雄伟、庄严、肃穆的纪念性建筑；朴素、亲切、自然的居住建筑；以及简洁、完整、挺拔的高层公共建筑，等等，古往今来的每一个时期，建筑都以其鲜明的先进性、博大的包容性、显著的时代性，不断满足人们生产、生活等物质功能和精神文化的需要。

作为陕建集团所属的重要一员。1953年，一大批人民子弟兵脱下戎装，换上工装，成为一建集团的开拓者和先行军，自此，这支队伍就被冠以"铁军"的称号，而这一幕距离现在已是整整70年时间了。

70年，在人类的历史长河中，不过是弹指一挥间，但对陕建一建集团来说，这是昂扬向上、开拓进取、收获满载的70年。在新中国成立初期，积极响应党和国家号召，团结带领一大批建设者投身三线建设事业，在人迹罕至的大山深处，战天斗地，舍生忘死，建起了一大批工业和民用建筑，为新中国工业化起步和建设事业立下了不朽功勋。改革开放以来，紧跟发展步伐，紧踏时代节拍，团结带领广大干部职工，埋头苦干，锐意进取，为祖国大江南北树起了一座又一座建筑"丰碑"。党的十八大以来，在以习近平同志为核心的党中央坚强领导下，中国特色社会主义不断焕发蓬勃生机与活力，我国经济发展和各项社会事业取得举世瞩目的伟大成就，这给建筑业带来了重大发展机遇，一建集团紧扣主旋律，找准发力点，开拓创新，乘胜前进，以"闯"的精神、"创"的劲头、"干"的作风，推动企业发生了根本性、转折性、全局性的重大变化，为陕建集团持续健康发展、建筑业进步作出了积极贡献。

春华秋实，奋斗以成。回望来时路，一代又一代一建人实现的一个又一个"不可能"，创造的一个又一个难以置信的奇迹，都是"越是艰险越向前"拼出来的，"一个汗珠子摔八瓣"干出来的。每一个奋斗者的名字，都需要永远铭记，每一个奔跑者的身影，都值得倍加珍惜。每一位一建人都了不起。

眺望前行路，机遇与挑战并存，困难与希望同在，希望一建集团继续坚持以习近平新时代中国特色社会主义思想为指导，认真学习贯彻党的二十大精神，在集团党委领导下，以永不懈怠的精神状态和一往无前的奋斗姿态，团结带领广大干部职工，解放思想、改革创新、再接再厉，继续创造令人刮目相看的新奇迹，努力为陕建集团高质量发展、谱写陕西高质量发展新篇章作出新的更大贡献。

是为序。

2023 年 9 月 12 日

张义光：陕西建工控股集团有限公司党委书记、董事长。

前言

2023年是陕建一建集团成立70周年的历史性纪元。为隆重庆祝建司70周年，集团启动了修史工作，旨在全面展示集团70年丰硕的发展成果，深入挖掘集团70年丰厚的文化积淀，记录辉煌过去，发扬优良传统，勾勒美好愿景。

作为70周年司庆的三大文化工程之一，《铁军匠心》是一部在内容上和司志并行，在风格上兼具新闻性和艺术性，突出可读性的纪实文学作品。通过对集团70年漫长发展历程中的关键事件、重要人物的艺术性叙写，生动形象地再现了一幕幕真实的历史场景，描绘出一幅陕建一建人前赴后继、生生不息、波澜壮阔的奋斗画卷。

编写这样一部纪实性文学史诗，是陕建一建集团历任领导的共同夙愿，也是全体职工的共同心声。然而集团历史久远，人事更迭复杂，资料浩如烟海，谈何容易！困顿之际，业已退休的集团原纪委书记、工会主席袁勇主动担当，组织数名在陕建一建集团工作多年的老领导、老同志迎难而上，广泛收集素材，精心整理，删繁就简，去伪存真；长期关注集团发展的专业记者龚后雨老师废寝忘食，夜以继日笔耕不辍，在众多前辈和行业人士的共同努力下，一部《铁军匠心》终如初生之婴呱呱坠地。

记述集团70年厚重史，犹如含英咀华。陕建一建集团自1953年成立以来，建制沿革屡经变更，或合或分，纷繁复杂，但发源于人民军队的铁军文化始终一脉相承。本书以时间轴记事，通过一个个生动的情节和典型的细节串起各个章节，客观展现了陕建一建集团在各个不同时期的经济发展概况、重点工程项目、科技创新成果以及发展过程中的一次次重大变革和转型，并对陕建一建人在历史长河中淬炼锻造的建筑铁军文化、听党话跟党走的忠诚担当作了生动详细的记述。全书不仅做到一个"博"字，而且做到一个"精"字；不仅做到一个"实"字，而且做到一个"妙"字，是一本丰富详实的陕建一建集团奋斗者图鉴。

春华秋实何寻常，如椽巨笔著华章。用历史的眼眸远眺，70年光阴弹指一挥间。我们的身后是波澜壮阔、厚重沧桑的奋斗历史；我们的面前是前所未有、无限可期的复兴曙光。"愿为薪火传精神，敢为砥柱立中流。"希望这本书的问世，能够帮助广大关注陕建一建集团的各位同仁更好地了解一建，能够帮助广大干部职工更好地宣传一建、建设一建，能够以记史述志的文化力量为陕建一建集团高质量发展提供有力的历史借鉴和强大的精神动力。

本书在编辑撰写中得到了不少老领导和专家学者的指导支持，特别是毛如柏老部长、潘连生副省长、肖绪文院士、吴涛秘书长、李里丁总经理以及龚后雨、李玉林、刘明生、刘飞、邓阳等同志的亲自参与调研撰写，在此谨代表陕建一建集团对他们表示崇高的敬意和衷心的感谢。

2023 年 9 月 16 日

黄海龙：陕建一建集团党委书记、董事长。

目录

序一 "铁军匠心"代代相传

序二 匠心闪耀——写在陕建一建集团七十华诞之际

序三 铁军匠心 筑梦情怀

前言

第一章 红色基因 1
第一节 南征北战"建四师" 1
第二节 沸腾的佛子岭 2
第三节 揣着馍馍上阎良 5

第二章 铁血丹心 12
第一节 西安新地标 12
第二节 抗震救灾打头阵 19

第三章 激流奋楫 24
第一节 探索与坚守 24
第二节 断臂求生 32
第三节 章贵金的小摩托 39

第四章　凤凰涅槃　47
第一节　"十五"加速跑　47
第二节　改革"深水区"　52
第三节　责任担当　56
第四节　强司富民　60

第五章　奋起直追　66
第一节　双特双甲，四轮驱动　66
第二节　照金速度　71
第三节　跨越式追赶　77

第六章　匠心独运　82
第一节　20座"小金人"的见证　82
第二节　粗粮细作　89
第三节　同台竞技勇者胜　99

第七章　科技引擎　105
第一节　打造科技核心竞争力　105
第二节　新高度　新挑战　115
第三节　绿色低碳之路　121

第八章　文化铸魂　130
第一节　文化引领，阔步前行　130
第二节　"光荣属于你"　137
第三节　越做越大的蛋糕　142
第四节　淬火成好钢　151
第五节　传承的旗帜　158

第九章　运筹帷幄　166
第一节　牵住项目管理"牛鼻子"　166
第二节　看不见的"指挥棒"　176
第三节　"现场就是市场"　182
第四节　走出去，一片天　187
第五节　每个人都了不起　195

第十章　红心向党　　　　　　　　　　　　203

第一节　危急有我　　　　　　　　203
第二节　扶危济困显担当　　　　　213
第三节　让党旗高高飘扬　　　　　220
第四节　继往开来启新局　　　　　227

第一章

红色基因

大地无言，岁月有声。

历史一定会铭记那些奋力前行者的容颜。

"建四师"三个浓缩的汉字，饱含一代代热血男儿英勇无畏的革命气概，饱含一句句荡气回肠的铿锵誓言，饱含一颗颗赤胆忠心的凌云壮志。

从抗日战争到解放战争，将士们前赴后继，浴血奋战，立下赫赫战功。

从佛子岭到阎良镇，同志们你追我赶，风雨兼程，为年轻的新中国添砖加瓦，固本强基。

时间镌刻不朽，奋斗成就永恒。

陕建一建集团的血脉里永远沉淀着红色基因。

第一节 南征北战"建四师"

大江流日夜，慷慨歌未央。

打开尘封的档案，追寻历史的足迹。沧海桑田，难以磨灭陕建一建人跋山涉水的脚步。大地苍茫，山河隽永，记载着陕建一建人步履铿锵的足音。岁月流逝，初心不改，永续流传的是陕建一建人的红色基因。

回溯历史，陕建一建人向人们诉说有着光荣革命历史的"建四师"。这支南征北战、屡建奇功的英雄部队，在新中国成立之后，挥师古城西安，汇聚成陕建一建集团澎湃激荡的源头。

1952年5月，华东军区步兵改编为水利工程建设第1师（以下简称"水1师"），隶属中央水利部建制领导，参加建设当时号称世界远东第一坝的淮河佛子岭水库及相关配套工程，获得了"大禹传人"殊荣。

1954年1月，水1师改编为中国人民解放军建筑工程第4师（以下简称"建四师"。直面生死，他们大义凛然，坚贞不屈；雄关漫漫，他们跋山涉水、矢志不渝。

1955年4月1日，《关于建筑工程部队改变为企业组织的命令》发布，"建四师"集体转业进驻西安，成立西北第二工程公司，隶属建工部西北工程管理总局建制领导。

1955年4月至1966年间，陕建一建集团前公司先后5次易名，改变建制和隶属关系。

1955年4月至1958年5月，为建工部西北第二建筑工程公司。

1958年6月至1960年6月，公司下放地方改名为陕西省第一建筑公司。

1960年6月至1962年6月，公司分为陕西省第一、第六和第八建筑工程公司。

1962年7月至1965年7月，三个公司重新合并更名建工部西北第一工程公司。

1965年8月至1966年7月，改名为建工部第五工程局第一建筑工程公司。

1966年至1982年间，公司多次变动或改名。

1966年8月至1970年6月，公司工改兵，4000多名职工整编为中国人民解放军，所余人员整编为建工部五局直属工程处。

1970年7月至1972年4月，建工部五局直属工程处改名为五局第一工程团。

1972年5月至1973年1月，改名为陕西省第一建筑工程局第一工程团。

1973年2月至1973年5月，改名为陕西省第一工程公司。

1973年6月至2008年12月，改名为陕西省第一建筑工程公司。

行程千万里，不忘来时路。无论名称如何变化，无论岁月更迭，时光流转，陕建一建集团的红色基因永不改变，陕建一建人对人民、对事业的赤胆忠心永不改变。

第二节 沸腾的佛子岭

忆往昔，峥嵘岁月稠。

新中国成立不久,百废待兴。新生的中华人民共和国内忧外患,面临一道又一道的严峻考验。

1950年7月,淮河流域发生特大洪涝灾害。

1950年10月14日,中央人民政府政务院颁布了《关于治理淮河的决定》,新中国水利建设事业的第一个大工程就此拉开帷幕。佛子岭地处安徽霍山县城西南腹地,淠河上游,每逢汛期,淠河一旦发生洪水,为害甚烈,在佛子岭修建水库成为治理淮河的一个关键工程。

1951年10月10日,佛子岭水库工程指挥部正式成立,来自全国各地的建设者响应号召,迅速集结在治淮工地上。

佛子岭水库是新中国成立后我国在华东地区最早兴建的水库。越是艰险越向前。没有住房,建设者自己动手建。大别山中盛产毛竹与松杉,建设者就因地制宜、因陋就简,利用这些材料建成草屋供居住用。当时所建草屋都以毛竹为屋架,上铺稻草,用涂泥的竹笆为墙,内嵌木门与玻璃窗,以三合土为地坪,就这样,一座座草屋在建设者手中建成了,队伍很快就在工地上安营扎寨下来。

佛子岭水库的主体工程是淠河上的一座长510米、高74米的钢筋混凝土连拱坝,这样的连拱坝,当时只有美国和阿尔及利亚各有一座,在亚洲独一无二。佛子岭大坝由20个坝垛、21个拱和两端重力坝组成,有人称它为"世界远东第一坝"。

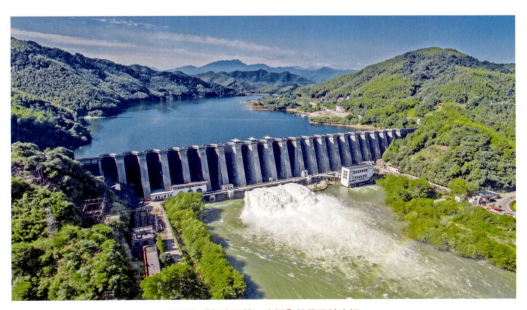

被誉为"新中国第一大坝"的佛子岭大坝

佛子岭大坝是新中国成立后我国第一个自行设计、施工的钢筋混凝土连拱坝。整个设计过程在边勘探、边施工的情况下进行，既无经验又无规范可循。汪胡桢等水利专家带领一批中青年技术干部边学边做，在设计中克服了横向地震时应力分析、坝垛稳定和坝基灌浆等重大技术难题。

为了保证连拱坝的质量，清基是最为关键的基础工程。大坝清基工作开始后，任务极其艰巨，土石方工程量大，按照连拱坝的定位，需要炸山开石，清理土石方，使坝基深深扎根在最坚硬的花岗岩上，这是一场硬仗。没有先进的机具，靠人力搬运，劳动强度很大，每人一条扁担两只筐，紧张时昼夜不停。挑土纪录日日翻新，折算起来，有的建设者挑土 8 小时的行程达 60 多公里。

愚公移山宁不智，精卫填海未必痴。时值酷暑，建设者的衣服被汗水浸透，肩膀磨脱皮，手掌磨出血，夜晚蚊虫叮咬，但都没有一个人叫苦叫累。为了抢时间，在灌浆时，建设者们日夜奋战，汗流浃背，用 250 袋水泥才将岩缝灌满塞实，终于提前完成了清基任务，为浇筑大坝奠定了基础。

建坝正式开始后，队伍遇到的最大困难是不懂技术，满地机械不知从何处下手。针对这一情况，上级提出了团结战斗的口号，号召加强团结，密切配合，共同作战，向技工学习技术，拜师学艺。一时工地上学习蔚然成风，很快建起学习班，开展"包教包学"活动，由汪胡桢等水利专家和工程技术人员、老技术工人讲课，结合佛子岭水库建设的需要自编教材，每晚在指挥部会议室上课，墙上挂着小黑板，建设者们自带小板凳，腿上垫块小木板记笔记，自称学习班为"佛子岭大学"。

建设者们在实践中边干边学、勤学苦练，苦干加巧干，不断创造、革新技术，改进工具，提高工效几倍甚至几十倍，很多建设者用几个月时间学会以前工人 3 年才学会的技术，很快就成为生产技术能手和工程骨干。仅一年时间，建设者先后有 800 多名被评为劳动模范。

建设者发扬艰苦奋斗、勇于奉献的战斗作风。佛子岭水库建设迅速掀起了一波又一波建设热潮。

天有不测风云。1953 年汛期，大别山区连降暴雨，淠河上游山洪暴发，山洪像脱了缰的野马直冲山下、咆哮狂奔，直冲坝址，刚建立起来的围堰全部被洪水冲垮，不少机具设备被卷走和淹没，眼看水泥仓库将要被洪水冲走。危急时刻，领导干部亲临第一线，不顾黑夜风雨交加，打着手电筒，带领大家冲出营房。50kg 一袋的水泥，用雨衣包着扛起就走。经过几个小时的奋战，终于将数千吨水泥转移到了安全地带，使国家财产免受损失。

建设者为了从洪水中夺回筛架等机具，置生死于不顾，奋身跳入汹涌咆哮的激流中，硬是从洪水中把筛架夺了回来，有十几名建设者为了抢救水库机具，被洪水冲到了离库区 18km 远的黑石渡才被群众救上岸。

为有牺牲多壮志，敢教日月换新天。2 名年轻建设者在与洪水搏击中英勇献身，他们青春勃发的形象，永远定格在中华人民共和国这片大好河山上。

为了把损失夺回来，抢在下次洪水到来之前使两岸一期围坝合拢，从建设者到领导干部，每人发一根扁担、两只簸箕，日夜三班连续奋战。大家挥锹抡镐，肩挑人扛，干得热火朝天。

修建佛子岭水库引起广泛关注，全国各地都从人力物力方面进行了无私的支援，大批慰问团、参观团、演出队络绎不绝来到佛子岭，更给工地增添了无穷的活力，加上斗志高昂的建设者你追我赶，红旗招展，歌声、号子声此起彼伏，佛子岭沸腾了。

施工期间，有 70 多个国家和地区的外宾来此参观考察。世界高坝委员会主席托南考察时写道："佛子岭水库是国际一流的防震连拱坝。"哥伦比亚的库凡拉博士说："在这里我看到了一个伟大力量的秘密，这就是军队和人民的团结一致，人民和政府的团结一致。"

佛子岭水库作为淮河治理工程的重要组成部分，拦蓄了淠河大量的洪水，不仅大大提高了淠河中下游的防洪标准，而且还起到了辅助淮河干流蓄洪的作用。随着淠河上游大中型水库工程的建成，淠河流域的灌溉事业也得到迅速发展，相继建成了小淠河灌区、淠河灌区、淠源渠灌区等一批灌溉工程。

山长水阔不辞其远，赴汤蹈火不改其志。

经过佛子岭水库建设等重大工程锤炼，"建四师"已经从一支红色武装力量成长为文武双全的建设大军。1954 年底，按照中央决策部署，"建四师"从上海挥师西安，从繁华的大都市转战大西北，参加新中国第一个五年计划苏联援华 156 项重点工程中的 26 项和其他重点工程建设，开启了社会主义革命的新征程，也开启了陕建一建集团光辉道路的壮丽起点。

第三节　揣着馍馍上阎良

阎良，曾经是一个普普通通、偏僻荒凉的小镇，原属陕西省临潼县。1966 年 6

月,国务院同意阎良作为一个区划归西安市管辖。这个历史上曾因商鞅变法而闻名的千年小镇,新中国成立后建成了大中型飞机研制基地,举世瞩目的航天城,中国的"西雅图"。

1958年夏,陕西第一建筑工程公司接到上级指令,尽快赶赴临潼县阎良镇,建设国有"172厂"。兵魂犹在,壮志凌云。没有任何讨价还价,没有任何迟疑犹豫,陕建一建人闻令而动,精兵强将迅速集结完毕,开赴一线。

虽然公司驻地离阎良镇只有100多公里,但在那个艰苦岁月,对几乎没有任何交通工具的陕建一建人来说,这绝非一段轻松的行程。大家都知道这次一定要打持久战,几乎把能带走的生产工具、生活用品全部带上了。肩挑手提,推着架子车,300多人的队伍浩浩荡荡地步行出发了。一路上爬坡过坎,艰难前行。晚上实在太困了,就简单搭个帐篷,或干脆只铺个席子就地休息,真正是"天当被子地当床"。

兵马未动,粮草先行。但那时候的生活条件特别艰苦,为了解决途中温饱问题,公司给每个职工发了20个馍馍,路上谁饿了,就着凉水啃一口,继续前行。"有时候为了吃口热馍,就把馍馍揣在胸口。"

行进途中,遇渭河拦路,没有渡船,大家毫不畏惧,趟着齐腰的深水,高唱革命歌曲,手拉手涉水而过。

筚路蓝缕,风雨兼程,陕建一建人硬是走了三天才到达目的地。但没有一个人叫苦,更没有一个人当逃兵。大家心中知道要去建设祖国的飞机场,能被选中参加这样重要的革命工作,心中感到无上光荣,无比自豪。

到达阎良后,举目望去,一片荒芜,甚至睡觉的地方都没有。大家有的住在别人家屋檐下、大树下、牛棚里、过道中,有的租住在工地旁边农民的磨房里。正值六七月份,夜晚又热又闷,上有密集的蚊子狂轰滥炸,下有蝎子爬上床铺偷袭蜇人,由于白天劳动强度实在太大,蚊叮蝎蜇根本唤不醒。第二天醒来,往往发现身下有不少蝎子尸骸,原来是半夜翻身时反倒把蝎子给碾死了。

驻守下来后,基地先后解决了水源、电力、交通等方面问题,完成生活区、生产区的基础建设,居住生活条件才逐渐好转。

当时各类建筑材料奇缺,工人们就自力更生,自己想办法,为了解决铺马路需要大量石子的问题,公司党委动员干部和工人,利用星期天义务劳动,到附近的石川河捞石子。彩旗飘扬,锣鼓喧天,同志们顶着高温与前来支援的驻地官兵、农村社员、机关干部在3000多米的石川河滩上一字排开,开展捞石子竞赛。人头攒动,铁臂挥舞,大家你追我赶,号子声、呐喊声、歌声交织一起,荡漾在石川河上空。

挖地基、建厂房、垒跑道……陕建一建人在各路大军劳动竞赛里一路领先,大家意气风发,斗志昂扬,虽然参战的都是男职工,只有节假日才偶尔回西安市与家属团聚,但没有人叫苦叫累,大家都想看到飞机场在自己的手上早日建成,看见自己国家的飞机在自己亲手建成的跑道上腾飞。

1960年开始,中苏关系恶化,新中国又遭遇了最严重的三年灾害,粮食供应严重不足,很多工人被迫离开阎良,工程进度缓慢。

直到1962年,国家经济好转,工人陆续返岗,生产才算恢复了正常。这时,机厂的设计指导工作,由第三机械部(主管航空工业)四院负责,原铁道部专家兰田担任总工程师。因苏联专家带走了技术图纸,一切都自己摸索,工程建设因此出现了很多失误,其中用混凝土建造的厂房在设计上出现了重大失误,导致厂房歪斜。上级主管就从西北工程局建筑科技研究所调来专家增援,对问题厂房实施了加固处理。

在干中学,在学中干,由于建设飞机场对陕建一建几乎所有人都是第一次,大家常常只能"摸着石头过河",不断摸索,总结经验。建设飞机试飞跑道之初,工人用的是基建"土"办法,用带木把的平板墩实路面。后来从日本进口了汽车,办起了半自动化搅拌站。再后来有了混凝土切割机、振动刮尺、平板振动器等先进设备,跑道建设才算走上"正轨"。

陕建一建人的聪明才智在机场建设过程中,得到了充分体现。他们创造发明了在未干的混凝土跑道上放置钢管,将平板振动器放在钢管上,这样一来,就能使跑道变得更加坚固、结实。

1963年11月,公司在阎良172厂承建总建筑面积9万多平方米的1号厂房工程,面对施工难度大、工艺要求复杂、天气严寒、工期紧等不利条件,参战干部职工昼夜苦战。为了确保如期竣工,工地指挥部组织了近万人的大军,从构件预制、材料运输、机械修理、生活服务等各个方面紧密配合,保证施工。施工高潮时,1号厂房工地有木工、瓦工、钢筋工、混凝土工、电焊工、油毡工等十多个工种,昼夜3班倒,上下五层立体交叉,流水作业,搅拌机、卷扬机、打夯机,机声隆隆,电弧焊蓝光闪闪,有线广播歌声阵阵,施工现场呈现着一派战斗景象。

　　修建71号厂房也是一场硬仗。其61米大跨度预应力钢筋混凝土屋架，是新中国成立后第一个大跨度、新结构屋架，当时为亚洲第一。一榀大屋架，要在地面上预制4大块，就地拼装好，屋架本身高8米，安装在24米高的混凝土柱头上，要采用钢带提升法。顶升的机具和材料需用300吨、40厘米厚的钢板和几十台千斤顶。千斤顶上的皮碗是承受顶升力量和密封液压油的关键部件。制作皮碗用的牛皮，一定要2岁的小水牛，且要用公牛皮，方可保证质量。经批准，宰杀了十多头小水牛，解决了皮碗的用料问题。

　　经过精心组织，周密部署，一排排三榀一组的屋架梁上，都焊接好大型屋面板，由起重专家、老起重工徐正才同志发令指挥，24台千斤顶同时启动，61米屋架梁升帐成功！71号厂房建成了，上级领导和建设单位纷纷送来贺信和祝捷大字报，一批批祖国雄鹰就是从71号展翅起飞，翱翔在祖国的蓝天。

参战职工克服难以想象的困难，创造了匪夷所思的奇迹，用6个月时间全部完成71号厂房建设任务，经国家验收，工程质量优良。在当时施工技术条件下，在全国也是极为罕见的，创出了大型国防工业工程建设速度快、质量好的新纪录，在共和国国防建设史上写下了辉煌的一页，党和国家领导人先后视察西安飞机制造公司工程，对陕建一建职工的艰苦创业精神和聪明才智赞誉有加。

号子声声送新月，脚手架上迎朝阳。在祖国航天城建设过程中，陕建一建人始终不忘军人本色，不畏艰苦，牢记使命，特别能吃苦，特别能战斗，特别能奉献，"思想红、风格高、干劲大、生产好"，涌现出一大批让人感动的人和事。

在4号厂房基坑打夯任务中，没有夯绳，混凝土工田作孝小组就凑起每个人的背包带拉夯。在打6号厂房南福利楼的檐口混凝土时，雨期施工，全组仅有三双胶鞋，组长当即决定让最需要胶鞋的穿。运料的同志毫无怨言，赤脚奔走在大雨中。

三工段有145辆架子车，但当时完好的能够出勤的只有5辆，其余都坏了，主要原因之一是缺乏修车配件。工地上是一天都离不开架子车的，怎么办？修架子车工赵启蒙就到仓库里去找零件，废物利用、因陋就简，把仓库里废弃的配件加以利用，基本解决了配件缺乏的燃眉之急。

那时，工段里很多内胎上都没有气门栓，工程处买来了一批铝质的，但很多都有砂眼，会跑气，不管用。赵启蒙想了很多办法，终于试验成功了用直条头代替气门栓，解决了这个困难。为了突击修好这些车辆，为生产服务，赵启蒙白天晚上干，中午不休息，经过两个多月的努力，终于把一百多辆在仓库里睡大觉的车全部修复了。

1963年，锻工黄礼华小组除了承担各种零件、铁件制作外，先后接受2号厂48吨行车跑道调直、8号厂屋架梁加固、24米屋架铁件制作等8项大任务。这些任务时间紧迫，要求在12天内完成，按工程量计算需要30人，而且质量要求很高，可锻工全组才16人，怎么办？

烈日当头，天气闷热，同志们个个光着上身干，为抢时间，中午不休息；天下大雨，大家提出"大雨当小雨，小雨当晴天，好坏天气一样干，要和老天争时间"的战斗口号，坚持生产，雨水淋透了衣服，泡白了双手，打起了血泡，却没有一个人叫苦，同志们笑着说："老天可真好，怕我们热，免费给我们洗露天澡。"大家就这样以苦为乐，连续战斗八天七夜，终于提前完成了任务。

1958年冬，运输大队司机组在运送砖瓦木料时突遇大雪，道路泥泞，汽车无法开动，为不让工地停工待料，运输大队司机组长杜月基带头跳下汽车，带领组员顶风冒雪，铺上灰渣，修筑道路，保证了汽车正常行驶。

在阎良飞机制造厂建设过程中，涌现出全国先进集体孙家骝木工青年突击队和全国社会主义建设先进集体张道才混凝土工分队。毛洪立等同志被评为全国先进工作者，18个单位被评为陕西省先进集体，丁用锁、孙家骝等53人被评为陕西省先进生产者。

2005年3月24日，国家级航空高技术产业基地在阎良飞机城胜利挂牌，揭开了阎良"亚洲一流、世界著名航空城"建设崭新的一页。

时间在春夏秋冬的更迭中流逝，而历史和现实常常在同一块土地上交织碰撞。

2022年10月12日，陕建控股集团与阎良区在阎良航空产业融合创新中心签署战略合作协议，签约仪式结束后，陕建控股集团党委书记、董事长张义光，党委副书记、总经理毛继东，党委副书记、副总经理刘小强，阎良区委书记、航空基地党工委书记、航天基地党工委书记牛恺，阎良区区长、航空基地管委会主任于海夫等领导来到陕建一建集团承建的阎良航空航天产业园项目调研考察。

陕建控股集团与阎良区签署战略合作协议

塔吊林立，机器轰鸣，现场热火朝天的施工场景让人感慨万千。曾经，为了中国航空航天事业的奠基，陕建一建人的前辈在这块土地上进行了艰苦卓绝的劳动和创造。"踏平坎坷成大道、斗罢艰险又出发"。如今，新一代陕建一建人为了打造中国空天领航区，世界一流航空城再次挥师阎良，接续奋斗。

技术创造价值。阎良航空航天产业园项目团队在施工中坚持深挖细研，降本增效，依托BIM技术进行全专业深化设计，对施工图进行专业融合和优化深化，力求在钢结构、主体施工中做好各专业预留预埋工作，避免返工。项目的吊顶、墙面、地面采用板块面层的均进行电脑排版深化，确保科学合理、美观实用。施工现场推行"管理质量、工作质量、服务质量"等全方位、全过程的质量管理活动，确保工程质量一次成优。

陕建一建早已今非昔比，百炼成钢。肩挑手推、"刀耕火种"的时代一去不返，高科技让过去的"泥腿子"插上了腾飞的翅膀。

阎良航空航天产业园项目是陕建一建集团公司继星航未来·富阎新区品质阎良绿色宜居项目、未来产业设计研发中心、阎良区新型工业园区孵化器标准化厂房及配套设施项目之后深耕航天基地的又一力作。项目将充分发挥现代型产业园区形成的集群效应，聚集创新资源、培育新兴产业、推动城市化建设，将成为富阎一体化经济发展增长极、西安亿万工业大走廊重要势能区和秦创原航天航空先行示范区。

时间前行不舍昼夜，连结起过去和未来，铭记着光荣与梦想。陕建一建集团在阎良这片热土上的传奇还在续写，更多精彩值得期待。

第二章

铁血丹心

关山千里远，而今启新程。

新生的古城西安，陕建一建人挥汗如雨，众志成城。西安人民大厦、西安人民剧院、陕西宾馆等一座座新地标拔地而起。

党中央一声令下，陕建一建精锐力量闻令而动，奔赴"大三线"，逢山开路，遇水架桥，以钢铁意志点亮激情燃烧的岁月。

唐山大地震，陕建一建人不顾安危，紧急驰援。

延安大洪水，陕建一建人临危不惧，力挽狂澜。

铮铮铁骨，壮志凌云。

没有豪言壮语，赓续传承的是陕建一建人的铁血丹心。

第一节　西安新地标

1953年，我国开始实施第一个五年计划。当时，国民经济已经得到基本恢复与初步发展，政治趋于稳定，经济秩序恢复正常，社会秩序较为安定，加快经济发展成为全国人民的一致要求，为大规模展开经济建设提供了难得的历史机遇。

新中国成立后，西安被委以重任，一大批军工、科教、轻纺等产业扎根西安，点燃了这座古都复兴的火种。在这样的时代大背景下，新中国成立不到一年，陕西就形成了"西北""人民""新华""中国""五一"五大国有建筑公司，不久，这五家公司合并成国营西北建筑工程公司。随后，陕西省建筑工程公司和西安市建筑工程公司也相继成立,这三大公司成为西安建筑业的主力军。他们按照洪青、董大酉、杨家闻、张锦秋等著名建筑师的设计,对古都西安进行了大规模建设和改造。

1953—1957年国家第一个"五年计划"期间,西北第二工程公司鏖战西安城,承建了苏联援华156项重点工程中的13项,为西安城建奠下基石,形成了西郊电工城、东郊纺织城与军工城、南郊文教城、北郊飞机城的产业布局。

西北第二工程公司承建的西安人民大厦、西安人民剧院、陕西宾馆、第四军医大学门诊楼、兴庆公园等一大批重点工程,具有鲜明时代特征,成为后来驰名中外、人们耳熟能详的西安城新地标。

西安人民剧院

新中国成立之初,我国和苏联"老大哥"尚在"蜜月期",我们把苏联社会主义建设的经验和模式奉为圭臬。苏联也从加强和巩固国际社会主义阵营的战略角度考虑,不遗余力地加大对百废待兴的新中国支持力度。

考虑到陕西特殊的战略地位,中央把苏联援华的156项重点工程在陕西部署了24个重点项目,其中省会西安占18项,苏联专家也全部到位。西北第二工程公司共承建了其中的13项,它们分别是:国营113厂、114厂、西安高压电瓷厂、西安压力电容器厂、西安高压开关厂、西安绝缘材料厂、西北光学仪器、东方机械厂、华山机械厂、华达无线电器材厂、西安热电厂、庆华电器厂、户县余下惠安化工厂。

其中有 7 项重点工程位于如今西安市西郊莲湖区土门一带，这一带的工厂绝大部分为电工产业，西郊因此而得名"电工城"。1954 年着手设计规划的西安"电工城"是发展我国内地工业建设的基础，关系到内地工业建设的全局，工期紧，要求高。1955 年开始施工，施工区域方圆 5.5 平方公里，是由工厂、科研单位等 10 多项工程组成的。工程展开后，整个工地人声鼎沸，机器轰鸣，小车穿梭，直到深夜，仍是灯火辉煌，一派战斗景象。

在治淮工程中掌握了混凝土浇筑技术的战士张道才、吕树茂等带领水泥工青年突击队，哪里有困难哪里上，日夜奋战，连续超额完成任务，带动整个工地苦战六天，保证了九号厂房提前建成。张道才青年突击队和当时北京市的张百发青年突击队一起，成为全国赫赫有名的建筑业青年突击队。

经过三年的紧张施工，过去荒凉的西郊变成了楼房林立、马路宽广、绿树成林、面貌一新的"电工城"，成为全国三大高压输变电设备生产基地之一，同时建成的远东机械制造公司和庆安宇航设备制造公司，为西北的航空航天工业打下了坚实的基础。

此外，"一五"计划期间，西北二公司还建设了西安电力整流器厂、西安电工铸造厂、西安变压器电炉厂、西安电缆厂、西安仪表厂、西安东郊纺织城的部分项目、耀县水泥厂等一大批国家重点工程，累计完成竣工面积达 246 万多平方米。

徜徉在古城西安街头，不时可以看见当年西北二公司建设的厂房、住宅、公建，有一些已经翻建改造，有一些虽然历经近 70 年风吹雨打，依然高高矗立，不失地标性建筑风采。

——西安人民大厦。大厦占地 100.66 亩，位于明城墙内的中心位置，朱元璋次子朱爽镇守西安时的秦王府原址。西安解放后，为接待苏联援华专家，开始在此筹建西北最大的外事接待宾馆，也是我国著名的大型庭院式园林宾馆之一。

西安人民大厦的大厦主体和主楼设计都采用了中轴对称布局，既有民族艺术特色，又显示出现代风貌，把中国古典建筑艺术和西方现代建筑艺术完美地结合起来。人民大厦 1 号楼、西边的大礼堂及东边的餐厅建于 1953 年，总体布局形成山字形对称布局。随后又相继建成了 2 号楼和 3 号楼，各建筑之间采取了古典抄手游廊设计，东边连接中餐厅，西边连接大会礼堂，均呈中国古典式对称亭台格局，突出了中国古典建筑的文化理念。

大厦主楼为框架结构，建筑面积 10194 平方米，楼高 34 米，长度 106 米，宽度 13 米，建筑风格上突出了古典西式楼房的建筑特征，如大厦主楼 8 层，立面顶

西安人民大厦

部采用罗马式穹顶，楼体外观也采用了法国国花香根鸢尾的装饰浮雕，显示出浓浓的欧式建筑的优美特点；同时，巧妙地结合了中国传统艺术，主楼罗马穹顶上的"几"字形山花浮雕，以传统夔纹和云纹缠绕。主楼大堂外沿部位，特地设计了一组中国敦煌飞天造型浮雕，美丽精致。西安人民大厦主楼外观设计上非常注意细节，主楼顶"人民大厦"四个气势恢宏的金色隶书大字，是著名书法家寇遐先生所书。寇遐是我国著名政治家和书法家，陕西蒲城人，在书法金石艺术等方面造诣颇深，在书法界享有盛誉。

西安人民大厦主楼在楼体外观的设计上采用了"剁斧石"施工工艺，这种传统工艺几乎全是手工操作，费力费时，工艺复杂。这种工艺使外墙具有貌似真石材的感觉，显得大气高端。整个外墙面都是建筑工匠用斧头凿子等工具一点一点精雕细琢出来的，耗时费力，非常辛苦。这是陕建一建的前辈们用辛勤汗水换来了人民大厦的宏伟和美观。2016 年，西安人民大厦被中国文物学会、中国建筑学会选入"中国 20 世纪建筑遗产"。

——陕西宾馆。宾馆坐落在西安南郊丈八沟，是一座召开大型会议的园林式国宾馆，被誉为"陕西的钓鱼台"。宾馆占地 75 万平方米，建筑面积 33 万平方米，绿化率达 70% 以上，已形成功能齐全、设施完备、服务周到、环境优雅的综合型国宾馆。

陕西宾馆曾经接待过50多个国家的100多位政界要人，在国内外享有很高的声望。1~5号楼均为别墅式小楼，建于1958年。7号、8号、9号楼于1964年建成。

以上地标式建筑均是中国建筑西北设计研究院的副总建筑师洪青设计的。这位著名建筑师，在20世纪50年代初果断地放弃了大城市的优渥生活，举家迁到大西北，当时想法十分单纯："喜欢唐诗，喜欢长安文化，想要看看千年帝都的样子。"他这一看似简单的决定，却把自己的名字深深地镶嵌进了西安诸多标志建筑上，成为城市历史的永恒记忆。

历史总是不断地证明，奋斗者一定会留下难以磨灭的印记。50多年以后，当陕建一建人再次在陕西宾馆这片并不醒目的土地上挥汗耕耘，他们带给西安古城的依然是一次次精彩的表现。

2006年7月25日，由陕建一建集团承建的陕西宾馆12号楼改扩建工程开工。当陕建一建人再次来到当年参建的地标性建筑时，他们已经从配角转为主角，几乎毫不犹豫地将工程质量目标锁定为陕西省建设工程"长安杯"和中国建筑工程"鲁班奖"。

为实现目标，项目部严格按照质量管理体系要求，从提高工程质量意识入手，配备管理经验丰富、施工技术水平高、责任心强的管理队伍、重点突出前期创优策划，找出工程难点，编制专项施工方案，在施工中不断的组织施工人员进行技术培训学习。

建立作业班组质量目标责任制，严格按照验收标准规范施工，同时对班组实行质量与效益挂钩，量化考核，充分提高班组的积极性和责任心，以确保工程质量高起点。

通过强化过程控制严格工序验收优化装饰细部做法，实行样板制度，加强成品保护，质量实行一票否决制。

工程在施工中应用了建筑业10项新技术中的9项，20个子项，保证了工程质量，加快了设施料周转，节约了成本，缩短了工期，降低了劳动强度，方便了资料收集，取得了较好的经济效益和社会效益。通过新技术示范工程验收，整体水平达到了省内先进。

2008年7月，陕西宾馆12号楼荣获陕西省建设工程长安杯奖；2008年5月，荣获陕西建工集团优质工程华山杯；2008年12月，荣获2008年度中国建设工程鲁班奖。

陕西宾馆12号楼（2008年鲁班奖）

2010年10月10日，陕西宾馆18号楼开工建设，该项目是一座集餐饮、洗浴、娱乐、会议、住宿于一体的综合性宾馆楼，建筑面积近9万平方米，是陕西省委省政府为2012年元月份召开的"两会"所准备的重要接待场所，工程体量大，工期紧，自混凝土垫层开始计算含主体和精装修施工工期仅370天。

整个施工过程中，陕建一建集团对基坑降水、桩基施工、主体施工、外架系统、幕墙施工及内装饰装修施工等大的工作项目做了详细的施工方案，并组织专家进行论证，由点到面，最终确立了完善的系统指导性方案，并对各个环节的时间节点控制做了细致分解，就整个部署规划给管理人员和各家配合单位进行详细的技术交底，做到目标明确，人人心中有数。同时，运用现代科学技术就全局规划利用电脑三维技术做了指导性的施工动漫，变抽象为具体，使之一目了然，为各个层次的管理人员在过程控制中提供了实质性的有效依据。

工程地质条件复杂，用地范围内有村民鱼塘、古皂河、原皂河改造及宾馆排污管道和进线电缆的改造、宾馆保安食堂及宿舍、后勤人员宿舍的改造及拆除，开工前的难度是事先没有预料到的，但陕建一建人秉承了建筑铁军的精神，没有被困难吓倒，顶骄阳、冒酷暑，经现场人员的齐心协力，大干苦干，顺利完成以上工作，为整个工程的顺利开工提供了先决条件。

工程基坑开挖深度-13.17米，基坑底部标高位于地下水位以下，地质条件复杂，工程西侧有皂河正在进行改道，东侧距宾馆人工湖仅有18米，加之地下砂层较多，水渗透系数大，人工湖的水源源不断的渗入基坑内，陕建一建聘请经验丰富的专家多次到现场进行实际勘察，决定在东侧局部基坑处采用护坡桩施工方案，并对18号楼东侧的人工湖进行截流，将湖水抽干，又在基坑中部及下部布设导流槽进行收水，利用水泵外排，取得了良好效果。

2013年3月，陕西宾馆18号楼工程荣获关键施工技术研究与应用优秀科技成果奖；2013年6月荣获陕西省建设工程长安杯奖；2013年7月荣获省级文明工地；2014年1月获陕西省建设新技术示范工程；2013年12月，荣获2012—2013年度中国建设工程鲁班奖。

2012年4月1日，陕西宾馆19号楼开工建设，陕建一建集团认真总结18号楼的实践经验，推陈出新。开工伊始，一拿到施工图纸，就立即组织进行外墙石材幕墙、铝合金门窗、钢结构、挑檐铝瓦等二次设计，提前消化了主体结构与二次设计之间的问题，并有效地在主体施工时穿插二次设计的预留预埋，保证了工程质量，节约了工期。

统筹安排、精心策划。针对工程的重点、难点进行策划。在策划方面，针对危险性较大的工程编制了土方开挖、基坑降水、基坑支护、高支模、钢结构安装等工程专项方案，并组织专家进行论证，完善合格报监理、甲方批准后实施。而且，还进行了动漫策划，在公司技术总工的领导下，组织有关专业技术编制了施工组织设计，然后根据施工组织设计编制了整个工程的施工动漫，更直观地指导施工。

陕西宾馆18号楼（2013年鲁班奖）

重点落实屋面断水施工措施，技术上在屋面结构板混凝土内掺 UE 外膨胀剂、在结构板面增加渗透结晶防水层等措施，有效地取消了屋面结构板后浇带做法，大大地节约了工期，并对出屋面风道井口翻边、雨水口吊洞施工，将雨水管临时引至外架以外，为室内装饰装修及地下室施工排除阴雨不利天气的干扰。提前屋面挑檐钢结构及铝瓦安装施工，为外墙幕墙施工提供了良好的环境，确保雨天也不影响外墙幕墙施工。

陕西宾馆 19 号楼工程于 2012 年 12 月 21 日交付使用。2014 年 1 月，项目获陕西省建设新技术示范工程，2014 年 5 月获陕西建工集团优质工程华山杯。2014 年 7 月荣获陕西省建设工程长安杯奖，2015 年 11 月荣获 2014-2015 年度中国建设工程鲁班奖。

陕西宾馆 12 号楼、18 号楼、19 号楼，三座地标性建筑，为陕建一建集团赢得三座鲁班奖，这不仅是时代发展、科技进步的体现，更是陕建一建人工匠精神的传承与光大。

时代更迭，斗转星移，新一代陕建一建人接过前辈的旗帜，继续奔跑在建设社会主义国家的康庄大道上，如今，古城西安处处矗立着陕建一建人建设的新地标：

——西北第一座超高层延长石油科研中心；

——别具特色的西安考古博物馆；

——具有国际水平的西安奥体中心跳水游泳馆；

——集绿色建筑与智能建造于一身的西安国际足球中心；

——西北第一个超高层建筑群曲江·云松间；

……

以实干担当展现新作为，用忠诚使命续写新篇章。陕建一建，深耕三秦大地，树立起一座座令人瞩目的丰碑。陕建一建人，胸怀大志，志存高远，必将铸就更多建筑精品，承载一个时代的辉煌印记。

第二节　抗震救灾打头阵

沧海横流，方显英雄本色。

危难时刻，总能看见陕建一建人冲锋陷阵、一往无前的身影。

1976年7月28日，河北省唐山市发生了强度里氏7.8级的大地震，地震造成242769人死亡，164851人受重伤。地震罹难场面惨烈到极点，为世界罕见。国家和人民财产受到重大破坏，直接经济损失达30亿元以上。

半年后的1977年，按照党中央、国务院的统一指挥、统一部署，全国各省市开始踊跃支援唐山的灾后重建工作。当时，国家给陕西省布置的任务，是负责唐山开滦荆各庄煤矿的灾后重建，相当于陕西省包建这个矿区。接到任务以后，陕西省立刻成立了支唐指挥部，时任陕西省建委主任的白进勋担任总指挥，陕西省建工局副局长潘兴生担任副总指挥。

打硬仗当然要选精兵强将。有着铁军优良传统的陕建一公司被陕西省确定为援建唐山的主力单位之一。陕建一建职工坚决响应党的号召，纷纷向公司党委递上决心书，要求参加支援唐山大会战。

1977年3月，寒风料峭，冷气逼人，陕建一公司第一批援建队一队和七队两个工程队奔赴唐山。初到唐山，触目所及，墙倒屋塌一片废墟，非常凄凉。看到阶级兄弟遭受如此劫难，大家心急如焚。第一批到达的干部工人硬是凭着手拉肩扛，在短短十天内，从专运线上卸车皮21辆，共900多吨材料、机具和生活用品，搭建了12幢活动板房，为参加会战的大部队创造了生产和生活条件。

由于小规模余震并未完全消失，为保证安全，救援队伍在唐山并没住在砖房里，而是住在自己搭建的木板活动房里。这种活动房，就是把钢架子搭好后，把板子往那里一扣。有时半夜被冻醒了，冷风从板缝里飕飕地往屋里吹。

为了激励支唐大军的士气，宣传支唐工程的进展，表扬好人好事，鼓舞全体参战人员的斗志，工地成立了支唐广播站，由原"建四师"老战士、陕建一建公司宣传部的王节同志担任广播站站长兼播音员。当时50多岁的王节是安徽人，他略带安徽口音的广播，风趣幽默，很接地气，非常鼓舞士气，大家亲切地称他为"陕西老干部广播台"。

盖房子最重要的是沙石料等建筑材料，木料和沙石料主要是从秦皇岛那边调过来的。运载木料的是重型大卡车，当时也没有机械工具，搬上搬下就是纯体力劳动，工人们常常累得瘫在地上了，腰酸腿疼，根本站不起来。休息一会，接着再干，大家都盼着早一天完成任务，受灾群众早日住上新房。

在唐山援建救灾房，许多问题是今天难以想象的，盖房所需的各种建材奇缺，甚至螺钉、合页等小配件都要到外地去买。有一次，技术人员俞白到北京买配件，为了节省费用不住宾馆，硬是在北京火车站撑了一夜。实在太困了，就找了张旧报纸垫在地上，躺在上面休息一会。

一线工人基本上白天干活，晚上干活的就是清一色的干部。一到晚上，许多人就主动到唐山水泥厂装水泥。几千吨的水泥，夜晚全部都是干部在那里装车。干完活，大家都灰头土脸，一身臭汗，但没有谁叫苦叫累，更没有一句怨言。

大卡车开进水泥厂，从厂里拿个小板车，拉到卡车跟前，再搬上去。当时，几乎天天晚上就干这件事。后来干习惯了，干部们喜欢上了晚上干活：一到地方，见车子没来，就拿一件胶皮雨衣，往水泥袋子上一摊，躺上去。刚出厂的水泥是烫的，躺在上边挺舒服的。一听见汽车喇叭响，赶紧跳起来，搬水泥，装车。党员、年轻干部和积极分子总是冲在第一线。

8月份，陕建一公司又组织了十多万平方米的内外墙粉刷大会战，全工地只有55名粉刷工，按定额速度，需要200天才能完成粉刷任务。工地党委发出"高举革命旗，豁出命来干，会战40天，粉刷全部完"的战斗号召，组织了一支200多人的粉刷突击队，领导亲自拿刷子上阵，带头参战，同志们不顾炎热，夜以继日，结果提前十天完成了粉刷任务。

经过1260多名陕建一公司职工10个多月的艰苦奋战，20栋楼房拔地而起。陕建一建人负责的危楼维修和加固任务也保质保量地完成了，援建大军陆续撤回。

等到援建的人员都撤得差不多的时候，为了给公司节约开支，原先建的那些活动板房得全部拆下来，装上卡车运回西安。当时唐山的荆各庄矿没有站台，等陕西的车子一来，大家把活动板材一块一块搬抬到车上，再次累得精疲力竭。

在如火如荼的支唐会战中，涌现出了一批不怕累、不怕苦、不怕死的铁军传人。共产党员张彦明，带领瓦工班在加固的楼上打墙钉，站在高高的断墙上，手扶几十斤的风钻，一干十多个小时，臂膀振肿了也不松把，砖灰呛了眼就闭着一只眼睛干；车队司机孙民生，出车时带大铁锨，车一停就帮助卸车，一个人干两个人的活；共青团员党兆明，开着翻斗车日夜奔驰在工地上，一夜运料一百多车，大家都说小党是铁人。工地指挥部坚持一日一评比，一月一奖励。共评出出席工地指挥部先进集体9个，先进班组50个，先进生产者518名；出席省指挥部先进班组14个，先进生产者128人。共产党员赵汝群、张彦明、孙民生、吕建华被评为支唐模范，西北建筑铁军精神在具有光荣革命传统的开滦煤矿大放异彩。

水火无情，人间有爱。陕建一建人面对灾难，从不畏缩。

1977年7月，延安遇上了特大洪水，延河水一夜间暴涨，一改过去温婉的性格，像一只猛兽毫无情面地吞噬着一切，房屋、桥梁、人员、大树都被大水疯狂卷走。

延河大桥上当时有个路灯，有3米多高，洪峰过来，把路灯都扑倒了。当时的水有多大呢？有个亲历者打个比喻，形容当晚洪水之大力量之巨：三个大人并排跑，一个浪头打来，第一个跑得快的身上衣服仍是干的，第二个跑得稍慢身上的衣服被打湿了，第三个被洪水卷走了。

灾后，相关部门组织水利专家，对此次危害极大的洪灾进行了调查，称其为特大暴雨。据统计，在陕西境内雨量大于100毫米的范围达9000多平方公里，在延水流域延安以上达3580多平方公里，雨量大于150毫米以上，在延水流域达1050平方公里。这次雨量之大、持续时间之长、笼罩面积之广，均超有记载的历史记录，形成了据说是自1800年以来之特大洪水。

1974年4月，陕建一公司第二工程处第六工程队进驻延安，工程队扩建了延安王家坪革命纪念馆，翻建了延安宾馆附楼，修复了延安桥儿沟老机场，后新建了延安丁家沟机场及榆林镇川堡机场等。

延安发生有史以来的最大洪灾时，陕建一公司工作在延安桥儿沟机场工地的职工多人被洪水冲走，一些同志献出了宝贵的生命。工地工作、生活以及工程、设备损毁严重。

面对汹涌的洪水，陕建一公司许多干部置生死于度外，在紧急撤退时不忘抢救国家财产，粉刷班长郭忠孝怕水冲走班用搅灰机，奋不顾身拿起钢丝绳设法固定设备，被激流冲走，以身殉职。

这次洪灾中，陕建一公司第二工程处第六工程队女钢筋工方翠莲被洪水冲走时，怀里还紧抱着她一岁的儿子。她在洪水中不断挣扎，很庆幸地抓住了冲下来的延安卷烟厂的一个烟叶包，紧紧抱着孩子，被冲到了80多里外的延长县黑家堡公社李家湾村的一片枣树林里获救，但她的孩子却不见了。她被救后住在当地村支书的姑姑家，这家人步行到延长县通知了方翠莲的三爸。几天后，当地一位机场战士意外获知消息，便报告场站，后用直升机将她和同时获救的延安纪念馆一位女讲解员的爱人、现役军人郑云洲送至延安医院。

事发后，陕建一公司、延安第二工程处和第六施工队三级在党委组织下，开展了声势浩大抗洪救援行动，大家协助兰州军区直升机搜索失踪的人员，用卡车给受灾群众送米、送面、送衣服和鞋子，还自背干粮，帮着兄弟单位挖掘深陷在淤泥中的机器，重新修建被冲垮的桥梁，并抬着高压电线涉水过河，全凭人工搬运，在河对岸山梁上架设了电线杆……

虽然人员、财产遭受巨大损失，但大水一退，陕建一建工地干部、职工化悲痛为力量，不顾灾后烈日及可能发生的疫情，紧急开展抗洪救灾工作，抢修被洪水损坏的设备，整理搜救散落各处的材料和设施，硬是靠手挖人抬肩扛，把材料和设备堆放到安全地方。

"宁掉身上肉，不让国家财产受损失""把洪水造成的损失夺回来"……工地干群一心，经受住严峻考验，为水毁工程抢修施工赢得时间。历时 7 个月救灾抢险，除保证工程进度外，还同兄弟单位一起参加地方 11 个救灾工程施工，使受灾群众摆脱了无处安身的困境。

延安桥儿沟机场因这次特大洪水损毁严重，洪灾退后，陕建一公司第二工程处第六工程队克服重重困难修复了该机场，后又新建了延安丁家沟机场工程项目。

兵魂永在，气吞山河。无论是地震，还是洪水，任何艰难险阻都无法摧毁陕建一建人的钢铁意志。陕建一建，这是一支打不垮的建筑队伍，一支永不言败的英雄团队，一支临危不惧的建筑铁军。

第三章

激流奋楫

上下同欲、共克时艰。

下岗分流、减员增效。

面对压价、垫资、拖欠工程款三座大山，陕建一建人壮士断腕，破釜沉舟求生存。

每一位下岗职工，都是明事理、顾大局的企业英雄。

惟其艰难，方显勇毅。

面对市场经济大潮，陕建一建人激流勇进，求生存，谋发展。

绝地逢生，缘于对事业的执着，对命运的抗争。七公司的崛起是陕建一建人闯关夺隘、踔厉奋发的缩影。

每一滴流过的热泪，终将化作信念与理想的黄金。

第一节 探索与坚守

要么被市场经济的洪流吞噬，要么在市场经济滚滚洪流中学会游泳。从计划经济到市场经济，如果不是亲历者，其中的阵痛与挣扎恐怕难以体会。

1978年12月8日，中国共产党第十一届中央委员会第三次全体会议在北京举行。全会冲破长期"左"的错误和严重束缚，高度评价关于真理标准的讨论，重新确立了党的实事求是的思想路线，决定将全党的工作重点和全国人民的注意力转移到社会主义现代化建设上，提出了改革开放的任务。

1983年，在济南召开的全国建筑工作会议上提出了《全国建筑业体制改革大纲》，同年 7 月，城乡建设环境保护部颁布了建筑安装工程招标投标试行办法。

1984 年初，全国人大六届二次会议针对建筑业的改革指出，建筑业实行多种经济责任制的核心是招标承包制。

1986 年，国务院领导作出了把推广云南鲁布革水电站工程的管理经验与建设工程管理体制改革结合起来的指示。接着，《人民日报》发表了"鲁布革的冲击"的长篇报道。"鲁布革"成了建筑业改革发展的代名词，它引入了先进的项目法施工的生产组织形式，最直接冲击到的是建筑业的施工管理体制。

同年 12 月，国务院颁发了《关于深化企业改革，增强企业活力的若干规定》，决定在全国范围内推行企业承包制。

1988 年，陕建总公司强调，其旗下所有的子公司一律实行承包，要"层层承包，横向到边，纵向到底。"

建筑业改革，看似突如其来，又是那样水到渠成。只是，这股"水"很快就汇聚成汹涌激越的波涛。

为了适应全国建筑市场改革的新形势，1983 年 10 月，陕西省政府决定政企分离，将陕西建筑工程局从政府序列中剥离出来，改名为"陕西省建筑工程总公司"（简称：陕建总公司）。

陕建总公司从市场经营、生产计划等 8 个方面向其旗下的包括陕建一建公司在内的各子公司下放了自主经营权，将它们强行推上了市场，"把鸭子赶下水"。

毋庸讳言，我国建筑业在相当长的时期内都是处于国家基本建设投资部门的从属地位，因而，国有建筑企业完全受制于计划经济的约束。政府计划委员会或建设委员会下达建设项目计划给建工局，建工局再负责将政府投资的建设任务协调分配到各个施工企业，同时代表政府向企业收取经营利润。因此，上级下达任务，企业完成任务，各方都没有市场压力。

国有企业改革的第一步是扩权经营，第二步则是实行企业承包制。1986 年 12 月，国务院颁发了《关于深化企业改革，增强企业活力的若干规定》，决定在全国范围内推行企业承包制。

大浪淘沙，适者生存。中国老一代的国有企业的领导人和技术管理人员，几乎都是如此顾全大局，忍辱负重，把自己的全部精力和心血都奉献给了企业。他们没有享受到多少改革开放带来的利益，却承担了改革过程中激烈的碰撞和艰难的阵痛，承担了进入市场以后的许多困难和责任。

走向市场，大约是国有建筑企业改革历程中最为艰难的事情。作为国有建筑企业，陕建一建当时最主要的任务就是解决几千人吃饭的问题，解决进入市场"找米下锅"的问题。

和其他许多改革一样，我国建筑市场改革是在条件极不完善的情况下开始进行的。陕建总公司也不例外，当时的总经理参加完建设部改革开放的学习班回来就召开了总公司体制改革会议，讨论"国家不给任务我们怎么办？"的问题。

总之，在东部沿海快速发展、陕西基建规模压缩的情况下，多数施工企业任务不足、"等米下锅"。一些困难企业甚至由于经营收入太低，向政府打报告要求贷款为职工发工资。在这样的形势压力下，陕建总公司最为紧迫的工作就是打开市场，承接任务。

建筑市场的形成，对国有企业是一个极大的考验；建筑市场的开放，打破了封闭的保护，打碎了稳定的计划，企业普遍有了危机感。总公司从过去接受计划分配给企业"任务"，要转向带领企业面对市场，参与投标。在较大的一段时期，总公司一直处于第一线的位置，承担着大部分的市场份额，压力巨大。

在计划经济时期，建工局长期处于卖方市场，甲方想要上项目，还要看局领导和所属企业的脸色，计划排上了才给安排施工，现在形势变了，很多干部都不适应。为了稳住往日的业主，总公司安排了上百个建设单位参加的座谈会，尊业主为"上帝"，转换思想观念，改变服务态度，稳住了部分"任务"的来源。

1984年11月，总公司在止园饭店隆重举行了"华茂工程公司"成立大会，这是总公司走向市场的一次重大的举措。总公司从有关企业抽调了有丰富实践经验和较高技术水平的人员作为企业骨干，把总承包项目作为经营工作的重点。

1987年，华茂工程承包公司签订了中日合资的新闻大厦（西安皇城宾馆）合同，这是总公司历史上第一个采购、施工一体化的交钥匙工程。1989年正式开工，1992年竣工营业。该项目的成功运营为以后本部面向市场，实施工程总承包和组建项目经理部进行了有益的探索。

20世纪90年代中期，围绕着在陕西举办的"第四届全国城运会"，一批重点工程项目要集中建设，这给总公司带来了市场的机遇。为了对负担沉重的大型企业予以支持，省上主要领导将大部分工程交与陕西建工集团总公司总承包。为了保证省里重点工程的进度和质量，总公司在分包工程中引入了市场机制，成立了集团内部的招标领导小组，从质量、进度、成本等几个方面设置入围条件，坚持约法三章，择优选调队伍。在项目经理部与下属企业的共同努力下，为省上交了一份满意的答卷。

"国家调节市场、市场引导企业"。建筑市场的形成，对建筑企业既是一种引导，又是全新的考验。国有建筑企业始终面临着来自两方面的压力：一是处于买方市场环境下强势地位的业主；二是来自实行承包制的县、镇级施工队和外省的民营企业。前者的压力主要表现在工程承接和资金供应上，后者的压力主要表现在无序的过度竞争上。

买方市场形成的根本原因在于国家对建筑市场的全面开放。长期以来供大于求的状况形成了刚性的买方市场。国有企业、集体企业、民营建筑企业，除了所有制的差异外，对买方来讲没有任何实际区别，对地域来说也没有任何实际限制。于是，大批民营股份制企业迅速发展，据统计，1995年全国民营建筑施工企业共613家，2001年增加到17637家，2011年达到62095家，比1995年增加100倍。

在漫长的、不太规范的市场环境中，企业与各式各样的对手同台竞争，共逐沉浮，有压力，有威胁，但同时也有挑战，有激情。这种残酷的环境迫使国有建筑企业逐步提升了市场适应能力、经营能力和竞争实力。

外部市场的变化催生着企业内部的改革，而企业内部的变革则是适应市场、立足市场的根本所在。在经过市场上的多次碰撞后，总公司及所属企业把主要精力投入承包经营的改革上来了。先是同企业签订年度承包合同，再深入企业和工程处、施工队签订承包合同。层层承包强化了内部的经济责任，增大了指标的压力，促进了企业内部的管理。

1983年，国家率先把建筑业推向市场，政府再不给建筑企业分配施工任务，对建筑工程发承包实行招标投标办法。当时，陕建一建公司有4500多名在册职工，2000多名离退休人员。公司内部仍沿用计划经济体制下形成的管理经营机制：职工工资制度排资论辈，"大锅饭""铁饭碗"、管理粗放、生产效率低，加之施工任务不足，承接任务困难，每年完成建安产值只有七八千万元，每月要承担离退休人员十多万元的退休费用。公司还办有学校、医院、幼儿园，形同小社会，经济负担相当沉重，资金极度困难。

在经济困难的情况下，各内部核算单位在收到工程款后只保证本单位需要，不主动向公司上交管理费、劳保基金和贷款利息，公司机关正常运营资金、劳保费用和贷款利息得不到保证。为了回收资金，每月要由总经理带着总会计师和财务科长到各基层单位催收上交资金，如同寺庙方丈四处化缘。就这样辛劳努力，也改变不了资金紧缺状况，有时公司机关连水电费也付不出去，拖欠职工工资和离退休人员费用问题越来越严重。企业传统经营机制不适应市场经济的矛盾愈加明显，企业生存发展处于严重危机之中。

为了顺应市场经济需要，改善公司财务困难状况，保证公司正常运转和生存发展，当年公司总会计师袁世渭、财务科长康建基和财务科的工作人员在对全公司十多个内部核算单位现金流量进行全面、细微分析的基础上，借鉴有些工业企业实行内部银行进行经济核算做法，提出成立公司内部银行，由内部银行统管全公司工程款收入，监控支出，统一调配的方案设想。根据建筑施工企业的行业特点和管理需要，草拟了《内部银行章程》，对内部银行的运行程序、基本原则和工作方法进行了初步设计。

基本方案形成以后，得到了时任总经理王武高的坚决支持和经理办公会大多数领导的肯定。公司领导班子统一认识后，作为会议文件提交1987年公司职工代表大会和三级干部会议审议。1987年6月，公司内部银行正式开始运转。

在公司推行内部银行制度，实行货币资金管理体制改革，是建筑施工企业一项重大改革。因为这项改革破除了已经实行了30多年的资金管理模式，多数基层领导在思想观念上无法接受，产生了消极抵触情绪，他们提出许多理由予以否定和反对。如"这样做会影响生产""增加基层工作难度""削减了基层自主权限"等。在这种氛围下，公司领导坚定信心，力排众议，坚定支持这项改革措施，下定决心成立公司内部银行。

为了化解矛盾，减少改革阻力，让各单位领导接受并支持内部银行制度的贯彻执行，在各种会议上反复宣传内部银行制度的可行性、必要性和优点；实行内部银行制度后对各基层单位管理权限的保证措施，方便基层财务工作的服务措施，在保证上交后"各用各款，互不挪用"措施，以及内部调节，支持基层单位生产急需临时贷款措施等。

陕建一建公司实行内部银行制度这一重大改革事项，受到总公司主管财务领导的关注和肯定，并在全总公司范围内进行宣传推广。各兄弟公司先后到总公司学习取经，也实行了内部银行办法。东北、上海、济南、河北、河南、四川等地、市建筑安装施工企业也纷纷来学习取经。内部银行管理模式和运行机制在全国建筑施工企业普遍推行，成为一种既定的货币资金管理模式并取得了丰硕的成果。

1987年至今，资金结算中心已经持续运行35年，在货币资金回收、使用、调配、监督、控制等企业财务管理方面取得了一定的成绩；对促进生产发展，提高资金利用效果，增产节约，降低工程成本，提高经济效益发挥了很好的作用。

从计划经济转向市场经济，陕建一建面临的不是发展问题，而是生存的大问题，根据企业现状，公司管理层决定发挥优势，利用多年积累的土地，开展房地产开发，盘活经济。

早在 1988 年，时任总经理张建国、党委书记郭守发决定尝试开展房地产开发。陕建一建公司拿出和平门 4.7 亩多土地，和中国建设银行西安市分行合作开发，公司方出土地，银行方出资金，双方共同管理，然后分配，第一次开发获利 182 万元，让大家看到了多种经营带来的实惠。

就这样，从 1988 年开始，公司先后利用和平门 1—3 号院、友谊西路九队基地、大兴西路基址、六分公司基地、三分公司基地、边家村基地、咸阳乐育路基地等 49.366 亩土地，实行引资联建和二八分成自建等形式，创收 11476.96 万元，极大地缓解了公司资金困难，支持了公司改制艰难与生产发展。

作为国有建筑企业，来搞房地产开发，是不是不务正业？把老祖宗留下的土地拿出来和别人联合开发，是不是败家子？甚至会造成国有资产流失？

企业要发展，必须要生存，必须让几千职工吃饱饭、有房住。在这一点上，公司从 20 世纪 80 年代开始，几任主要领导带领班子充分挖掘企业潜力，尤其是充分利用手上的土地资源，抓住房地产开发带来的契机，持续开展多种经营，同时实行职工集资建房总户数达 2052 户，总面积 17.47 万平方米，既盘活了国有资产，创造了收入，又解决了职工住房困难，使企业起死回生，度过了那些最艰难的岁月。

随着市场经济大潮的不断冲击，20 世纪 80 年代，陕建一建的经营愈发困难。当时，企业包袱非常沉重，加之，对从计划经济到市场经济转型的认识不足，作为老牌建筑国企的陕建一公司，一路走来，行动缓慢，面临着诸多难题，其中职工的住房即为"老大难"问题之一。许多职工住的都是三四层的苏式筒子楼，经过几十年后，这些楼房已经破旧不堪，漏雨、水电系统老化严重，每年光维修费水电费公司就得补贴三四十万元。

另外，由于搭建的违章建筑多，住房一座紧挨着一座，消防通道堵塞，有重大安全隐患。进入 20 世纪 90 年代，公房改制道路非常艰难。当时，公司很多核心骨干都没有房子住，无房干部只得在外租房，仅每年报销都得几十万元，很多骨干纷纷辞职或要求调走。但自 1987 年之后，公司因经营困难，再没建造过职工住房。

为了挽留公司的骨干精英，给无房的在职职工吃上一颗定心丸，自 20 世纪 90 年代初，陕建一建公司在极为困难的条件下，在省、市率先实行职工集资建房，1994 年到 2009 年 15 年间，公司共建集资房 28 栋，17.47 万平方米，解决了 2052 户职工和居民的住房问题，改善了居民住房水平，稳定了骨干队伍。

面对市场经济新形势，这一时期陕建一建时任主要领导张炳庚、张建国、崔尚利、王武高、郭守发、郑森木、周林、黄忠银、武诗文、徐长树等人带领班子不等不靠，审时度势，不断探索企业生存之道，带领广大职工爬坡过坎，闯关夺隘。

1981年，公司改革了施工管理体制，为推行经济责任制创造条件。改革奖励制度，制定《全优综合降低成本提成奖励规定》《定包创优奖励办法》，把奖励同经营成果挂起钩来；实行材料"五统"，制定《材料五统办法》，满天飞式的采购得到的控制，库存有所压缩，根本上保证了供应，到年度材料成本降低137.9万元，降低率为8.14%。

1983年，公司果断地把全部生产经营工作转到以提高经济效益为目的的轨道上来。抓住施工的黄金期，竣工项目抓紧抓实，确保所有竣工项目符合验收规范要求；新开工程做好达到全优工程的前期准备工作，在质量、速度、效益上创出新水平。执行好完成后按超产提奖办法给予奖励，使国家、企业、个人都得到实惠，达到提高经济效益的和提高社会信誉的目的。

1984年10月，陕西省建筑工程项目实行招标投标制，陕建一建公司作为全省第一个中标单位夺得西安高压电瓷厂4060平方米厂房项目，跨出走向市场的第一步。在承担陕北黄龙县县医院门诊楼施工中，公司采取经济承包方式，只选派几个关键岗位人员组织指挥，仅用193天完成2009平方米的建筑任务，比国家定额工期缩短120天，成本降低率高达13.67%。

1985年是国家经济体制改革深入开展的一年，走在企业改革前列的建筑业变化更为深刻，以市场竞争为主，工程全面实行招标承包，加上农村建筑力量涌进城市、建筑材料商品化等等，对公司原有的管理体制带来巨大的冲击，公司动员广大职工迎着困难勇敢地向前走，坚持改革，明确了公司与各处、队的经济责任，签订了经济责任状，以指令性计划保指标，以管理指标保措施，有条件的单位和部门都进行了经济承包的试点。成立的独立核算、自负盈亏、全民所有、集体经营的开发公司，开展多种经营，与富平、西安医学院、广州南天装潢公司等横向联合，办起了水泥厂、构件厂、建筑装潢服务等，多条腿走路。这一年，陕西省城乡建设环境保护厅批准陕建一建为建安一级企业。

1989年，公司"一业为主、多种经营"的方针进一步加强，经营领域进一步拓宽，多种经营项目达14个，从业人员近200人，经验业绩不断提高。

1992年，公司制订了《转换经营机制，实行项目法施工，深化企业内部配置》的改革实施方案，在10个项目上推行项目法施工，以项目经理和内部五大市场的建立、运行程序进行了大胆探索；进一步完善各级承包责任制，与 10 个基层单位签订了经济目标责任书，制定了奖罚办法。

1993 年，继续完善经营承包制，采取"放权让利""一大一小"等措施，即增加实现产值计划，缩小上缴资金指标。使基层单位"有盼头、有干头、有赚头"，不仅包死上缴利润，而且对工程进度、工程质量、安全生产等指标一次包死。西安中医院门诊大楼提前 45 天封顶，速度快、质量好。采取"先开渠，后放水"的方法，精简机构，分流人员，两级机关压减机构，精简干部，特别是把公司材料科转变成为材料经销公司，由单一的管理型转变为独立经营、自负盈亏的经营实体。进行劳动、人事、劳动保险等配套制度改革，《劳保医疗制度》《职工养老保险制度》《新财会制度》等全面铺开。

1994 年，公司进一步加快改革，积极走向市场，取得明显效果。全年承接项目 17 项，造价 1.78 亿元。在生产管理上，总结和积累了一些项目法施工的可贵经验。其中安装三个分公司在广西北海、陕北神木、上海东海大厦等项目上推行的以工长为核心的项目承包中，做到了责、权、利的有机统一，极大地调动了项目人员的积极性。科技进步推动企业发展也取得好成绩，组织实施推广应用科技成果认证项目 13 类 25 项，获得直接经济效益 62.5 万元，其中配制的新型模板（杨森高层住宅钢框高强竹胶板组合大模板，嘉翔大厦液压千斤顶滑移模板）及竖向钢筋焊接新技术等都取得了较好经济效益和社会效益。全年完成总产值 11108.65 万元，首次突破亿元大关。

1996 年，公司制定和完善了《项目管理办法》《建筑工程质量管理制度》《分包工程外购构件管理规定》《劳动定额管理规定》《外包工使用管理规定》《劳动工资管理规定》等制度，企业不断走向正轨。

1997 年，公司全面推行项目管理，项目的工期、质量、安全、成本控制等，管理水平得到了全面提升。

2000 年起，公司开始走上快速发展之路，当年实现产值 2.04 亿元，在册职工 4173 人，在册职工人均收入 4086 元；2003 年实现产值 3.8 亿元，在册职工减少为 2992 人，人均收入达 14039 元，走上了摆脱困境的健康发展之路。

以解放思想拓展发展思路，以推进改革激活发展动力。1980 年到 2000 年的 20 年间，陕建一建集团不断探索，按照三个调整（调整企业组织结构，调整劳动力结构，调整企业经营结构）、三个转变（从粗放经营型向集约经营型转变，从生产速度型向质量效益型转变，从劳动密集型向技术密集型转变）、三个提高（提高企业素质，提高工程质量，提高经济效益）的工作思路，以市场为导向，在调整经营结构、优化经营布局、扩大经营规模上下功夫，科学进行用工、分配、人事三项制度改革，转换内部经营机制，改革施工管理体制，大胆闯，大胆试，攻坚克难，自强不息。

前行与迷茫、转型与焦虑、希望与曲折，一代代陕建一建人不懈探索，一个个陕建一建人的执着坚守，陕建一建集团这艘大船终于穿过激流险滩，校准航向，驶向前景光明的美好未来。

第二节　断臂求生

这是一场持续 10 年的阵痛。

这是生存还是毁灭的艰难抉择。

这是适应市场经济大潮的自我救赎。

20 世纪 80 年代末，陕建总公司有正式员工 6 万人，离退休人员 2 万人。随着企业进入市场，自负盈亏，加之国企实际能上岗工作的人员仅占 40% 左右，大量的下岗和待岗人员、大量的企业退休人员成为国企的困难群众，成为企业发展中的巨大负担。

李里丁在 2003 年至 2011 年期间担任陕建总公司总经理，后任中国建筑业协会副会长、中国项目管理委员会副会长，享受国务院政府特殊津贴专家。他在所著的《大型国有建筑企业改革与发展研究》一书中介绍了陕建总公司有关"下岗分流"情况，解决这些问题，从时间次序上来说，大体分为三个阶段：

第一阶段：解决企业离退休职工的养老金问题。

在养老金未实行统筹之前，不少困难企业都不能按期发放这部分职工的养老金，有的企业甚至拖欠 20 多个月，最为突出的是回家乡养老的退休人员。

第二阶段：解决企业富余职工的减员问题。

到 20 世纪初，企业下岗、待岗现象比较普遍，这里有施工体制变革造成的人员富余问题，也有若干年前企业招收的城镇、农村合同工到期而失去生产能力的问题。总之，冗员过多，需要精简。

陕建总公司果断提出了"加分子，减分母"的要求，并把减员作为一项指标下达给企业。企业除了正常退休减员外，开始大量清退到期合同工。这种清退，一要付出大量资金补偿的代价；二要花很大精力做好说服劝解工作，包括对于为企业曾作出过贡献的合同工的劝解工作。经数年的努力，终于全部清退了这批人员。

第三阶段：解决下岗人员的工资发放问题。

由于历史上累积形成的欠账，许多企业不能按时发放职工工资，尤其是对于下岗、待岗人员。在企业改革深入发展时，职工提出了要求补发所欠工资及其他拖欠款问题，为了对职工和历史负责，自2002年始，陕建总公司上下大约用了7年时间，基本还清了历史上对这部分职工工资的拖欠。

改革是要付出代价的。李里丁认为，如果说20世纪60年代大批精简人员，是国家为了经济的调整而牺牲了一批群众的利益的话，90年代后大批职工的下岗分流，同样是为了国家经济体制的改革而牺牲了职工个体的利益。下岗分流的职工群众虽然得到了相应的经济补偿，但总体讲，他们的生活境遇是艰难的，他们用自己的牺牲为国家和企业的体制改革，作出了历史性贡献。

显然，冗员过多是当时困扰包括陕建总公司在内的建筑企业改革与发展的一个难题。对富余人员实行下岗分流是国有建筑企业深化改革、摆脱困境的必由之路，甚至是唯一出路。

1995年初，徐长树在担任陕建一公司副总经理时，就主抓"下岗分流"工作。2000年初他担任陕建一公司党委书记后，仍主管这项棘手的任务，因此被有人戏称为"一建第一杀手"。

"这是一件很无奈的事，因为当时陕建一建的包袱已经相当沉重，如再不当机立断，减员减负，断臂求生，企业不但无法正常运营，甚至有破产倒闭的可能。"徐长树说。

当时，陕建一建在册职工4000多人，但能干活的职工不到2000人。公司下辖的子公司中，除个别公司效益比较好外，一半以上的子公司效益很差，职工干脆放了长假。

一方面，建筑市场僧多粥少，企业施工量严重不足。另一方面，企业人浮于事，大量劳动力闲置。同时，压价、垫资和拖欠工程款像"三座大山"，压得企业喘不过气来。

大山之一，压价。20世纪80年代，开始实行工程招标投标制度之后，压价即低价竞标就如影随形，长期成为扰乱市场秩序的一大毒瘤，造成劣币驱逐良币，扰乱市场正常秩序，贻害无穷。

1984年建造陕西广播电视塔，这也是西安的地标建筑之一。当时，陕西某建筑公司从这个项目设计时就盯上了。竞标时，他们为了确保拿到项目，报了工程最低价 800 多万元。陕建一建公司策略性地报价 600 万元到 700 万元。想不到最后中标的竟是四川省某建筑工程公司，他们中标的标的是 500 多万元。这个价格，令所有竞标企业都惊掉了下巴，因为这个价格连定额都不够。最后，实际成本达 1600 多万元，是原来报价的整整三倍还多。低价中标，高价结算，成为许多不规范企业玩的"把戏"。

到了 20 世纪 90 年代，随着建筑行业改革的深入，市场的逐步放开，一大堆不规范的民企加入了市场竞争，为了生存，他们专走低价劣质路线，抢占市场空间，使质优价高的老牌正规国企无路可走。

大山之二：垫资。在不规范的市场环境下，有时有些资金不足的业主单位会要求建筑公司垫资，承诺完工后再进行结算或以实物抵押。残酷的市场竞争中，为了拉到工程项目，使员工有活可干，建筑企业不得不接受垫资的现实。当时这种现象很普遍。这其中鱼龙混杂，稍不小心就会给犯罪分子留下可乘之机，相关责任人甚至面临生命威胁。

1999 年，陕建一建四公司承建一个工程项目，房地产公司要求四公司垫资 30 万元。随着工程开展，公司先后垫资 100 万元。这还不算，老板还把小舅子调到工地管材料，弄虚作假。四公司经理边汉学在管理过程中敢于维护公司利益，与对方发生了冲突。房地产开发公司竟然雇凶将边经理杀害，抛尸于秦岭沣峪口分水岭的森林中。结果被当地两位打猎的农民发现，记下车牌号并报警。警方抓住了凶手及背后的指使者。此事不仅在当时社会上负面影响极大，还直接导致了四公司经营上陷入困境。

大山之三：拖欠工程款。陕建一建党委书记武诗文回忆，他在一公司担任党委书记期间（1994—2000 年），印象最深刻是已完成的工程，甲方普遍严重拖欠工程款，有的一拖数年，甚至造成坏账、死账，建筑企业"鸡飞蛋打"，导致职工开不出工资，老职工医药费报销不了，许多已退休的原"建四师"老军人，被逼无奈，经常三五成群，从老家来陕西"讨债"。

最困难的时候，陕建一建公司机关拖欠职工工资 4 个多月，各分公司更是难以为继。

面对困境，只有壮士断腕，破釜沉舟，企业才能在市场经济大潮中闯出一条活路。陕建一建公司的下岗分流、减员增效主要集中在 1995—2005 年。10 年阵痛，迎来企业涅槃重生。

从历史来看，陕建一建集团的职工来源主要有三个部分：第一部分是1968—1970年，经国家计委、陕西省劳动厅同意，面向社会正式招工的国有企业职工。到20世纪80年代初，改为企业固定职工，或无时间限制的长期合同工。此时，这批人至少40岁，而当时建筑业非常消耗体力，工人一般到50岁就基本干不了体力活了。第二部分是1970年之后，面向社会招聘的十年制合同工，大约三批人。第三部分是80年代初，通过大集体工程处，招聘的集体合同工，主要是为了解决一建职工子女就业人员。

"下岗分流"、减员增效主要是针对后边两部分人，因为这批工人进入公司后，文化程度较低，又没经过专业培训，技术比较差，当时已无法适应激烈的市场竞争。加上当时建筑工人主要需要"硬碰硬"的体力劳动者，许多人不愿意，也没有那个身体条件。

下岗分流，谈何容易。陕建一建毕竟是国有企业，是"铁饭碗"，虽然碗里没有饭，但大部分人还是不想丢弃。另外，下岗的都是曾经和自己一个战壕的子弟兵啊！为此，陕建一建领导一方面严格执行国家、省市有关政策，另一方面，坚持稳定和发展并重，循序渐进，稳步推进。

党中央高瞻远瞩，1999年9月19日至22日，中国共产党第十五届中央委员会第四次全体会议在北京举行。十五届四中全会通过了《中共中央关于国有企业改革和发展若干重大问题的决定》（简称《决定》），这是一个跨世纪的战略决策，具有重大的现实意义和深远的历史意义，开创了国有企业改革和发展的新局面。

国有企业是我国国民经济的重要支柱，是我国现代化建设的主力军。党中央召开全会专门研究国有企业的改革和发展问题，改革开放以来还是第一次。这次会议通过的《决定》，以邓小平理论为指导，全面总结了二十年来国有企业改革和发展的基本经验，阐明了搞好国有企业改革和发展的重大意义，明确了国有企业改革和发展的指导方针，提出了搞好国有企业改革和发展的一系列重大政策措施。《决定》是加快国有企业改革和发展的纲领性文件。这次会议，无论在我国国有企业发展史上，还是我国经济发展史上，都是一个重要的里程碑。

《决定》提出了今后国有企业改革发展必须坚持的十条指导方针：以公有制为主体，多种所有制经济共同发展；从战略上调整国有经济布局和改组国有企业；改革同改组、改造、加强管理相结合；建立现代企业制度；推动企业科技进步；全面加强企业管理；建立企业优胜劣汰的竞争机制；协调推进各项配套改革；全心全意依靠工人阶级，发挥企业党组织的政治核心作用；推进企业精神文明建设。

《决定》发布之后陕西省迅速响应。陕西省委出台《实施意见》，从陕西实际出发确定了全省国企改革发展的目标和任务，提出了针对性、操作性很强的政策规定。

根据中央和陕西省委有关国企改革的精神，陕建一建领导层进一步解放思想，更新观念，增强了机遇意识和责任感，改革目标更加坚定。改善产业结构，实施减员增效，改革步伐进一步加快。

为全面贯彻落实十五届四中全会通过的《中共中央关于国有企业改革和发展若干重大问题的决定》和陕西省委出台的《实施意见》，在陕建总公司统一指挥部署下，陕建一建进一步加大企业劳动制度改革、人事制度改革、分配制度改革"三项制度"改革力度，三项制度改革为突破口，加快机制转换和创新的步伐，促进企业发展。

——劳动制度改革。

（1）理顺了劳动关系。按照《公司人才交流中心、劳务管理中心实施办法》，对公司的人力资源情况进行了三次认真翔实地检查，摸清了人员结构，并按规定进行了分类管理。结合企业减员工作，对在册职工的劳动合同进行了全面清理。

（2）通过引进人才和裁减冗员，公司人员的结构配置不断优化，管理人员比例从32%上升到40%。

（3）建立了择优录用、能进能出的用工制度。连续实施企业减员增效、下岗分流，企业包袱大大减轻。

——人事制度改革。

（1）实现了公开竞聘、择优录用、能上能下的用人机制，管理干部竞聘上岗、一岗多能的原则。

（2）强化生产经营职能，弱化行政管理职能，坚持"精减效能"的原则，充实项目，精减分司管理层。

（3）对组织机构进行优化调整。一是按照组织管理扁平化的要求，对司属安装公司的内部机构进行撤并整合，把优秀的管理人员充实到项目部；二是先后组建了两个直属项目部，减少了中间管理层，降低了费用和成本；三是五分司积极配合公司，整合了短期扭亏无望的二分司；四是把第二市场部与第三直属部进行了优化整合；五是对公司的钢化设施料进行了归口管理；六是对机关进行了整顿和优化组合，精减合并了三个部门，新剥离了两个部门成为自负盈亏的直接经营单位；七是报价中心为公司经营规模扩张做出很大的贡献，部门九个人一年编制投标预算

10亿多元，其施工组织设计方案也达到了一定水平。

（4）按照中央提出的"干部四化"的要求，调整和加强基层领导班子，较好发挥年轻知识分子的聪明才智，增添基层活力。

——分配制度改革。

（1）不断改进绩效考核体系。2006年公司建立了以KTP指标和主要工作内容的机关部室责任目标考核办法，把考核的重点放在目标的实现上，提高了绩效管理和考核的针对性、目的性。

（2）坚持按劳分配为主体、多种分配方式并存的分配制度，并坚持收入与效益挂钩的原则。进一步修订完善了岗薪工资制度，细化了绩效考核制度，按责任和贡献大小拉开了工资收入档次，对调动员工工作积极性，以及吸纳人才、留住人才起到了非常积极的作用。

显然，劳动制度改革是"三项制度"改革的重中之重，陕建一建公司慎之又慎，严格按照国家省市有关政策，又稳又快向前推进。

2000年初，陕建一建制定了《优化劳动组织机构，积极稳妥全面的推进减员增效、下岗分流的实施办法》，使公司下岗分流、减员增效工作有章可循，有法可依。各基层单位对在册职工进行了全面清查，对合同到期的人员及时终止劳动合同；对有违纪行为的职工进行除名，对"两不找"人员也分情况妥善地进行了处理。公司全年共终止、解除劳动合同168人，违纪除名10人。该年底，公司在册人数为4272人。

2001年，国家经贸委下发了《关于深化国有企业内部人事、劳动、分配三项制度改革的意见》，这个文件具有很强的针对性，对陕建一建公司内部三项制度改革具有很强的指导意义。

是年年初，陕建一建公司成立了以党委书记徐长树任组长的公司减员增效领导小组，深入基层单位进行现场办公，加大力度协调基层单位清理劳动合同，理顺企业和职工的关系；加强了组织领导和政策宣传，采取了小步快跑的办法，克服阻力，在保证企业稳定的大前提下，积极开展减员增效工作。全年除名35人，终止劳动合同285人，解除合同12人，辞职调出12人，自然减员79人，全年净减员404人。年底全司在册人员3868人，减员9.45%，超额完成了年初制定的全年减员9%目标。

毫无疑问，下岗分流，对企业来说，可谓精兵简政，甩掉包袱，轻装上阵。但对于被下岗职工来说，则意味着曾经熟悉的岗位不复存在，曾经的"铁饭碗"不复存在，意味着从此失去了依靠，走向社会，意味着奉献甚至牺牲。

"陕建一建就像市场经济大潮中的一条小船，既超载，又漏水，随时可能有沉没的危险，我们只有一方面减负，一方面补漏，才能避免小船全军覆没。"在下岗分流动员会上，时任党委书记徐长树这样推心置腹地说。

2002年，全公司终止、解除劳动合同310人，实现净减员414人，减员率11.2%，超额完成了总公司下达的8%减员指标。2002年底，全司职工总人数为3274人。

2003年，按照"减该减的人、走该走的渠道、给该给的补贴"的原则，按照减员增效、下岗分流程序，把重点放在主动地利用政策分流、通过改革减员上来。与此同时，要做好社会保障工作，保证退出渠道畅通。

2004年底，公司在册人数2719人，实现净减员273人，减员率达9.1%，其中在岗1195人。

2005年底，公司在册人数2368人，减员率为11.92%。

至此，陕建一建五年净减员1704人，减员率达42%。

面对改革带来的阵痛甚至隐患，陕建一建领导设身处地，想尽一切办法保持企业和社会稳定，尽其所能为下岗分流职工做好人性化服务，持续采取多项措施，关爱下岗职工，依法维护下岗职工合法权益。

2000年，按照省委、省政府和总公司的要求，陕建一建公司工会和劳资部门积极配合社会有关单位，对公司特困职工进行结对帮扶，帮助他们渡过暂时的难关，共落实100多名帮扶对象；积极协助下岗职工办理社会最低生活保障等工作，办理了185名下岗职工失业认定；对终止合同的328名职工，办理了失业救济；为631名困难职工办理了社会"临保"，为稳定职工思想和企业安定团结起到了积极作用。

2001年，为特困和下岗职工争取到了160多万元的救助资金，缓解了他们的生活困难，体现了党和政府对他们的关心。另外，公司工会开展的"送温暖"活动共发放困难补助金7万元。

2002年，足额上缴了公司全体职工的养老金和失业金，补交了前年度欠缴的养老金补差和大集体员工1993—1998年养老金共计270多万元；解决了离休人员1992—1995年的医药费，支付离退人员生活费补差、医药费和抚恤金共计250多万元。工会全年共筹措资金251900元，对161户困难职工进行救助；全年共办理最低生活保障650人。加大职工工资的"清欠"力度，维护职工队伍稳定。

2003年，关心职工生活，公司工会全年共筹资金21.7万元，先后为721名困难职工办理了低保手续，为 301 名职工办理了下岗认定。

2004 年，关心困难群体，积极为下岗职工办理下岗认定和社会低保工作。全年共办理下岗认定 258 人，办理社会低保 704 人。利用政府慰问金、社会各界捐款、交友帮扶资金和公司自筹资金共计 25 万元，为下岗职工、特困职工提供经济帮助。按时足额上交了职工的养老、失业、工伤和医疗四项保险金。

2005 年，把握政策方向，摸清和理顺了人员结构，顺利完成了再就业中心人员的并轨工作，公司 253 名并轨人员，其中 214 人纳入并轨程序，39 人办理了退休手续，通过自筹资金、争取政府财政拨付，为他们解决了各种拖欠费用。配合社区办理社会低保 211 人。工会组织筹措近 20 万元资金，帮助困难职工解决子女上学费用和基本生活。着力解决内部拖欠问题，解决历年拖欠职工工资 272 万元；解决拖欠离退休医药费、离休人员医疗费 225 万元。

2006 年，通过交友帮扶、扶持下岗职工再就业和慰问困难职工等活动，体现组织的关怀和温暖。全年共筹措资金 8 万元救助困难职工。积极清还拖欠职工的历史债务，全年累计支付拖欠职工工资 317.29 万元，支付离退休人员历年拖欠医药费 192 万元。离休老同志的医疗费全部得到了解决。

陕建一建公司的下岗分流人员中，技术干部除了个别人员外，基本上都留住了；固定职工中，除了七八位前往非洲打工的自离人员外，无人员被清退下岗；"下岗分流"的合同制工或集体工，单位基本上都给予了经济补助。可以说，在"下岗分流"工作上，陕建一建是陕建总公司所有子公司中做得最好的单位之一。

在危机中育新机，于变局中开新局。经过连续数年的"下岗分流"，陕建一建的负担减轻了，人浮于事、无所事事的现象消除了，"减员增效"的成果逐渐显现。改革的阵痛之后，这个老牌国有企业焕发了活力，迎来了新生。

第三节　章贵金的小摩托

1999 年 3 月 7 日，陕建一建第七分公司来了新任经理章贵金，骑着他的帝爵 125 小摩托。

新官上任，要开个会。开会时，参加会议的仅有 9 人（当时公司有职工 356 人），其中 1 个材料科长、1 个劳资科长、1 个财务组长、2 个财务会计、1 个门卫，再加上支部书记、工会主席和他自己 3 个公司领导。

其他人呢，有的放假了，有的下岗了，有的辞职了。

前任经理上任两年，没有接到一单活。没有本钱，也没有关系，谁愿意把活给你们干啊。

对一个建筑企业来说，没有活，就意味着没有了经济来源，本来家底就薄的七公司雪上加霜，经济直线下滑。开支越来越成问题，有的职工 3 年才拿到 6 个月工资，有的一拖就是好几年。大部分职工熬不住了，要养家糊口啊，纷纷自谋生路。迫不得已，整个七公司宣布放假，只留了几个人坚守。

办公室破败不堪，院子里的草一人多高。交不起电费，供电局就把电给掐了。一到晚上，院子里黑黢黢的，三爻村基地职工的娃只能点蜡烛看书写作业，甚至成为西安"一景"。

自来水呢？也没有。七公司三爻基地本来就没接通自来水。院子里，原有一个机井，下了个泵，就靠吃机井水。对面是第八分公司，那几年搞得很红火，他们有电，水泵用电是他们公司"友情支持"的。

几个坚守的干部职工几个月才能拿到几百块钱的生活费，家住农村的两位科长就从家里背面背蔬菜，每次从家里回公司都背着好多挂面和馍馍。没有电，就买蜂窝煤，每天在公司里做饭，下面条，对付一顿算一顿。

审计、查账，七公司到底欠外边多少，欠职工多少，外边欠七公司多少。盘下来发现居然一共欠了职工 367 万，欠外债 1729 万！这在当时不啻天文数字。

上班第一天，章贵金就被闻讯而来的债主团团围住，有的拉着他的衣服不让走，有的躺在地上嚎啕大哭，有的坐在办公室一言不发，有的满口粗话，扬言再不还钱就要动手。

上任之前，章贵金有所了解，知道七公司困难，但没想到这么困难，他耐心地反复向债主解释，一是公司目前还没有开张，确实没有钱，不是有钱不还，不是赖账。二是公司是国家的，国家不会不管，公司也死不了。三是只要有钱，就一定还。可欠账实在拖得太久，一些债主还是不依不饶，甚至做出了一些过激行为。

章贵金想到了打退堂鼓，时任陕建一建公司总经理黄忠银说："贵金，你可是公司千挑万选出来的，大家都觉得你能行，能给七公司干出个样子。你坚持三个月，如果到时真不想干，我一定给你换地方。"

章贵金 1982 年 9 月参加工作，从粉刷工干起，一步一个脚印，在施工一线摸爬滚打多年。1987 年 7 月，他担任技术管理工作后，先后在陕西省民主党派大楼、皇城宾馆工程施工中担任施工员。1990 年，章贵金开始担任总工长、项目经理，先后主持神府煤田大柳塔矿区住宅楼、大修厂、文体中心、西安煤炭设计院刘家庄住宅区远东公司电镀车间等工程施工。近20年的风雨历练，让这个铮铮硬汉特别迫切地想寻找到更大的舞台来证明自己。

领导的话既是信任，也是激将。向来不服输的章贵金想，天无绝人之路，干！

怎么干？章贵金和大家碰了个头，几个坚守公司的人都是骨干，都对公司未来始终充满信心，"共产党领导的国有企业不会倒！"大家意见出奇的一致：找活干！

章贵金首先广集信息，把可以联系的亲戚朋友都联系了一遍，又买来一本厚厚的电话黄页本，觉得有可能有项目的单位，就一家接着一家打，先用极尽谦卑的口气自报家门，然后就委婉地问对方是否有施工项目。这样近乎"原始"的办法，可谓"大海捞针"，效果可想而知，常常是打了大半天电话，口干舌燥，一点有希望的反馈也没有。

章贵金的小摩托这时候派上了大用场。电话说不明白，就骑着小摩托登门拜访，当面陈情，苦口婆心。

晴天一身汗，雨天一身泥。章贵金骑着小摩托，风雨无阻，没日没夜。为了和业务单位接触，联络感情，他一个星期骑着摩托车往返西安、咸阳五六次，本就瘦小的他一下子又瘦了十多斤。由于劳心费力，他几乎天天晚上失眠，头发大把大把地往下掉。

为了让建设单位了解自己，章贵金曾在建设单位领导的办公楼下一等就是三四个小时，时刻盯着楼梯出口，防止人家外出办事，错过了机会。为了说服建设单位的评委，他晚上骑着小摩托，几乎跑遍了所有评委的家。

一次，一个评委在五次拒绝章贵金于门外的情况下，终于被章贵金的诚意打动，第六次让他进了门。还有一次，他找建设单位的领导，在楼下给人家家里打电话，对方在家里就是不见他。这时，天下起了大雨，领导在窗前眼睁睁地看着他在楼下大雨中淋得像个落汤鸡，还站在摩托车旁打电话，终于被他的执着感动了，就说："你回去，我看出你是一个实干的人，我会尽力把任务交给你们。"

有一次，章贵金费了九牛二虎之力，一个有投标资格的企业愿意转让自己的投标权，但需要3.5万元转让费，面对这笔"巨款"，虽然结果未卜，但章贵金还是觉得是一个难得的机会，他瞒着爱人，从家里"偷"来转让费，拿到了项目投标权。不会写标书，他就四处求人，终于如愿参加了项目招标会。开标会上，志在必得的七公司名落孙山，已为此项目付出许多心血的章贵金走出会场后，像抽了筋一样浑身无力，连摩托车也推不动了，自己一个人蹲在自行车棚的角落里哭了40多分钟，抽了半包烟……回到公司，他就坐在那默默流泪。班子另外两个人一人攥着他的一只手，一起为他鼓劲："贵金，不要紧，你再给咱跑，我们给你加油。"

首战失利的章贵金在家昏睡三天三夜，不吃不喝。正当有些人认为他已经被击垮的时候，这个倔强的硬汉又顽强地站了起来，跨上他的小摩托，开始新的征程。在众多信息中，国家测绘局一大队科技教育楼工程总算有了点眉目，但人家怀疑章贵金是挂靠的民工队，为此章贵金拿上自己的身份证、工作证，借了一辆小汽车，把甲方拉到以前干过的项目现场，调出当年建楼的历史档案，让其一一核对，才使甲方消除了疑虑。

只有不甘心，才会有雄心。只有不甘心平凡，才能创造不凡。章贵金骑着他的小摩托马不停蹄地跑了三个多月后，1999年7月7日，高考第一天，七分公司在国家测绘局一大队的工程中以绝对优势一举中标。这是公司近3年来接的第一个工程，标底412万，对公司来说，可谓绝处逢生！

听到这个喜讯，工会主席茹芙蓉激动得跳了起来，书记史世华自掏腰包，花了几十块钱买了鞭炮，在公司院子里噼里啪啦地放了半天。

高兴之余，烦恼接踵而至。这个7层框架项目，甲方要求施工方垫资干到4层才能拨付工程款，粗略估算下，不算人工费，光材料款就得200多万元。

没有办法的办法：赊！章贵金请来了以前的同事、二公司材料科科长王亚勤，两人一人骑一辆摩托车，开始了"东挪西借"的旅程。有时为了"赊"两车砖，要反反复复给对方说好话。为了节省开支，近1个月的时间，两人每天中午的伙食都是三碗凉皮两碗粥，其中一碗凉皮分着吃。

赊账的日子并不好过，有一次，章贵金苦口婆心说动了一个材料供应商，答应先赊几十万元的钢材。等到项目基础做完了，急需使用钢材时，供应商却突然变卦，章贵金和王亚勤几乎天天去找供应商，好话说尽，供应商就是不松口，万般无奈之下，章贵金给供应商跪下了，他才勉强答应。

男儿膝下有黄金。可为了拯救濒临倒闭的公司，为了三百多公司职工有饭吃，硬汉章贵金跪下了。这一跪，跪出了能屈能伸的气度，跪出了坦荡博大的心胸。

施工必须要用搅拌机，"赊"一台价值好几万的搅拌机必须要陕建一建公司担保，当时公司也十分困难，机关干部职工数月没有领取工资了，但总经理黄忠银为章贵金的精神所感动，毅然同意为七公司进行担保。章贵金拿着担保书，第一时间坐上公交车，颠簸了一个多小时，赶往陕建建筑机械厂所在的兴平市，再雇车把搅拌机运回来，凌晨四点多，筋疲力尽的章贵金坐在椅子上，指挥大家把三吨多重的庞然大物往下卸，看到搅拌机从滑道上缓缓滑落，章贵金始终悬着的一颗心也随之慢慢放下，几乎在搅拌机落地的一瞬间，他就沉沉地睡着了。

项目要启动，没有管理人员肯定不行，但公司几百号人放长假在家，或在其他企业谋生。章贵金告诉大家，七公司有活了，需要大伙一起干，但半年内发不了工资，也不管吃，不管住。半年后，如果再开不开支，他就把自家家产给卖了，给大伙把工资发了，不干了。

章贵金把自己的"底"交给了大家，他朴实的话里透露出一股"自断后路"的狠劲，许多人感觉，就冲这股男人的气概，他一定能行，七公司一定有希望！于是，一些管理人员陆续回到了公司。

工人多起来，吃饭就成了问题。公司把食堂盖起来，请来了罗兴才师傅做饭。罗师傅家在农村，老婆养了二十几头猪，公司没钱买锅碗瓢盆，柴米油盐，老罗二话不说，卖了几头猪应急。为了给工人改善伙食，罗师傅过一段时间就杀一头，拉到食堂，大家吃了，公司没钱给他，挂个账。时间一长，家里的二十几头猪都没了，却一分钱也没有见着。他爱人不相信，以为他赌博把钱给输了，就直接找到公司，了解真相后，罗师傅解释说："现在公司难成啥了，能帮衬一把就出点力。我相信我们公司迟早会好起来，有钱肯定会给我的。"

也许是看到章贵金骑着小摩托跑业务实在辛苦，陕建一公司就把一台快要淘汰的伏尔加牌汽车给了七公司。有一次，车子载着公司三个领导兴冲冲地去投标，结果快到人家门口时，这台车在路上着了火，水缸直冒烟，没办法，大家只能在马路边等半天，待它凉了再开着走。

2000年的国庆节和中秋节只差了十几天，公司再困难，也要让大家过个节啊。没有月饼，就去熟悉的饭店赊，再让罗师傅加几个菜，干活工人加上管理人员100多号人，就在项目的院子里，大家都在地上蹲着，一人两块月饼，一人一瓶啤酒，一人一盘子菜，八个人一组往那一围，就这样过了个简朴而热闹的八月十五。

业主单位的职工和领导看了，特别感动："这样有人情味和凝聚力的公司，准能行。"

国家测绘局一大队科技楼顺利交付，不仅大大缓解了七公司的经济压力，也给七分公司打了金字广告，因为后来珠穆朗玛峰测标高，就是这个大队上去实施的。为"英雄大队"盖楼，得到了他们的肯定，七分公司，不简单！

2001年春节前夕，七分公司投标了西安科技大学临潼校区，开标现场，评委突然对七公司的资质质疑，要求看原件，章贵金马上给公司工长黄海龙打电话，时间紧迫,黄海龙干脆抱着镶嵌着资质证书的铜牌跑向开标现场,当时正是大雪天,黄海龙一刻不停地在大雪中奔跑,等他筋疲力尽赶到会场时,已是满头大汗,浑身被汗水湿透。结果如愿以偿。当听到公司中标的那瞬间,章贵金和黄海龙两个大男人抱在一起,兴奋地又跳又笑,泪水止不住地溢出眼眶。

正月初六,工人进驻工地,大雪飞扬,天寒地冻,把工人的脸和手都冻烂了,但没有一个人退缩。首先要建的是学生公寓、图书馆,当时是一片荒地。工地前面是石榴园,刚把石榴树挖完,啥都没有。没有电,就烧木柴,没有鼓风机烧不着,食堂罗师傅就拿一把扇子扇。工地附近没有水源,水是从五里路外的村子里拉来的。直到20多天后,由学校帮忙协调,水的问题才得以解决。

章贵金心里明白,公司要翻身,要发展,最重要的人才,为此,他骑着小摩托,几次三番出面,把原二分公司的战友黄海龙和刘家全都给叫来了。他们俩一个任临潼校区项目总工长,一个管技术,再加上哈尔滨工业大学毕业的高才生刘国强,三人成虎,临潼校区项目果然一天一个样。

黄海龙在来这个工地前,在一家私营企业打工,每月工资1700元还包吃包住,来到这里后满打满算一个月才650元,还有一半要交电话费,但他并没有怨言。"信任,是多少金钱都买不来的。"他说。

甲方要求当年9月1日公寓楼必须交工,因为9月份就有新生入住。从元月份进场到9月初交工,工期紧张到了极点。考验七公司人的时刻到了。

机器轰鸣,人声鼎沸。白天热火朝天,夜晚挑灯夜战,七公司竭尽全力,全员上阵。章贵金坐镇指挥,志在必胜。从公司领导到普通员工,大家都冲在项目一线,一天下来,都是灰头土脸,甚至分辨不清谁是谁。有人开玩笑地说,不需要花钱到景区去看兵马俑了。

当时,人们常常看见总工长黄海龙走路摇摇晃晃的,两眼布满了血丝,两脚就像踩着棉花,整个人都是晕的。有人关心地问:"你是昨晚又没有睡觉吧?"他淡淡地应了声"噢",又忙活起别的去了。

破釜沉舟,置之死地而后生。七公司不负众望,如期完成业主交给的艰巨任务。

2002年,临潼校区图书馆项目交工。虽然拼命赶工期,但七公司依然高度重视提高产品内在质量,项目在多个方面应用了新方法、新技术、新工艺、新材料的"四新"技术,如混凝土采用了泵送施工工艺,大模板采用竹胶板硬拼缝施工工艺,钢筋采用电渣压力焊连接技术,给排水工程采用了UPVC空壁隔音塑料管,施工现场设立微机房等,有效保证了项目品质。

西安科技大学临潼校区图书馆

经过多次检查、整改、验收、评审,项目最终获得陕西省工程质量最高奖——"长安杯"。这也是陕建一建公司获得的自己独立承建的第一个"长安杯"奖项。这一年的五一国际劳动节,章贵金获得了陕西省劳动模范,这是七公司15年来获得的第一个省级劳模。

省劳动模范是一个巨大的荣誉,陕建一建集团当年只有一个名额,为体现公平公正,集团组织召开机关领导和各分公司参加的推荐评选会。章贵金没有参会,七公司工会主席茹芙蓉在会场把章贵金这几年的辛苦付出和七公司的变化讲给大家听,许多人感动得掉了泪,大家一致同意这个劳模非章贵金莫属。

让章贵金感动的是,总公司和兄弟公司知道了七公司人在这么艰难情况下不服输、玩了命地要改变现状的励志故事后,纷纷伸出援手,有的送来米面油,有的送来彩电,还有的送来整头猪让改善伙食。

随后,七公司再接再厉,承接了西安科技大学本部公寓楼。当时,航天、广厦等大型央企和众多民营企业都参与了竞争,七分司在强手林立的西安市场能够胜出,充分证明企业已经走出困境,重新站起来了。

艰难困苦,玉汝于成;创业维艰,奋斗以成。2005年4月,章贵金被提拔为陕建一建公司副总经理,2007年担任陕建一建公司总经理,2012年11月,被任命为陕建一建集团董事长。2018年11月,调陕建控股总公司担任董事。

从粉刷工到质量员,从工长到项目经理,从分公司经理到陕建一建集团总经理，从陕建一建集团董事长到赴任陕建集团董事，章贵金在陕建一建干了整整36年。

章贵金骑着他的小摩托，带着一股永不服输的劲，四处奔波，终于把一个濒临破产的企业振兴起来，走出生产经营的低谷，一跃成为陕建一建年年超额完成各项经济技术指标的先进单位之一，实现资产及流动资金净增千万元以上，公司职工收入提高46.2%。

自2001年起，七公司连续四年实现利润过百万元，尤其是2004年，利润额达到224万元。7年完成产值1.4亿万元，向国家交纳税金438万元，国有资本增值4102万元。尤其值得一提的是，2002年，公司彻底还清了所有外债。

公司发展壮大了，章贵金还是那个章贵金，干活像拼命不说，还是一如既往地"抠门"，外出开会，永远要住宾馆的双人间，这样可以节约一半房费。如果出差住宾馆，一定要"货比三家"，挑最便宜的住。最为"离谱"的是，有一段时间他常常要到300公里外的旬阳市调研项目，每次总是半夜出发，翻越秦岭，早晨7点之后到，如果早到了，就在车上等，原来他这番"设计"只是为了节省一宿房费，当地宾馆规定，7点之后就按新的一天收费了。

七公司的崛起无疑是陕建一建在逆境中求生存谋发展的缩影。如今，脱胎换骨的七公司在陕建一建集团已经跻身第一方阵，近年来仅鲁班奖就拿了6个，还摘取西北地区第一个国家工程创新最高奖——詹天佑奖。2022年，公司合同额达到55亿元，营业收入达到32亿元。创历史新高。"草根英雄"章贵金早已鸟枪换炮，小摩托也完成了历史使命，光荣下岗，而七公司那种拼劲和闯劲、那种韧性和坚守、那种务实而执着的精神已经薪火相传，深深地融入陕建一建人的血脉之中。

第四章

凤凰涅槃

却顾所来径，苍苍横翠微。

"十五"加速跑，陕建一建人穷则思变，凝心聚力向前行，一年一个目标，咬定青山不放松，不断夯实企业发展根基。

风起改革，向潮而立。

股份制改革，决策者力排众议，勇闯"深水区"，在危机中育新机、于变局中开新局，陕建一建焕发新生机，迎来新机遇。

重组与兼并，知重负重，社会效益为先，职工权益为重。国企担当，不忘初心。

新时代，新跨越。陕建一建一路高歌猛进，传承铁军荣耀，再创时代奇迹。

强司富民，以人为本，提升全体职工的"幸福指数"，携手构建和谐共生、相亲相爱的大家庭。

第一节 "十五"加速跑

1999年9月，中共十五届四中全会通过了《中共中央关于国有企业改革和发展若干重大问题的决定》明确提出：国家要实施西部大开发战略。

同年11月，中共中央、国务院召开经济工作会议，部署2000年工作时把实施西部大开发战略作为一个重要的方面。

2000年1月，国务院成立了西部地区开发领导小组。经过全国人民代表大会审议通过之后，国务院西部开发办于2000年3月正式开始运作。

西北成为国家重点开发的热土，西安成为大开发的中心。身处西安的陕建一建迎来了前所未有的发展机遇。

2000年4月，以干练、魄力著称的徐长树从国外归来，担任了陕建一建党委书记，他与总经理黄忠银密切配合，进一步推动公司的改制与经营生产，公司逐渐有了起色。

2002年4月，38岁的肖玉龙走马上任，成为陕建一建公司历史上最年轻的经理。肖玉龙原是陕建八公司副总经理，有思想，有魄力，擅长抓经营，因此被陕建总公司委以重任，他和党委书记徐长树分工协作，一个主抓生产经营和项目管理，一个主抓机构精简和减员增效，一年一个管理主题，一步一个脚印，到2005年底，陕建一建各项经济指标发生了飞跃式发展，为"十五"计划期间公司发展做了一个较为圆满的收官。

20世纪八九十年代，工程任务不足一直困扰着陕建一建公司的进一步发展，规模大、有影响的项目少之又少，"零敲碎打"很难满足公司快速发展的需要。同时，公司经营机制不活，人浮于事现象严重，职工积极性普遍不高。

唯改革者进，唯创新者强。2003年，为了适应市场需要，抢占市场份额，扩大经营规模，很快形成了"公司自营、联营与职工个人独立承包"等三种经营模式，即以自营项目为主体，以职工全额承包和联营分包为重要组成部分的公司内部多种生产经营成分共存的管理模式。

公司自营的工程项目全部实行项目管理，明确项目经理的责、权、利，由公司项目管理委员会按照责任目标考核和管理。

公司职工个人承揽的项目实行个人全额承包制，即项目自揽、资金自筹、风险自担、确保上交、利润自留。

联营项目实行总分包管理，统一由公司有关部门负责实施，防止多头分包，降低经营风险。

为加强监督，保证了企业的利益，公司规定，公司职工个人全额承包和联营总分包的项目，都由公司纳入统一管理，由公司委派项目经理和主管会计。

2002年，陕建一建实际总成本亏损达225.78万元，经营制度改革迅速见效，2003年，陕建一建的经营规模不断扩大，经营成果取得了突破性进展，全年完成总产值比上年增加了1.1亿元，企业的日子好过起来，干部职工也越来越有信心和干劲。

"十五"期间，陕建一建以市场需求为导向，扬长避短，采取了一系列行之有效的经营措施：

——确定了立足西安，逐步扩张省外市场的经营战略。紧紧抓住西部大开发的发展机遇，在站稳西安大市场的同时，扩大和巩固西宁市场，努力开拓广东、山东青岛市场。

——依托品牌和诚信，不断完善公司领导层、开发层和项目管理层"三级联动"的开发机制，突出公司的资质、品牌优势和技术亮点，促进了公司内部三种经营模式的共同发展。

——公司新组建了市场开发部、报价中心，调整了经营机制，适应了市场发展。2002年下半年，由市场开发部联系、基层单位配合，一举中标青海项目和邮电十所等项目，初见成效。

——为了适应市场的变化和公司内部统一管理的需要，对经营部门及相关人员进行了调整和充实。公司经营部，统管市场开发中心和报价中心。对经营部门人员实行全员竞聘上岗。一批有知识、有才华、思维敏捷的年轻人进入经营部工作，经营效果显著。

——公司坚持"让用户放心、令顾客满意、为业主服务"的经营策略，干好现有工程，树立企业形象，实现项目的滚动经营。

这期间，陕建一建第五分公司把"干一项工程，树一块牌子，占一片市场"当作经营理念，用质量创优、文明施工和良好的用户回访服务开拓市场。在省政府北郊2号小区高层和友谊医院住宅工程干的好，不仅为公司争得了荣誉，而且他们又先后承接了冶金厂高层和友谊医院的后续工程。

针对管理上中存在的诸多薄弱环节，2002年后，确定了一年一个管理"主题"，持续推进，真抓实干，逐步扭转了陕建一建管理上的诸多薄弱环节，管理工作上了一个新台阶。

2002年，项目管理年。新开的工程都按照《项目管理实施办法》，签订了项目管理责任书。进一步完善了企业内部财务管理制度，加强对基层财务管理的检查和指导。一是成立了公司资金结算中心，制订了《资金结算管理办法》，对公司资金的控制、协调和管理起到了积极作用。二是配合工程项目管理，制订了《工程项目成本管理办法》，对工程项目成本的构成、核算、考核和奖罚做了明确规定。三是加强工程决算和工程款回收工作，制订了公司《清收拖欠工程款奖励办法》，为加强资金回笼、减少呆账损失，起到了积极的推动作用。

2003年，项目成本管理年。把规范项目管理、加强成本核算和提高经济效益放在一个突出的位置，凡公司自营的项目，都按规定签订了项目责任书，进行了分阶段的成本核算和各项考核，公司审计部门还开展了项目中期审计。由于实施规范，全年在建项目平均成本降低率3％。其中七分司承建的华园小区住宅楼工程成本降低率达到6％，大大提高了项目实际效益。

2004年，规范管理年。为解决公司内部资源不足和管理不到位的深层次矛盾，公司不断创新内部运行机制，着力解决发展中的问题和矛盾。一是创新管理制度，加强管理。公司制订了《现场文明施工、质量、安全量化考评办法》《领导干部引咎辞职制度》《费用报销制度》等制度和办法，明确了责任、标准、权限以及奖罚规定。制定了岗位考核、绩效挂钩的一系列规定，年底考核兑现，并重奖先进单位和先进个人，充分调动了大家工作的积极性。

2004年5月，公司还通过了环境、职业健康安全两个管理体系认证，实现了与国际管理标准的接轨，使得现场基础管理工作逐步走向规范，管理人员的质量意识、安全意识、成本意识大幅度提高。

2005年，强化管理年。围绕"四强一扩张"的总体工作思路，通过强化管理，进一步增强了企业的市场竞争力。把握企业经济效益的着力点，以项目管理为中心，以成本核算为重点，强化基础管理，提出了三次经营的观念。即：市场开发为第一次经营，项目施工中的签证和核算为第二次经营，竣工决算和回收工程款为第三次经营。这三次经营细化了企业科学管理环节，起到很好的效果。

穷则思变。"十五"期间，陕建一建以三项制度改革为突破口，不断加快机制转换和创新的步伐，促进企业发展。

劳动制度改革。对公司的人力资源情况进行了三次认真翔实地检查，摸清了人员结构，并按规定进行了分类管理，理顺了劳动关系。通过引进人才和裁减冗员，公司人员的结构配置不断优化，管理人员比例从年初的32％上升到40％。连续实施企业减员增效、下岗分流，企业包袱大大减轻。

人事制度改革。实现了公开竞聘、择优录用、能上能下的用人机制，管理干部竞聘上岗、一岗多能的原则。强化生产经营职能，弱化行政管理职能，坚持"精简效能"的原则，充实项目，精简分司管理层。对组织机构进行大幅度优化调整。

分配制度改革。不断改进绩效考核体系。建立了以KTP指标和主要工作内容的机关部室责任目标考核办法，把考核的重点放在目标的实现上，提高了绩效管理和考核的针对性、目的性。进一步修订完善了岗薪工资制度，细化了绩效考核制度，按责任和贡献大小拉开了工资收入档次，对调动员工工作积极性，以及吸纳人才、留住人才起到了非常积极的作用。

回顾陕建一建"十五"期间，公司以"开拓经营、强化管理、资源整合和机制创新"为工作重点，围绕"加快发展、做强做大、兴司富民"目标，努力拼搏，适应了市场，实现了快速发展。企业经营签约额从 2000 年的 1.38 亿元到 2005 年的 9.13 亿元，同比增长 560%，累计完成 31.1609 亿元；企业总产值从 2000 年的 2.03 亿元到 2005 年的 8.37 亿元，同比增长 310%，累计完成 23.34 亿元；竣工面积从 2000 年的 15.6 万平方米到 2005 年的 42.4 万平方米，同比增长 170%。五年累计实现利润 456 万元。

五年来，职工收入逐年增长，在岗职工人均收入从 2000 年的 8512 元到 2005 年的 16343 元，同比增长 100%。

五年中，公司在资金十分短缺的情况下，筹措了 450 多万元支付了历年来拖欠离退休人员的医药费；五年中，公司共集资建房 12 栋 65312 平方米，解决了 800 多名职工的住房，改善了职工居住环境。

五年中，陕建一建公司荣获了"全国建设系统百佳诚信企业""全国实施用户满意工程先进单位""国家建设科技创新示范单位""十五陕西著名企业""陕西省诚实守信先进单位""首届陕西经济百杰单位""陕西省优秀施工企业""西安市先进建筑施工企业"称号。司属安装公司荣获了全国五一劳动奖状。五年中，陕建一建公司先后有 20 多名同志荣获了省劳动模范、省诚实守信先进个人、省优秀项目经理、市优秀企业经理等称号。

2003 年，是陕建一建公司建司 50 周年，陕建一建公司举行了隆重的庆典，还花费数十万元，重新装修了公司机关办公楼并对公司机关内外环境进行了整治，完善了软硬件设施，改善了办公环境，提高了企业形象。

陕建一建还结合公司 50 周年司庆活动，创建了司歌，并从建立和完善企业文化发展纲要、员工手册、企业制度汇编和企业标准、标识四个方面入手，搭建企业文化框架，完成了企业文化发展纲要和员工手册的编写工作。此外，还举办了诗歌比赛，制作了企业纪念画册，录制了企业宣传光盘，奠定了陕建一建集团企业文化根基。

历史债务沉重一直是公司轻装上阵的绊脚石。2005 年，经过多方协调和谈判，陕建一建公司与信达资产管理公司较好地完成了债务重组。2006 年，公司用少量的资金，一次性清销了多年来累积的高达 1 个多亿的债务，彻底解决了与东方资产管理公司的贷款本息，降低了企业负债率，消除了不良记录。至此，公司的全部历史债务得到解决，为陕建一建后来的改制和持续发展奠定了基础。

2000年到2006年，陕建一建万众一心，爬坡过坎，不断加快前行的步伐，公司面貌焕然一新，由传统建筑企业开始向现代企业蜕变，为企业的进一步发展夯实了根基。风正时济，自当破浪扬帆；任重道远，还需策马扬鞭。迎接陕建一建人的将是机遇与挑战并存的明天。

第二节 改革"深水区"

2007年10月15日至21日，中共十七大在北京召开。大会主题是：高举中国特色社会主义伟大旗帜，以邓小平理论和"三个代表"重要思想为指导，深入贯彻落实科学发展观，继续解放思想，坚持改革开放，推动科学发展，促进社会和谐，为夺取全面建成小康社会新胜利而奋斗。

改革再次成为新时期社会经济发展的关键词。2008年初，陕建一建公司决策层审时度势，按照中央精神和陕建总公司部署，全面启动股份改革。

股份制改革，为什么要改？

企业改制以党的十七大关于构建和谐社会、贯彻落实科学发展观的重大战略思想和陕西省委省政府《关于进一步深化我省国有企业改革的意见》和《集团总公司进一步深化企业产权制度改革的指导意见》为指导，按照建立现代企业制度的要求，以体制创新为主线，积极推进企业改制，建立适应市场经济的现代企业制度和产权制度。

通过改制，建立归属清晰、权责明确、流转顺畅、保护严格的现代产权制度，为实现企业的快速发展提供体制保障；通过企业产权制度改革，实现了投资主体多元化，推行经营管理层和生产经营技术骨干等人员持股，提高职工对企业长远发展的关切度和管理的参与度，充分调动职工的积极性，增强了企业的凝聚力。

股份制改革，怎么改？

企业改制过程中坚持有利于国有资产保全、有利于企业发展、有利于职工安置的原则，规范操作；坚持以人为本，做到"三个善待"，即善待企业职工、善待为国企负责做出过贡献的企业领导干部、善待债权人，把改革、发展、稳定有机统一起来；对不可预见的事项，由改制后的有限公司负责解决。

公司改制以集团总公司代表国家资产出资控股，吸收经营管理层和生产经营技术骨干等人员出资入股，联合其他发起人的投入，组建成为国有绝对控股、经营管理层和生产经营技术骨干等人员持股、社会自然人参股的有限责任公司，实现了企业产权多元化。

公司改制后依据《中华人民共和国公司法》的要求，建立了有限公司股东会、董事会、监事会、经营管理层和党委、工会、团委组织，制定了相应的工作制度、管理办法、议事规则和决策程序。

公司改制后的名称为陕西建工集团第一建筑工程有限公司，注册资金为7132万元。改制时根据国家相关法律法规的规定及相关文件的精神，在充分考虑企业和职工合法权益的前提下，预留职工安置费用3504.18万元，设立专户管理，专款专用，陕西建工集团监管，对职工进行妥善安置。改制将陕西一建全部经营性资产和土地使用权等无形资产纳入改制范围。

经清产核资、财务审计后，陕建一建公司净资产为5410.35万元，经资产评估增值1751.34万元，其中土地评估增值1741.35万元。

企业改制后陕西一建的债权债务关系由新设立的有限公司承继；非经营性资产2261.33万元从资产中剥离，并由改制后的有限公司按照《非经营性资产剥离管理方案》实施管理。

改制后成立的有限公司根据《中华人民共和国公司法》的有关规定，建立规范的法人治理机构和管理机构。切实做到决策、执行、监督机构责权明确、职能到位、充分激励又互相制衡。

改制后的有限公司的党组织，依照《中国共产党章程》及党组织的有关规定建立并开展活动，充分发挥党组织的政治核心作用，保证监督党和国家方针政策在有限公司的贯彻执行；参与有限公司的重大决策，支持有限公司的各职能机构，按照法人治理的要求行使职权；领导工会、共青团等群众组织依照法律和各自章程展开工作，并积极抓好政治思想工作和精神文明建设，促进有限公司健康发展。有限公司党委的主要领导通过法定程序进入董事会、监事会。

改制后的有限公司依照《中华人民共和国工会法》《中华人民共和国公司法》及有关规定建立有限公司的各级工会组织，维护职工的合法权益并依照国家有关法律法规在本公司实行民主管理。坚持和完善职工代表大会制度，有限公司的重大决策方案，重要规章制度和有关职工切身利益的事项，要听取职工的意见和建议，对关系职工生活和福利的重大事项要通过职代会讨论决定，对有限公司高级管理人员的工作业绩进行民主评议和监督；并按照法定程序选举职工代表进入董事会和监事会。

由此看来，陕建一建的股份制改革既是时代潮流，也是企业发展的需要。必须瞄准目标，全速推进。

2008年2月，陕西建华有限责任公司会计师事务所提交陕西省第一建筑工程公司2007年度会计报表审计报告书。

7月2日，集团总公司批复同意一公司整体改制预案立项。

9月4日，受托估价单位：陕西华地房地产估价咨询有限公司提交陕西省第一建筑工程公司企业改制涉及土地使用权价格评估报告。

11月，中宇资产评估有限责任公司出具陕西省第一建筑工程公司资产评估报告书。

11月25日，陕西省第一建筑工程公司召开第十届五次职工（会员）代表大会，审议、通过了《陕西省第一建筑工程公司整体改制方案》和《陕西省第一建筑工程公司职工分流安置方案》。

11月26日，集团总公司对一公司经营性资产与非经营性资产进行了划分，同意剥离非经营性资产2261.33万元，由改制后的新公司实施管理。

11月27日，陕西省劳动和社会保障厅批复同意《陕西省第一建筑工程公司改制职工安置方案》。

12月，制定了陕西省第一建筑工程公司非经营性资产剥离管理方案。

12月17日，陕西省人民政府国有资产监督管理局批复同意《陕西省第一建筑工程公司资产处置意见》。

同日，省国资委批复集团总公司，同意一公司整体改制组建陕西建工集团第一建筑工程有限公司（简称"一建有限公司"），公司注册资本为7132万元，其中，集团总公司以一公司国有净资产3657.51万元出资，占出资总额的51.28%，为国有法人出资，由集团总公司持有；企业职工出资3374.86万元，占出资总额的47.32%；王素玲出资100万元，占出资总额的1.40%，为社会自然人出资。

审核认定陕建一公司整体改制评估基准日国有净资产总计7161.69万元，同意从中预提职工安置费用3504.18万元，集团总公司以剩余净资产3657.51万元对一建有限公司出资。

2008年12月12日，陕西建工集团总公司批复同意一公司整体改制。

2008年12月18日，陕西建工集团第一建筑工程有限公司正式挂牌成立。

对一个已经有55年历史的老牌国有企业来说，一年内相继完成了改制预案的立项、初审、财务审计、资产评估、土地评估等诸多环节的工作，同时召开职代会通过了公司整体改制方案、职工安置方案等，召开股东会、监事会通过了公司章程并选出董事、监事，最终按照陕建总公司年内必须改制挂牌要求，彻底完成了企业股份制改革。这种快节奏、高效率的改革不得不令人叹服。

其实，身历其中的人才会明白，改革从来都不会一帆风顺，触及企业和职工利益的股份制改革更是难上加难。

按照省委省政府和陕建总公司的要求，陕建一公司股份制改革要求员工持股49%，企业持股51%。当时，新公司注册资本为7132万元，这就意味着公司员工必须拿出3500多万真金白银来入股。

对于当时还在爬坡过坎的企业来说，让干部职工拿出这一笔巨款，确实不易，许多人在观望，一些同期也在改制的兄弟公司似乎也只是"翻个牌子"，走个形式。

面对疑虑甚至动摇，董事长张培林态度坚定，改革进入"深水区"，逆水行舟，不进则退。改革没有回头路，改革不能走过场，关键时刻党员干部必须带头，谁也不能"掉链子"。

公司章程规定，董事长入股150万元，总经理入股135万元，副总级别入股105万元，分公司总经理60万元，科级干部不能少于10万元。

反对之声不绝于耳，因为许多人一下子拿不出这笔巨款。有人观望，疑虑重重，因为谁也不知道股份制企业未来的经营结果如何，入股的钱会不会"打水漂"。

"要么入股，要么辞职！"铁腕张培林一言九鼎，对干部下了死命令，他表示，作为公司管理层，对公司未来都没有信心，在公司发展的关键时刻都不愿意挺身而出，畏首畏尾，怎么带领广大职工冲锋陷阵？

看到董事长态度如此坚决，看到班子充满信心，大家觉得应该拼一把，搏一次，咬着牙往前冲。

一下拿不出那么多钱，许多人只能把自家的房子抵押，向银行贷款，把这个股金交了。不够怎么办？向亲戚朋友借。问题是找谁借，全公司都在发愁入股呢。

好在当时的政策是给三年时间缴纳股本金，到2011年底，大家才交齐了股金。这期间，许多干部每月的工资交齐三金后，全部拿来交了股金，只能拿基本的生活费养家糊口。时任副总经理袁勇的儿子2011年读研究生时，他连交1万块钱学费都没有，实在没有办法，只好取出住房公积金给孩子交了学费。

把自己的身家性命都押上了，能不为企业发展拼命吗！每一个员工都是股东，公司是亏是赚与大家息息相关，能不与企业同呼吸共命运吗？改制改出了大家的决心，改出了大家的魄力，改出了凝聚力，也改变了公司的前途和命运。

实践证明，公司改制是非常成功的，企业获得了跨越式的发展，所有入股的干部职工也都是赢家。2020年，陕建集团整体上市，对各单位进行上市前的清产核资，陕建一公司以净资产18亿元位列全集团下属单位第一名（全总公司仅有两家单位净资产过10亿元），远远高于一些没有改制的同等规模企业，实现了国有资产的保值增值；同时，持股的职工也获得了很好的收益，以2018年底企业年度审计报表净资产值进行核算，按原始持股10倍退出持有股权，十年间职工投资收益超过10倍。

改革"一子落"，发展"满盘活"。

改革，给陕建一建插上腾飞的翅膀，焕发出企业强大的内生动力。2009年，陕建一建改革后新机制运营模式的开局之年，也是公司发展最快、最好的一年。以"创新发展年"为主题，经过上下共同努力，产值、利润、经营签约额都刷新了历史的纪录，经营签约额全年完成22.5亿元，较上年同比增长23%；全年完成总产值16.8亿元，较上年同比增长24%；主营业务收入全年完成16.33亿元，创历史新高。公司整体发展水平全面提升，荣获"2009年中国建筑业最具综合实力100强"，司属第七分公司荣获"全国工人先锋号"荣誉称号。

东方风来满眼春，砥砺奋进再出发。在改革发展的路上，陕建一建人作出了明智的选择，勇敢地闯过"深水区"，中流击水，无畏风雨，向着光辉灿烂的未来砥砺前行。

第三节　责任担当

2008年12月18日，陕西建工集团第一建筑工程有限公司正式挂牌成立，标志着企业完成了股份制改造。

干部职工拿出真金白银，甚至卖房、贷款，占股49%，企业占股51%。这意味着，陕建一建依然是国有控股企业，国企性质没有改变，国企的社会责任和担当精神没有改变。

为贯彻落实陕西省委、省政府《关于进一步深化我省国有企业改革的意见》和《陕西建工集团总公司进一步深化企业产权制度改革的指导意见》的精神，从根本上解决陕西省建筑工程汽车运输公司的发展问题，2009年6月，集团总公司决定由陕西建工集团第一建筑工程有限公司（以下简称"陕建一建"）对陕西省建筑工程汽车运输公司（以下简称"运输公司"）实施整体重组、资产整合。

陕西省建筑工程汽车运输公司和陕西省建筑路桥工程公司在省工商局分别登记注册，为同一资产，一套人马、二个牌子。

运输公司原是陕西建工集团总公司管理的全资子公司，主要从事房屋建筑、路桥施工和货物运输、机械加工修理。重组前运输公司账面资产总额1259.55万元（其中土地资产621.51），负债2121.34万元，净资产-861.79万元。

在册职工221人，其中：在岗126人，不在岗95人；保留劳动关系57人；离退休610人；职工遗属69人；"并轨"接续社会保险120人。

运输公司20世纪90年代末因经营困难而歇业，累计欠缴土地使用税约400万元，被省国资委等相关部门认定为僵尸企业。如果长期不予处理，企业所欠税费和外债将会滚雪球一样越来越大，职工基本生活难以保障。极易形成不稳定因素。因此，及时注销僵尸企业，十分必要。

"如果说国企改革是'难啃的骨头'，那么，最硌牙的部位，无疑是僵尸企业处置。"专家分析认为，一方面，僵尸企业通常会形成较为复杂的债权债务关系，客观上导致注销程序相对复杂，另一方面因为企业长期未开展经营活动，重要文件、账册灭失，或者是股东、重要人员下落不明，以及普通职工的安置问题，也会造成注销难。

显然，运输公司是一个名副其实的僵尸企业，对它进行整体重组、资产整合，从经济效益角度考虑，明显"划不来"，这对刚刚完成股份制改革、尚处在爬坡过坎的陕建一建来说，无疑是个严峻的考验。但一贯服从命令听指挥的陕建一建敢于担当，毅然接下了这个"烫手的山芋"。

注销僵尸企业的前置条件是必须取得税务管理部门开具的税务注销证明。陕建一建集团在陕建总公司的指导和支持下，积极与税务部门对接沟通，千方百计补齐缺失的账表和文件，为运输公司申请并享受了僵尸企业土地使用税减免政策，顺利完成了注销工作。

重组以运输公司整体改制预案为基础，坚持有利于企业发展、有利于职工安置、有利于国有资产保值增值的原则，由省国资委指定中介机构对运输公司的经营性资产进行审计、评估，陕建一建在此基础上形成整体重组、资产整合方案和职工安置方案，经运输公司职代会和陕建一建股东会审议通过，报集团总公司和省国资委审批。

按照国家、省、市现行的政策，陕建一建负责妥善安置运输公司全部职工，管理运输公司的非经营性资产,做好资产、债权、债务处置,积极开拓市场,勤勉经营,保证国有资产的保值增值。重组后,运输公司成为陕建一建的全资子公司。

经中威正信(北京)资产评估有限公司资产评估确认,截至2009年12月31日,运输公司总资产评估值1365.57万元,其中土地评估增值1257.22万元;评估净资产503.78万元。预计职工安置费用946.1563万元。

2010年9月14日,省国资委批复集团总公司,同意将陕西省建筑工程汽车运输公司以零资产协议转让给陕西建工集团第一建筑工程有限公司,陕西建工集团第一建筑工程有限公司全员接收陕西省建筑工程汽车运输公司职工;陕西省建筑工程汽车运输公司评估后净资产为503.78万元,同意将其作为预提职工安置费用,不足部分从一公司以后年度的国有收益中逐步解决。

2010年9月17日,集团总公司批复集团一公司,同意一公司对运输公司实施整体重组、资产整合的方案和职工安置方案;运输公司非经营性资产委托一公司管理,一公司按国家有关规定制定《非经营性资产管理方案》,报集团总公司审批后执行。

鉴于运输公司净资产用于安置职工后为零,因此,进行零资产协议转让。暂保留运输公司法人地位,其债权债务关系由重组后的运输公司承继。运输公司剥离后的非经营性资产,由陕建一公司管理。

重组后的运输公司作为陕建一公司的全资子公司,生产经营管理等工作由陕建一公司统一负责。运输公司有关机构并入陕建一公司相关机构,其中建筑路桥机械厂并入安装公司、机械施工公司并入市政路桥公司、项目部并入九分司;路桥其余人员全部并入一公司有关部门。

职工安置依据国家有关政策规定,在充分考虑企业和职工合法权益、兼顾国家、企业、职工三方利益、平等自愿,双向选择的前提下,由陕西一建负责对职工进行妥善安置和管理。保障职工的知情权、参与权和监督权。

在安置过程中,对不可预见的事项,由一公司继承和解决。原运输公司与职工签订的劳动合同的在册职工,全部平移到陕西一建,其工龄连续计算,并由陕西一建继续履行劳动合同所涉及的全部内容及各种社会保险关系的接续。

运输公司与陕西一建在协商一致的基础上,根据陕西一建的上岗条件,首先安排职工全员上岗,采取定向培训学习,提供转岗培训机会;对距法定退休年龄不足五年且未被聘用的在册职工,采取内部退休进行安置。

对男55岁、女45岁以下人员,若本人提出不愿继续与企业保持劳动关系,可以解除劳动关系，在解除劳动关系时公司将按照国家劳动合同法的相关政策规定办理。

已办理内部退休的职工，按原办法执行；已签订保留劳动关系协议的职工，按原协议执行。离退休人员、职工遗属、"并轨"接续社会保险人员及其他人员的安置按国家及省政府的有关文件执行，其管理由一公司按有关政策承继。

鉴于重组工作的复杂性和艰巨性，时任陕建一建董事长张培林亲自挂帅，担任陕建一建集团陕西省建筑工程汽车运输公司整体重组领导小组组长。

"人"的问题是在重组工作中最棘手、最敏感的关键所在。在对运输公司职工安置工作中，公司坚持人性化原则，充分考虑到重组后职工的顾虑、感情，把职工相对集中安置在几个分公司，工作成熟一批安置一批，并注意解决职工工作中遇到的困难和问题，使职工安置后思想稳定，很快融入新单位。

根据职工安置方案，原运输公司与职工签订的劳动合同，全部平移到省建一公司继续履行并接续各种社会保险关系，工龄连续计算。

对于希望上岗的职工首先全部安排上岗，然后采取定向培训学习，并提供转岗培训机会；对不愿与企业保持劳动关系的职工，按照《劳动合同法》的相关政策规定解除劳动关系并予以经济补偿；对距法定退休年龄不足五年、因身体或技能不能被聘用的，采取内部退休进行安置；离退休人员、接续社会保险人员、职工遗属由一公司承接管理。

让安置职工安心、暖心、放心，能感受到自己是新的大家庭中的一员，激发他们的主人翁意识。职工安置后，立即安排部署实施同岗同酬工作。重组前，运输公司主要领导月工资为1800元，不及重组方一般科员的工资，职工月工资更低。同岗同酬后，工人和管理人员的工资在重组中人均增资300元的基础上又分别提高了65.7%和71%，使职工看到重组的好处，找到了归属感和安全感，对自己今后的生活和工作充满信心。

由于处理得当，合情合理，汽车运输公司221名职工、610名退休人员、120名接续社会保险人员、69名职工遗属得到妥善安置，重组工作取得圆满成功。

运输公司重组工作的顺利完成，为维护职工利益、盘活国有资产、构建和谐劳动关系、保障集团和社会稳定做出了贡献，工作得到省国资委和集团的肯定。重组工作的完成，还使运输公司包括一公司的职工看到和感受到了企业以人为本，对职工的充分关爱和尊重，极大地调动和鼓舞了职工为企业发展作贡献的积极性。

"十三五"期间，陕建一建集团累计注销了40余家僵尸企业、3家厂办大集体，合并、撤销了10余家下属分支机构，尤其是国资委挂牌督办的运输公司注销、重组工作顺利完成，得到了上级高度肯定与表扬。按照市场化运行要求，完成了集团职工家属区"三供一业"和物业管理分离移交工作。一系列举措，使企业轻装上阵，为高质量发展打下了坚实基础。

第四节　强司富民

2022年9月，从全国总工会传来喜讯，陕建一建集团被人力资源社会保障部、全国总工会、中国企业联合会、中国企业家协会、全国工商联命名为全国和谐劳动关系创建示范企业。

此次评选陕西省共有10家企业获奖，陕建一建集团成为陕建集团唯一一个上榜企业。

创建劳动关系和谐企业，是构建和谐企业的前提和基础，是促进企业又好又快发展的重要保证。陕建一建集团始终将创建劳动关系和谐企业纳入企业工作的总体目标，统筹规划，全面推进，确保创建工作取得实效。

企业要发展，离不开广大职工。企业发展了，不能忘了广大职工。近年来，陕建一建集团在实行劳动合同制度、保障职工劳动报酬、休息休假 社会保险权益、执行劳动安全和职业卫生法律法规、依法加强民主管理、建立职工岗位培训制度、培育职工"铁军"文化等多方面同步推进，充分尊重全体职工的主人翁地位，保持企业和谐稳定，从跨越式追赶迈入高质量发展新阶段。

2004年集团产值6.05亿元，经营签约额7.13亿元，在岗职工人均收入为1.72万元；2007年集团主营业务收入、经营签约额双过10亿元，在岗职工人均收入达到2.26万元，清还了过去历年拖欠职工工资等费用，还清了银行的债务，集团成功创建"陕西省文明单位"，实现了"兴司富民"的阶段性目标。

2008年12月18日，陕建一建集团完成改制，由国有独资企业改制为国有资产控股、经营管理层和生产经营技术骨干、社会自然人参股的有限责任公司，完善了法人治理结构；2009年提前一年完成了《集团2006年至2010年发展规划》目标，及时提出并把工作转入实施"强司富民"的战略目标；同年对资不抵债，长期拖欠职工工资、医药、社会保险等费用，严重影响陕建集团与社会稳定的陕西省建筑汽车运输公司实施了整体重组，并于2010年9月顺利完成重组工作，并制定了

《集团2011年至2015年发展规划》，迈开了向"强司富民"更高目标奋进的步伐。

2011年，陕建一建集团产值达到31.81亿元，经营签约额42亿元，在岗职工人均收入4.92万元。集团先后荣获"全国优秀施工企业""中国建筑业最具成长性百强企业""全国工人先锋号"等9项国家级荣誉；荣获"陕西省建筑业先进企业""陕西省信用企业""陕西省文明单位标兵"等40项省市级荣誉；李忠坤、张培林荣获"全国五一劳动奖章"，黄海龙被评为"陕西省劳动模范"。

2012年11月15日，在十八届中央政治局常委与中外记者见面会上，中共中央总书记习近平说，我们的人民热爱生活，期盼有更好的教育、更稳定的工作、更满意的收入、更可靠的社会保障、更高水平的医疗卫生服务、更舒适的居住条件、更优美的环境，期盼着孩子们能成长得更好、工作得更好、生活得更好。"人民对美好生活的向往，就是我们的奋斗目标。"

提高职工收入一直是陕建一建集团各级管理者关注的重中之重。2012年年初，集团安排主要领导带领人力资源部对行业薪酬进行了专项调研，走访了行业内的多家兄弟企业，了解他们的薪酬体系，根据不同的职位进行评价，通过多次讨论，制定了公司新的薪酬标准，职工薪酬标准平均增长34%。此次薪酬标准呈现出了两大特点：一是倾向于施工一线的管理人员，尤其是业绩突出的管理人员；二是建立了两个不同的成长渠道，针对自身特点，职工可以在专业领域或者管理领域选择，公司都将为其提供相应的平台和空间。

2012年，陕建一建集团实现营业收入34亿元，经营签约额50.48亿元，在岗职工人均年收入5.89万元，创历史最好成绩，集团稳列陕建集团第一方阵，被评为"陕西建筑业最具竞争力企业50强"名列第三位，"中国建筑业最具成长性100强企业"名列第十七位。

让所有职工共享发展成果是陕建一建集团孜孜以求的目标。2013年，集团切实贯彻针对退休职工的"十个一"活动，启动了退休职工欢送会活动，在职工退休时为他们发放1张光荣退休证和1份纪念品，对他们为企业所做的贡献表示感谢，对他们的退休生活给予更多关注。

对全部3859名离退休职工以及1543名在册职工开展了送蛋糕活动，在每名退休职工生日当天，送一个蛋糕，寄一份祝福。该项活动得到了退休职工的肯定，无数感谢的电话从四面八方打来，感人至深，有些老职工激动地说："没想到啊，集团还记得我们这些职工，这是对我们一生最大的认可，这个蛋糕也是我收到的最好的生日礼物。"

2013年，陕建一建集团全年完成主营业务收入43.07亿元，比去年34亿元增长9.07亿元，增长25%，完成集团总公司下达指标41亿元的105%，集团职工人均收入68018元，比上年58860元增长9158元，增长15.6%。

2014年，陕建一建集团全年完成主营业务收入51.76亿元，同比增长18%。职工人均年收入80775元，比去年净增12757元，同比增长18.7%，保持了在总公司第一方阵的排位。

住房问题一直是广大职工最为关心的大事。为了解决干部职工的住房困难，改善干部职工的住房条件，挽留公司的骨干精英，给无房的在职职工吃上一颗定心丸，自20世纪90年代初，陕建一建在省、市率先实行职工集资建房，1994年至2009年共建集资房29栋，18.7万平方米，解决了2201户职工和居民的住房问题。

"美化办公环境、建设美好家园"。2014年以来，按照陕建总公司统一部署，陕建一建集团持续深入开展"两美"创建活动，切实解决好职工的难心事、愁心事、烦心事，推动文明单位和文明小区建设再上新台阶。

陕建一建目前共有六个家属小区，近5000户居民。这些小区大部分建设历史久远，配套设施不完善，管理相对滞后。为给广大住户创造一个舒适的居住环境，2014年集团投入了150万元对咸阳联盟1路小区水电进行改造，对室外道路进行扩改，对楼体和围墙进行了粉刷，更换了新的道牙，添置了健身器材，使这个历经50年的小区焕然一新。还投资30多万元补栽和修剪绿化带、检修老旧小区电梯、翻新屋面，重点做好环境卫生的保持和小区秩序的维护。

2015年，陕建一建集团先后投入180余万元对家属院进行提升改造，打通了和平门小区的消防通道，美化了该小区的居住环境。对边家村小区"环境死角"进行了彻底改造，解决了困扰该小区多年的难题。特别是为三个小区局部安装了天然气，解决了673户居民"用气难"的问题。这些举措得到了小区住户的一致好评。在全省安全社区创建中，边家村小区一次性通过验收，获得陕西省安全社区称号，并被陕建集团总公司评为物业管理先进单位。

2016年，为了与特级资质的企业形象相匹配，陕建一建集团经过多次研讨，对集团现有资源进行合理配置，先后启动了大礼堂改造扩建项目、北综合楼建设项目，使机关办公环境进一步提升。集团的家属小区获得了先进小区、变化显著小区两项第一的排名。

2017年，陕建一建集团又一次重新翻修了大礼堂，新建了展览馆和多功能厅、接待室、职工食堂等，改善了职工办公条件，得到了职工的认可。新建了白家口南院活动中心，成为职工文化活动新阵地。在总公司检查考核中，陕建一建集团"两美建设"均获第一名。

通过持续开展"两美"建设，陕建一建集团的办公环境明显改善，职工居住环境显著提高，干部职工的精神面貌也得到了极大的提升。干劲倍增，信心十足。

关爱职工，用心用情。针对施工企业男职工数量较多，空闲时间少，交际面窄等现状，陕建一建集团工会、团委等多次举办青年联谊会，与西安银行、民生家乐、西安医学院附属二院等单位进行交友联谊，牵线搭桥，一对对年轻人喜结连理，走进了婚姻的殿堂。

"以人为本，构建和谐企业"是陕建一建集团的核心价值观之一。多年来，陕建一建集团坚持发展成果与职工共享的理念，制定措施提高职工参与企业管理的深度和广度，提质增效的同时，不断提高广大职工收入。尤其是近年来，随着企业跨越式发展，企业职工收入也水涨船高，大幅度提升。

2015年，集团合同签约额首次突破百亿大关，达到107亿元，同比增长41%；完成营业收入58亿元，同比增长14%；实现利润6380万元，同比增长23%；职工人均年收入88200元，同比增长9%。

2016年，全年合同签约额达到141.85亿元，同比增长32.11%，在陕建集团100多家二级单位中名列第二。全年完成营业收入65亿元，同比增长12.59%，在陕建集团100多家正处级单位中名列第三；实现利润8150万元，同比增长27%；职工人均年收入9.75万元，同比增长10.5%。

2017年，陕建一建集团完成经营签约额155亿元，同比增长14.77%；完成营业收入71亿元，同比增长8.72%；实现利润1.07亿元，同比增长30.67%。2017年春节前对摸底掌握的18户困难职工按最低工资标准80%进行补助，帮助他们实现了当年脱困。全年通过互助保险关爱帮扶职工4名，帮扶突发重大疾病职工1名。

2018年，合同签约额171.3亿元，占年计划的102%，同比增长10.5%；营业收入81.2亿元，占年计划的105.9%，同比增长14.2%；实现利润1.51亿元，占年计划的109.4%，同比增长41%；职工人均年收入11.23万元，同比增长8.45%。

2019年，全年完成经营签约额200.64亿元，同比增长17.33%；实现营业收入90.22亿元，同比增长11.07%；实现利润2.06亿元，同比增长37.33%；职工人均收入达到12.29万元，同比增长9.5%。

2020年，全年完成合同签约额231.57亿元，占年计划的100.68%，同比增长15.42%；实现营业收入108.4亿元，占年计划的102.27%，同比增长17.93%；利润总额 3.5 亿元，占年计划的 125%，同比增长 69.74%；2020 年职工人均年收入达到 14.93 万元，同比增长 21.28%。

2021 年，全年新签合同签约额 272.85 亿元，占年计划的 101%，同比增长 17.8%；营业收入 149 亿元，占年计划的 119.2%，同比增长 35.7%；实现利润总额 4.2 亿元，占年计划的 107.7%，同比增长 20.3%。在岗职工人均年收入达到 16 万元，同比增长 11%。

翻开每年的陕建一建集团年度行政工作报告，都记载着职工的人均年收入以及和上年度的对比值，虽然只有短短的一行字，却可以看出，在企业领导层心中，始终牵挂着职工的收入，牵挂着职工的幸福生活。

"企业发展了，我不能让跟着我吃苦受累的弟兄们吃亏。"质朴而真诚的话语里，流露出陕建一建集团党委书记、董事长黄海龙对职工的深情关切。近年来，集团职工待遇和福利保障每年以超过 15% 的速度递增。

民有所呼，我必有应。2021 年，陕建一建集团扎实开展"我为职工办实事"活动，使企业发展成果与职工共享。组织 3000 余名职工进行了健康体检；联系社区、医院及时为职工接种新冠疫苗；为职工和部分符合条件的进城务工人员缴纳了互助医疗保险，减轻职工因病致困的负担；帮助解决职工生活难题和子女就业问题；在各项目均建立职工心理疏导室，全年共开展心理咨询、职业健康等培训 22 场次；实现了对省外项目、重点项目职工家属慰问的全覆盖。

毋庸讳言，由于多种原因，较长一段时间，陕建一建集团职工收入参差不齐，每个家庭经济条件也不尽相同，少数职工生活困难。作为国有企业，陕建一建集团一直以来积极履行社会责任，尽力帮助自己的职工走出困境。

大力开展扶贫帮困、奉献爱心活动。建立困难帮扶领导责任制，深入每一户困难职工家中摸底调查，制定"一户一策"脱贫方案，扎实开展精准帮扶活动。每年春节、元旦、七一、国庆期间，集团都拿出慰问金，对集团困难党员和困难职工等进行精准帮扶，努力解决职工群众在生产和生活方面的具体困难；对困难职工，集团按最低工资标准的 80% 进行了补助，2016 年补助金额 122000 元，帮助他们实现了当年脱困。2020 年，集团为突发疾病的 2 名职工组织捐款 171130 元。

陕建一建集团对员工的关爱无微不至，对考入高校的职工子女，集团开展"金秋爱心助学"活动，为她们补助了 10000 元；集团对困难职工子女的就业优先进行考虑，在政策上给予倾斜；对女职工群体，集团每年定期组织女工健康体检，开展"女职工健康保健知识讲座"，并为她们办理了"中国女职工重大疾病保险"；通过

"金秋助学""送温暖""女职工关爱行动"等活动多措并举，建立完善帮扶基金，加大救助力度，做到真帮困、全覆盖、不遗漏，使困难职工、困难群众早日摆脱困境，目前，集团困难职工已全部脱困，和全国人民一道，如期步入小康社会。

物质上帮助，精神上关爱。近年来，陕建一建集团高度重视以丰富的文化生活陶冶情操，凝聚人心，坚持开展一系列丰富多彩的文体活动，每年组织千人职工运动会、越野赛及国庆文艺汇演等大型活动；坚持开展工间操、健身舞及卡拉OK活动；每年春节的年会，夏季职工运动会，国庆文艺汇演，冬季越野赛，两年一次的"光荣属于你"颁奖典礼，形式多样，精彩纷呈。重要节日，集团领导带领相关人员深入一线，慰问职工。还在项目部设立职工心理咨询室，关爱职工心理健康，有效帮助一线人员缓解工作压力，增强职工归属感。2018年荣获陕西省建设工会"模范职工之家"荣誉，2020年分别荣获陕西省和全国"模范职工之家"荣誉称号。

在关爱进城务工人员方面，陕建一建集团每年为进城务工人员提供就业岗位达3万多个，同时不断改进和完善进城务工人员工资发放方式，严格监管进城务工人员工资账户，杜绝拖欠，切实保障了进城务工人员群体的切身利益。继续完善社会保障体系，集团为职工和产业工人投保"住院＋意外"互助保险，并安排专人进行理赔，确保职工和一线劳务作业人员的权益。

从2016年到2020年的"十三五"期间，陕建一建集团坚持开展"扶贫济困，温暖人心"活动。五年来，共筹集57.15万元，通过"送温暖""结对帮扶""金秋助学""困难和意外补助"等活动，把企业的关怀和温暖送到每一个困难职工家中，为突发疾病的职工及公共卫生中心捐款74.82万元，将关爱职工落到实处。

"广大党员干部要用'辛苦指数'换来职工群众的'幸福指数'"。2022年11月29日，陕建控股集团党委书记、董事长张义光在陕建一建集团调研时强调。

近年来，陕建一建集团相继被评为全国AAA级信用企业、全国工程建设诚信典型企业。集团工会获得"全国模范职工之家"，连续多年被陕西省建设工会评为"模范职工之家"，被评为中国海员建设工会"全国交通建设系统先进工会"。1个基层单位获得"全国五一劳动奖状"殊荣。2个基层单位被中华全国总工会、陕西省总工会分别授予"工人先锋号"称号。

山河锦绣，人民幸福是最温暖底色。"我们的目标很宏伟，但也很朴素，归根结底就是让全体中国人都过上更好的日子"。陕建一建集团党委始终牢记习近平总书记的殷殷嘱托，把让公司全体职工过上好日子作为企业发展重要目标之一，正在"强司富民"的新征程上，凝心聚力，再攀新高。

第五章

奋起直追

一路披荆斩棘，一路高歌猛进。

党的十八大指明方向，陕建一建人抓住机遇，乘势而上。

双特双甲，成就腾飞的梦想，加快冲刺的节奏。跻身第一方阵，陕建一建集团逐浪争先，从不懈怠。

红色照金，初心闪耀。关键时刻冲得上、危难关头豁得出、千钧一发打得赢。建筑铁军，名不虚传。

打出科学管理"组合拳"，跑出企业发展"加速度"，超越自我，跨越追赶，陕建一建人永远奔跑在路上。

第一节　　双特双甲，四轮驱动

2015年12月14日，陕建一建集团荣获国家建筑施工企业最高资质——特级资质，这标志着企业具备高新特难等复杂工程的承揽能力，具备行业一流的施工水平，标志着企业经营管理水平、人员素质、财务状况、业绩水平等综合实力全面提升，标志着企业进入全国建筑行业第一方阵。

这是一代一代陕建一建人孜孜以求的梦想，也是一代一代陕建一建人共同奋斗的结晶。

随着国民经济的快速发展，建筑行业面临的竞争也越来越激烈，企业资质就成为行业竞争的重要筹码。建筑资质的类别等级，直接决定其在行业内的竞争水平，谁的竞争性能强，谁就占优势，相应也会实现效益最大化。资质作为企业竞争力的一种集中体现，是企业进入市场的通行证和敲门砖，是参与市场竞争的"绿卡"。完善的资质体系可以为经营活动的开展增加底气和谈判砝码。因此，资质升级，就是企业全方位的能力提升，是企业生存的关键。

资质也是政府部门加强行业管理的重要手段之一。建筑企业在参与工程项目投标时，资质是竞标行为的"门槛"和硬性指标，具有什么等级的资质，意味着企业可以在什么范围、什么规模参与经营活动。只有拥有较高级别的资质，企业才能拥有更加广阔的施展空间。

圆梦特级，咬定青山不放松。陕建一建集团为资质升级奋斗由来已久，公司"十二五"发展目标的重点之一就是构建"15511"资质体系，即1个房屋建筑工程施工总承包特级资质，5个总承包一级资质，5个专业承包一级资质，1个房地产二级资质。新注册1个房屋建筑工程施工总承包一级资质公司。

2009年，陕建一建集团根据市场发展需要，把房屋建筑工程、市政公用工程、机电安装工程三项资质提升到一级资质，以满足集团不断发展的经营需要。但在竞争日益白热化的建筑市场，特别是面对强手林立的省外市场，陕建一建常常因为资质问题被"一票否决"，排挤在外。

陕建一建人"升特"的愿望越来越强烈，越来越迫切。

2011年，陕建一建集团审时度势，将申报特级资质列为"十二五"发展规划的首要目标。开始组织力量研究特级资质标准申报要求，对照标准进行查缺补漏。

2013年，陕建一建集团成立了"企业资质管理领导小组"，由章贵金董事长任总指挥、解静参总经理具体负责，组建了一支以经营部为主体，各职能部门鼎力配合的执行团队，高位推进，志在必得。

2013年11月，陕建一建将申报资料上报陕西省住房和城乡建设建厅。经过数轮的反复修改，不断完善，又经历了一级资质重新就位和换证后，2015年11月，陕西省住房和城乡建设厅成功将申报资料上报住房和城乡建设部，而后顺利通过了业绩核查和资料审核。

2015年12月14日，陕建一建终获国家建筑业最高资质——特级资质，圆了几代一建人的特级梦。从此，陕建一建人可以在风云变幻的建筑市场上纵横驰骋，决胜千里。

陕建一建集团取得房屋建筑工程施工总承包特级资质

抢抓机遇，乘势而上。2016年，陕建一建集团晋升建筑施工工程总承包特级资质后的开局之年，面对升特带来的广阔前景和空前机遇，集团班子审时度势，及时调整发展思路，在经营格局、生产结构、科技质量、品牌建设以及管理机制上大胆探索新模式，力求在创新中提高发展质量，积聚发展后劲。承接了咸阳高新电子信息产业创业基地、延安文兴书院、西安市公安局、中交长缨新天地、榆林大剧院、延安大学安装项目等一批大体量重点项目，还成立了专门的超高层经营机构跟踪高端项目，既扩大了合作成果，又提升了项目品质。

2016年，集团荣获陕西省质量标杆企业，再次摘得陕西省质量领域最高荣誉，成为全省仅有的五家质量标杆企业之一，更是全省建筑行业唯一的一家质量标杆企业。集团连续6年被中国施工企业管理协会评为全国优秀施工企业，在跨年度评比中获得2015年度中国建筑业企业竞争力200强第164名。

升特以后，陕建一建集团解决的首要问题就是如何统一思想。2017年，企业特级资质运转一年后，陕建一建集团从三个层面进行了讨论：和以一级资质运转的2015年相比，2016年"特"在哪里？

在班子层面，10个班子成员围绕升特深入讨论，找特点，并持续思考：到2016年年底，一建集团究竟"特"在哪里？

在公司机关层面，组织大家出谋划策，企业升特了，"特"什么？怎么"特"？

一建集团的管理水平怎么提高？

在基层，通过施工项目季度检查、生产会、管理例会、书记例会等多种形式向基层单位反复传达升特信息，让广大职工认识到陕建一建已经是特级资质企业，应该做与特级资质企业匹配的事。

随着国家城镇化进程的迅速推进以及加大投入拉动内需政策的出台，国家大规模投资城市基础设施建设，如何在日益增长的市政建设领域占有更大的市场份额，已经成为陕建一建集团必须应对的全新课题。为此，建筑企业的"单特"已满足不了企业开疆拓土、快速发展的需要。调整产业结构，拓展市政建设领域广阔市场，就必须拥有畅行无阻的"绿卡"。

2017年初，陕建一建集团以经营部牵头，各部门密切配合，集团上下联动，一场轰轰烈烈的"市政特级资质攻坚战"拉开了序幕。

"特级资质不仅仅是我们企业实力的象征，更为我们未来开拓市场多提供了一张'通行证'，必须拿下"。时任总经理解静参反复强调，并直接参与谋划、指挥。

排节点、列计划、备材料，市政"升特"战打响后，每一位参战者都绷紧了神经，铆足了干劲。大家的心中只有一个坚定的信念：一建的双特梦一定要实现！

现任集团经营部内业部部长的杜旭全程参与了升特工作，回忆那段艰难却充满激情的日子，常常感慨万千。

因为赶时间，升特团队连着好几个晚上熬夜加班，终于准备出了宝贵的资料成果。顾不上休息，大家手拉一整箱，背着两大包的珍贵资料，坐了六个小时高铁赶到北京，在宾馆一待就是一周。

那段日子，大家白天负重几十公斤资料，马不停蹄地找各种专家老师咨询，走过了北京的无数条大街小巷，路过了数不胜数的名胜古迹，却一次也来不及驻足观赏。晚上再根据征集到的意见建议一条一条、一页一页仔细修改，装订资料。

第一次实行网上申报、第一次在国家"四库一平台"备案企业业绩、第一次申特复议……面对一个又一个"第一次"，毫无经验的升特团队常常显得手足无措，但没有一个人打"退堂鼓"。

升特道路崎岖坎坷，首次申报失败，陕建一建集团蒙受了不小的损失，但集团公司主要领导并没有责备，而是鼓励大家跌倒了再爬起来，总结教训，大家心中市政升特的愿望更加强烈。

"大干30天，冲刺双特梦"！抱着这份不达目的不罢休的决心，电话一个个地打，资料一次次地改，无数次碰壁，尝尽了过程中的苦涩与艰辛，没有周末与假期，不知疲劳和休息，失眠更是充斥了每个夜晚。

　　念念不忘，必有回响。2017 年 12 月 25 日，住房和城乡建设部公告的一批企业资质申报公示表中，陕建一建集团顺利通过市政特级企业申报审核！这一刻，企业圆梦了，许多人的眼眶也湿润了，每个人心中都涌动着一种满满的成就感，一切付出都是值得的！

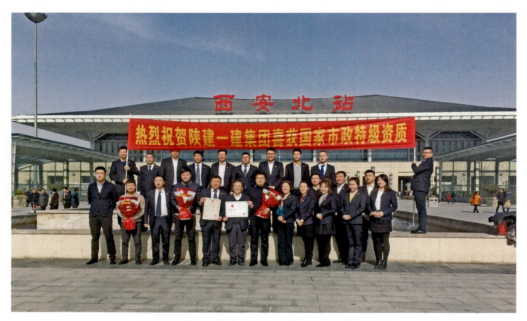

陕建一建集团取得市政公用工程施工总承包特级资质

　　建筑工程施工总承包特级资质、市政公用工程施工总承包特级资质、建筑行业甲级设计资质、市政行业甲级设计资质，陕建一建集团成为陕西省内首批获得"双特双甲"资质的企业之一，企业从此插上腾飞的翅膀，翱翔在无限广阔的市场蓝天。

　　双特双甲资质之后，集团仍然没有停止资质升级的脚步，又相继申报取得了水利水电工程、机电工程、电力工程等 3 项总承包二级资质，电子与智能化工程、古建筑工程、建筑幕墙工程、环保工程、城市及道路照明工程、防水防腐、保温工程、起重设备安装工程 8 项专业承包一级资质，桥梁工程、隧道工程 2 项专业承包二级资质，以及军工涉密资质，形成了完整的资质体系，为企业高质量发展提供了强有力的支撑。

　　双特双甲的资质优势很快突显，2019 年，陕建一建集团充分发挥资质升级带来的辐射效益，提升经营质量，以超高层、大体量及省市重点工程为主攻方向，相继承揽了四季荟综合体、西安大数据中心、鸿瑞广场、曲江云松 4 个超高层项目，并承揽了西安航天基地公用服务产业园基础设施项目（24 亿元）、西安大数据中心项目（18 亿元）、圣泽捷通物流基地项目（12 亿元）等 11 个大体量项目，全年承揽 5 亿元以上项目签约额累计 107.8 亿元，占经营总额的 56%。特别是承接 EPC、PPP 项目 16 亿元，同比增长 226%。

2019 年，集团经营签约额突破 200 亿元，提前实现了"十三五"规划。业务承接类型逐步多样化，房建而外的市政、公路、机电安装、装饰装修等项目占比达 35% 左右，逐步形成了以房建为主，市政、机电安装、装饰装修、公路等业务多头并进的经营格局。

第二节　照金速度

这是一片英雄辈出的热土，一段红色传奇的根源。

照金，陕西省铜川市耀州区一个小镇，地处陕甘毗邻地区，东接庙湾镇，南连小丘镇，四面环山，沟壑纵横，地势险要，总面积一百六十四平方千米。

南有瑞金，北有照金。在这里有多处红色革命纪念地，包括薛家寨、陈家坡会议旧地、芋园游击队大本营、中共陕西省委坟滩旧地、陕甘边照金革命根据地旧地纪念馆等。在根据地创建与发展过程中，孕育形成了具有鲜明时代特征、彰显共产党人初心使命的照金精神——不怕牺牲、顽强拼搏的英雄气概，独立自主、开拓进取的创新勇气，从实际出发、密切联系群众的工作作风。

初心不改，照金巨变。迈入新时代，唯真求实的进取精神使照金面貌焕然一新。近年来，照金坚持开发利用红色资源，推进城镇化建设，大力发展社区工厂、红色旅游、特色种植养殖等致富产业，群众就业门路不断拓宽，人民实现安居乐业。如今的革命老区照金红墙白瓦、依山临水，成了镶嵌在群山中的一颗璀璨明珠。

2015 年 2 月 14 日，习近平总书记视察照金，参观陕甘边革命根据地照金纪念馆，瞻仰英雄纪念碑并敬献花篮。

看到这一切，感受这一切，陕建一建人无比骄傲，无上光荣。习近平总书记视察参观的陕甘边革命根据地照金纪念馆正是在他们手中崛起，照金百姓安居乐业的美丽家园凝结着他们的汗水和奉献。

为了以崭新的面貌迎接陕甘边革命根据地建立 80 周年，彻底改变照金百姓长期以来形成的落后居住状况，为照金人民谋取更大福利，2012年冬，按照陕西省文化旅游名镇建设规划，照金红色文化旅游名镇在铜川耀州区桥山下这块红色的土地上开建。

陕建一建集团承建的照金红色文化旅游名镇项目包括安置A区、D区、纪念馆、五星桥、纪念碑及步道、镇政府、学校、医院、热源中心、1933广场等34个单体工程，占地面积约150亩，总建筑面积约6万平方米。

单体工程多，占地面积广、战线长，照金项目施工管理难度很大。此外，照金镇地处铜川偏远山区，物资匮乏，气候寒冷，极端低温达零下十五六度，客观上又增大了工程的施工难度，而业主方要求，所有的工程主体都必须在2012年11月30日之前完成封顶，面临困难和压力可想而知。

这不仅是一项民心工程，更是一项政治任务。时任陕建一建董事长章贵金怀着对革命先烈无限敬仰的心情，专题召开公司党委会研究部署，要求必须以高度的责任感和使命感打赢这场攻坚战。提出要精心组织，精心施工，高标准、高质量、高水平、高速度地完成这一光荣而艰巨的任务。经研究决定由敢打硬仗的陕建一建集团七公司承担这项任务，七公司总经理黄海龙接到通知后即组织动员大会并亲自担任总指挥，精兵强将悉数上阵。

施工负责人高雄在接到任务后，抑制住心中无限留念，匆匆告别预产期不足10天的妻子，告别刚刚出院的母亲。虽然一步一回头，但他还是毅然决然地踏上了这段令他终生难忘的征途。孩子出生后，由于黄疸指数高，需留院治疗，母亲生病尚未痊愈，无法照顾月子中的妻儿，高雄回家后，在儿子病情尚未稳定的情况下又踏上了照金的归程。

高雄深知，自己是一名共产党员，忠孝不能两全时，必须选择"忠"，"大家"和"小家"无法兼顾时，必须选择"大家"。关键时刻，必须冲锋在前。

试验工朱云芳，父亲瘫痪在床，可为了工作，他为父亲找了个保姆便匆匆返回工地；材料负责人南亚芹，老人孩子都在西安，她却总是说"忙得没时间想"；吉哲、张娜、孙杰等职工都是新婚燕尔就挥别知心爱人，来到照金，奋战一线；史祥锋15天婚假只休了3天就匆匆赶到工地，妻子为了不让丈夫分心，毅然辞掉山东的工作来到丈夫身边……

大战来临，陕建一建人迅速集结，奔赴照金。所有参战的施工人员都抱有坚定的决心，即一定在规定的合同期内完成任务，绝不辜负上级领导，特别是照金人民的重托和信任。铁军气概，所向披靡。

照金项目地处山区，时值寒冬，加上昼夜温差大，最低气温只有零下18摄氏度，可谓滴水成冰，有的施工人员呼出的热气冒着白雾，头发甚至睫毛上却结上了冰碴，来不及清理，一刻不停奋战在一线。为保证施工顺利推进，大伙生火炉、盖棉毡、围"三防布"，各显神通，用近乎原始的方式与大自然抗争。项目部购买燃煤近200吨，彩条布3200平方米，三防布5000平方米，电褥子700多条，驱寒送暖，做好后勤保障。

心中有目标，脚下有方向。时任陕建一建集团副总经理、七公司经理黄海龙，作为项目总指挥，从工程开工就吃住在工地，有时晚上十一二点开完工地例会，还要返回西安处理曲江万众国际项目等公司事宜，当时照金到西安的道路崎岖不平，加之雨雪天道路湿滑泥泞，每次往返常常需要5个多小时，但黄海龙豪情满怀，风雨无阻，第二天又精神抖擞地出现在项目现场。

项目经理、副总指挥张立全面负责整个施工现场管理工作，每天睡眠不足5小时。连日阴雨，造成施工现场泥泞不堪，张立就穿着雨靴，身着雨披，从一个工地赶往另一个工地，指挥调度，一刻不停。

年轻的区域长田广善于排兵布阵，因陋就简，穿插作业，仅用19天就让自己负责的5个单体建筑全部封顶，用28天就完成了学校宿舍楼从挖土到封顶的5层框架结构施工。

缺水少电，大伙生活异常艰苦，但没有人叫一声苦喊一声累。大家把极其宝贵的资源全部投入施工现场，而生活区仍然完整的保留着原生态的样子：不开空调、不插电油汀，不用任何大功率电器。即使是在现场办公室，空调也常常关着，"能省就省，省下来的都给工地用"。

预算负责人张娜带着三个小姑娘磨炼了一身本事：没有水洗脸，就用湿巾擦一擦；上厕所不方便，就少喝点水；没有水洗碗，就将泡面直接泡在包装袋里。

1700多名工人24小时奋战在施工现场，运送建材的车辆排成长龙，在西安到照金的路上日夜兼程，3700多吨设施料在一个半月时间内进场，2400多车砂石土仅仅7天就全部运入……在照金工地上，陕建一建七公司一个月使用的钢筋几乎是别的工地一年的用量！

大兵团作战，排兵布阵是取得胜利的决定性因素。为此，指挥部把照金项目分为三个片区，由高雄主要负责安置房建设，吉哲主要负责纪念馆建设，景涛主要负责学校、医院等公建建设。既形成分兵突进，各个击破态势，又互相竞争，互相激励，形成你追我赶、热火朝天的劳动氛围。

照金纪念馆是整个项目的标志性工程，为加快进度，项目部集中优势兵力，火力全开，在气候极其恶劣的情况下，采取换人、不歇工的战术，加班加点，日夜奋战，实现了三天一层的奇迹。业主方看到密密麻麻的施工人员和争先恐后、争分夺秒大干的场面十分感动，充满敬意地说，陕建人无愧是一支敢打硬仗的铁军，工程交给他们放心，并特别关照工人们一定要注意安全。

2012年10月，挖土方打地基时，照金镇一个月曾经下雨18天，这对于紧迫的工期而言，无疑是"雪上加霜"。然而随后遇到的困难更出人意料。在五星广场基础开挖的时候，6米土层以下便出现了大面积的坚硬岩石，大型机械根本无法施工。可是时间不等人，面对10米至18米深度不等的127个桩基，面对许多人无可奈何地摇头，项目部果断做出"人工开挖"的决定。

在施工紧张阶段，照金曾经在45天内下了13场雪。冰天雪地的施工现场，呈现出这样一幕独特而悲壮的场景：坑基上面，是裹紧棉衣顶着寒风的吊运工人；坑下打桩井的洞中，则是双手紧握风镐，光着膀子满头汗水一脸岩灰的钻井人。陕建一建人用他们比岩石更坚韧的意志和信心，硬是在28天时间里一镐镐打出了127个浇筑桩井……

在照金，陕建一建的建筑铁军精神显示出强大的凝聚力和战斗力。有几位任职不久的年轻职工也参加了现场管理施工，其中有一位家境比较富裕的年轻职工，父母放心不下偷偷地来到工地探望，看到儿子浑身泥土，蓬头垢面，生活条件异常艰苦，十分心疼，赶忙把儿子拉到城里洗了个澡，把全身衣服换了个遍，并当即决定，不在这干了，马上辞职，换工作。

儿子说，换工作可以，但必须等照金项目干完，现在这种关键时期，大家都在拼命冲，我绝不能当逃兵。

在项目施工现场，大家白天干活，晚上开会，有时候开到晚上十二点多。在工程建设的紧要关头，集团领导章贵金和黄海龙来到项目并参加了晚上召开的碰头会，以解决实际问题，正在开会时，有同志实在累得不行了，就拖着疲惫不堪的身体不由自主地靠在墙边睡着了，困乏的身体一不小心从椅子上溜了下来，看到这一幕，领导们的眼泪情不自禁地流了出来……

由于施工区域位置偏远且地势高，食堂只能设在很远的低压地方，单程最少需要步行25分钟。为了节省时间，大家只能选择自带"干粮"，所谓的"干粮"就是早饭没吃完的馒头，经过一上午室外零下20℃左右的低温，到午饭的时候馒头早已经冻成了硬块块，但那个时候，大伙也顾不上那么多，拿起来就着水吃，吃完又继续接着干。照金山上的风是冷的，馒头是硬的，但一起携手克服困难只为达到最终目标的心却是热的。

大家始终相信"事虽难，做则必成"，只要咬着牙坚持下去，就一定能啃下这块硬骨头，完成建设照金的光荣任务。

唤起一天明月，照我满怀冰雪。在边设计边施工的情况下，陕建一建人顶风冒雪，艰苦作战，40天时间浇筑3万多立方米混凝土，50天内完成主体全面封顶，并于2013年7月15日将工程正式交付甲方，被誉为"照金速度"。项目团队被授予"西南、西北八省区优秀青年突击队"荣誉称号。陕建一建人用钢铁般的意志，将铁军精神深深镶嵌在了这片光荣的土地、也深深镶嵌进了无数人记忆的深处。

照金红色文化旅游名镇建成后，政府以革命老区振兴和红色旅游开发为主题，利用当地优美的自然环境来提升文化名镇的整体水平，采用"政府搭台，企业唱戏"的开发模式，将土地农业资源、人力资源与企业资金技术力量有机结合，创造良好的用人机制和政策环境，引进专业技术人才。吸引有知识、有能力的"外出务工者"返乡创业，众多村里考上大学在外工作的学生又开始返乡工作，他们已成为新型城镇化建设的生力军。

山里人圆了城市梦，农民成了上班族，上着班，拿着分红，住着楼房，呼吸着城里人都羡慕的新鲜空气，当地村民开始了真正的新村镇生活。同时随着照金旅游名镇的日渐繁荣，带动了红色旅游，吸引了大量外地游客。照金镇还获得陕西新型城镇化建设最美丽小镇称号和最具投资价值奖，同时，照金村集团获得铜川市农业产业化龙头企业称号。这一切，陕建一建人功不可没。

2017年2月24日，应陕西照金文化旅游投资开发有限公司邀请，时任陕建一建集团党委副书记、副总经理黄海龙特地前往铜川照金红色旅游名镇，在陕建一建建成的照金书院为该公司全体职工进行了一次深入浅出的培训讲座。

为什么我的眼里常含泪水，因为我对这片土地爱得深沉。再次回到自己曾经挥洒汗水和心血的地方，黄海龙感慨颇多，他紧紧围绕建筑企业文化与团队建设，介绍了集团的历史及发展现状，从铁军文化、竞争文化、品牌文化、和谐文化四个方面阐述了陕建一建企业文化的内涵。最后，他以"你凭什么在企业立足？"为题，与大家展开深入探讨，概括总结出12个职场必备法宝，令大家受益良多。大家纷纷表示，陕建一建在建设照金红色旅游名镇时创造的"照金速度"就是企业文化生动实践的成果。

原照金旧貌

照金新颜

红色照金,壮丽的山峰会铭记陕建一建人顶风冒雪战严寒的日日夜夜,秀美的河流会铭记陕建一建人大无畏的坚守与拼搏。建筑铁军,无坚不摧,战无不胜。

第三节　跨越式追赶

2012年11月8日,中国共产党第十八次全国代表大会在北京召开。大会指明了坚持走中国特色社会主义发展道路和推进政治体制改革的前进方向,首次提出了全面建成小康社会的宏伟目标。

百舸争流,不进则退。确保到2020年实现全面建成小康社会,时间不等人,机遇不等人,发展不等人,全国人民斗志昂扬,凝心聚力,众志成城奔小康。

2012年11月8日,章贵金被任命为陕建一建集团党委书记、董事长。时间上的巧合,让章贵金更感使命光荣,责任重大,他和陕建一建集团党委一班人都在思索,如何加快企业发展步伐,紧扣时代脉络,准确判断重要战略机遇期内涵和条件的变化,全面把握重大历史机遇,沉着应对挑战,赢得主动,赢得优势,赢得未来。

从英勇善战的人民军队到进驻大西北的国有企业,从"大三线"艰苦卓绝的备战建设到"文革"中的执着坚守,从计划经济"等米下锅"到市场经济"找米下锅",从建筑业改革"减员增效"断臂求生,到股份制改革的阵痛与突破。回首陕建一建近60年的发展历程,始终伴随着风风雨雨,坎坎坷坷,始终在生存与温饱中爬坡过坎,负重前行,在螺旋式上升中寻觅发展良机。

一万年太久,只争朝夕。

党的十八大让陕建一建人看到了快速发展的曙光,到了甩开膀子大干的时候了,陕建一建人必须迈开脚步,乘势而上。在新征程上,开始跨越式追赶。

向管理要效益,从管理出成绩。通过多年的管理实践,陕建一建管理层不断地修改完善各类制度,使企业管理越来越系统化、体系化,效果也愈发明显。

——在生产管理上,利用月度生产例会抓落实,季度检查抓排名、季检通报抓臊脸等一系列手段使陕建一建集团的生产管理始终处于前列。2013年集团将经营例会从公司层面扩展到所有基层单位。公司主要领导与基层公司负责人一起对经营过程中出现的问题进行分析讨论,拿出措施,落实责任,有力地推动了集团的经营工作。2018年又将生产侧重点进行了七个转向:向施工进度、施工准备、签证变更及效益、专题例会、施工流程、细部做法、现场施工氛围七个方面转向,提出降低制造成本作为新的生产管理方向。

——在安全管理上，推行"管理管思维"的理念。制作《生命之鉴》系列短片，组织管理人员和现场施工人员集体观看，通过一个个血淋淋的安全案例告诉大家，如果不注意安全，下一个出事故的就是你，从而强化所有施工人员的意识，确保集团生产始终保持安全。这种直观的视觉冲击让大家极为震撼，印象深刻，从而绷紧了心中安全的弦，公司安全事故大为降低。

——在经营管理上，本着"将优秀的人才放到经营一线"的思路，同时强调子公司的经营工作公司化运作和子公司全员经营的思路，目前已形成了百余人的专职经营团队，陕建一建集团经营指标多年来稳步增长。

——在机关部门管理上，连续多年通过例会强化各个部门的目标管理，每月围绕目标汇报工作，奖优罚劣，一改以前机关慵懒、散漫的作风，增强了大家的危机感，使陕建一建集团整个机关始终保持旺盛动力。有机关干部因为连续考核排名倒数第一，被要求调岗，该同志找到章贵金董事长，希望网开一面。章贵金说，既然是大家都同意立下的规矩，无论是谁，都应该遵守。

——积极实施"走出去"发展战略，不断开拓外埠市场。2013年，陕建一建集团多点开花，继续扩大外埠市场，先后在江西、甘肃、贵州、新疆、宁夏、广西等地都取得了突破，在江西，承揽2个项目造价近2亿元；在广西，承接了第一个超高层的安装项目；在贵州，承揽了中航贵阳发动机产业基地油库（油罐）工程，启动了工业安装；在宁夏，和顶津食品有限公司再度合作；在甘肃，涉足了天然气管道安装工程以及高速公路机电工程，这些成绩的取得为集团下一步的布局打下了良好的基础。

——在人才成长上，连续多年举行千人同时参加的业务知识考试，不断完善考核机制，推行竞争文化，同时又推出全方位引进竞争来促使人才成长。针对人员短缺的情况，提出人才资源整合，基层单位向社会整合，机关部门向基层单位整合的思路，基本缓解了人员短缺的现状。目前整个集团外聘人员已超过在职人员。2013年新成立了16个不同层次的工程公司，全部采取集中竞聘的方式，选拔合适的负责人，并制定相应的奖罚机制，落实目标，优胜劣汰。

"要考比考好更重要。"章贵金说，考试不是目的，不是为了考倒谁，集团是希望考试提升大家的业务素质，应知应会的必须掌握，所以考试从来不出难题、怪题、偏题。目的是营造一种学习氛围，一种积极向上、勤奋好学的大环境。

持续加速跑，更上一层楼。陕建一建集团抓住天时地利人和的发展机遇，不断发力，超越自我，交出了一份比一份更亮眼的成绩单：

2013 年，面对全国经济建设速度趋缓，政府工程停建，房地产形势不明朗的不利局面，集团各级管理者同心同德，广大员工携手共克时艰，全面超额完成了年初集团总公司下达的各项经济技术指标，其中全年完成合同签约额 61 亿元，比去年 50 亿元增长 11 亿元，增长 22%，完成集团总公司下达指标 55 亿元的 111%；全年完成主营业务收入 43.07 亿元，比去年 34 亿元增长 9.07 亿元，增长 25%，完成集团总公司下达指标 41 亿元的 105%，集团职工人均年收入 68018 元，比去年 58860 元增长 9158 元，增长 15.6%。

2013 年，陕建一建集团在全国建筑业最具成长性企业 100 强排名第 16 位，比上年提高 2 个名次，在陕西建筑业最具竞争力企业 50 强评选中再次排名第三（第一、二名分别是集团总公司和中国水电十五局），荣获了"全国优秀施工企业""陕西省优秀施工企业""陕西建筑业先进企业"等荣誉称号。

2014 年，全年完成经营签约额 83.74 亿元，完成总公司下达指标 72 亿元的 116%，同比增长 36%。完成主营业务收入 51.76 亿元，完成总公司下达指标 51 亿元的 101%，同比增长 18%。职工人均年收入 80775 元，比上年净增 12757 元，同比增长 18.7%，保持了在总公司第一方阵的排位。一年来，集团先后荣获全国优秀施工企业、全国建筑业先进企业、中建协 AAA 级信用企业等称号；在全国建筑业成长性百强企业中排名第 17 名，在陕西省建筑业最具竞争力百强企业中排名第 2 名，比去年提高了 1 个名次。企业的综合实力显著增强，社会影响力进一步扩大。

2015，面对宏观经济下行、投资增速放缓、房建市场疲软等多重压力，集团上下一心，攻坚克难，全面实现了年初既定目标。合同签约额首次突破百亿大关，达到 107 亿元，同比增长 41%；完成营业收入 58 亿元，同比增长 14%；实现利润 6380 万元，同比增长 23%；职工人均年收入 88200 元，同比增长 9%。

在 2011 年到 2015 年的"十二五"时期，陕建一建集团创新发展思路，狠抓工作落实，全面超额完成了"十二五"规划目标。盘点"十二五"这五年，企业的主要经济指标保持高速增长，综合实力在陕建系统内始终处于第一方阵。经营签约额从 2010 年的 31 亿元增长到 2015 年的 107 亿元，增至 3.5 倍，年均增长 28.1%；营业收入从 24 亿元增长到 58 亿元，增至 2.4 倍，年均增长 19.3%；实现利润从 1017 万元增长到 6380 万元，增至 6.3 倍，年均增长 44.5%；职工人均年收入从 40035 元增长到 88200 元，增至 2.2 倍，年均增长 17%。

五年来，陕建一建集团创建鲁班奖 4 项，参建鲁班奖 2 项，国优奖 4 项，参建国优奖 2 项，中国安装之星 3 项，创建国家级奖项总数在陕西省内遥遥领先。是全省唯一一家连续 3 年都有独立承建鲁班奖的施工企业。连续 7 年荣获陕西省文明施工观摩工地，成为省内连续创建观摩工地最多的企业之一。在中国建筑业最具成长性百强企业中连续多年排名前二十，在陕西省建筑业最具竞争性百强企业中连续多年排名前三。特别是取得了全国建筑业最高资质，实现了几代陕建一建人的梦想。

在跨越式追赶过程中，陕建一建集团持续出击，好戏连连。

施工进度上，在照金，克服缺水、断电、低温严寒的极端恶劣条件下，全体施工人员迎难而上，仅用了两个月的时间使主体全部封顶，五层框架结构的办公楼从挖土到封顶仅用了 28 天，45 天完成 34 栋单体工程的全面封顶，被誉为"照金速度"；在延安，4 个多月完成造价 1.5 亿元的学习书院；在秦汉，10 个月拿下清华附中的建设并取得鲁班奖，刷新了一个又一个"一建速度"。

施工难度上，承建了陕建系统内第一座超高层延长科技研发中心项目，标志着陕建一建在超高层领域取得突破性进展。承建了陕建一建集团有史以来单体面积最大的 53 万平方米的万众国际项目，创造了一个又一个"一建难度"。

施工管理上，在西安市奥体中心项目上科学调度，与国内建筑业顶尖企业中建三局、中建八局同台竞技率先胜出，得到省市领导、总公司领导以及业主方华润集团的高度赞扬和充分肯定。

2015 年，陕建一建集团晋升建筑施工工程总承包特级资质，2017 年顺利通过市政特级企业审核。"双特双甲"为集团拓展市场、快速发展插上了腾飞的翅膀。

"十二五"圆满收官，陕建一建人意气风发，依然阔步向前。

2016 年是陕建一建集团"十三五"规划的开局之年。集团领导班子勠力同心，齐抓共管，推动了集团再次实现大跨步发展。

集团全面超额完成各项经济技术指标，各项工作在陕建集团名列前茅，牢牢占据第一梯队的位置。全年合同签约额达到 141.85 亿元，同比增长 32.11%，在陕建集团 100 多家正处级单位中名列第二。其中，造价 5 亿元以上的项目签约额 46.55 亿元，占全年合同签约额的比例达到 32.81%。全年完成营业收入 65 亿元，同比增长 12.59%，在陕建集团 100 多家正处级单位中名列第三；实现利润 8150 万元，同比增长 27%；职工人均年收入 9.75 万元，同比增长 10.5%。

2016 年也是集团晋升施工企业特级资质后的开局之年。面对升特带来的广阔前景和空前机遇，集团班子审时度势，及时调整发展思路，在经营格局、生产结构、科技质量、品牌建设以及管理机制上大胆探索新模式，力求在创新中提高发展质量，积聚发展后劲。

2016 年，集团七公司施工的曲江玫瑰园项目顺利通过中国建筑业协会鲁班奖的复查验收，为一建集团夺得第 10 项鲁班奖，使陕建一建集团成为陕西省获鲁班奖最多的两家企业之一。

2017 年，陕建一建集团完成经营签约额 155 亿元，同比增长 14.77%；完成营业收入 71 亿元，同比增长 8.72%；实现利润 1.07 亿元，同比增长 30.67%。综合分析，房建以外项目合同额占比 35%；自营项目合同额占比 76%；5 亿元以上项目合同额占比 35%；1 亿元以上项目合同额占比 81%。大项目占比较往年有明显提高，经营结构明显优化。

2018 年在金泰新理城创造了全市唯一一个观摩工地，得到了同行们的一致赞誉。陕建一建人敢打硬仗、能打胜仗、敢闯敢拼、义无反顾的作风已经得到行业的广泛认可。

从 2012 年到 2018 年，陕建一建人卯足了劲，加足了油，斗志昂扬向前冲。经营签约额从 43 亿元增长到 170 亿元，增幅 295%；营业收入从 34 亿元增长到 78 亿元，增幅 129%；利润总额从 2408 万元增长到 1.38 亿元，增幅 473%；职工人均年收入从 57000 元增长到 11 万多元，增幅 98%；特别是建筑工程施工总承包和市政公用工程施工总承包两项特级资质的成功取得，使一建成为全省为数不多的具有"双特双甲"资质的建筑企业之一，实现了几代一建人的梦想，在一建发展史上树立了新的里程碑。

这期间，陕建一建集团不仅打造精品工程，在精神文明建设和企业综合管理方面也硕果累累。成功创建了全国文明单位，获得了陕西省百万质量大奖。成为当时全省仅有的五家，且建筑行业唯一的一家"质量标杆企业"；被省政府授予五年一次的"陕西省先进集体"殊荣，成为全省仅有的 99 家先进集体之一。

"文化引领方向，竞争促进成长。"回首往事，章贵金感慨万千，他在总结陕建一建集团在困境中崛起的原因时这样概括：无论市场风云变幻，无论外部形势起起落落，无论遇到什么样的风风雨雨，陕建一建人始终高擎"陕建一建、建筑铁军"的企业名片，秉持"务实执着、永创第一"的企业精神，牢牢锚定一个"铁"字，以铁的意志、铁的纪律、铁的品质锻造队伍，凝聚团队，攻坚克难，众志成城。紧紧抓住一个"创"字，创市场，创品牌，创精品，勇往直前，所向披靡。

如长风浩荡，如红日东升，如大潮奔涌，向上向前的力量蕴藏在陕建一建每一个人的心中，向着更高更远的目标阔步迈进，向着更广阔的未来无限伸展。

第六章 匠心独运

精雕细琢，精益求精

20座金光闪闪的"小金人"见证陕建一建高质量发展之路。从安装参建"鲁班奖"到独立承建"鲁班奖"，从"鲁班奖"零的突破到一次斩获五项奖杯，陕建一建在中国建筑质量最高奖上的卓越表现令人尊敬。

内部评星，奖优罚劣，是为了外部出彩，擦亮铁军品牌。

全员、全过程、全方位参与质量管理，科学构建质量体系，筑牢质量基石。

层级管控，集团、子公司、项目部三级联动，质量至上，确保一次成优。

粗粮细作，全面实施质量精细化管理。

出手必须出彩，完成必须完美。与强手过招，铁军匠心，制胜秘籍。

第一节 20座"小金人"的见证

2021年12月中旬，从首都北京传喜讯，陕建一建集团的西安奥体中心游泳跳水馆、延长石油科研中心、曲江·国际中小学、安康汉江大剧院、山西行政学院综合教学楼5个工程项目，经过层层审核，过五关斩六将，在中国建筑业协会公布2020—2021年度中国建设工程鲁班奖（国家优质工程）评审中胜出，陕建一建人一次性将5座鲁班奖奖杯"小金人"揽入怀中。

这是陕建一建在历届鲁班奖评审中获奖最多的一次，至此，陕建一建集团累计已获"鲁班奖"达20项，标志着陕建一建集团创建鲁班奖工作正式进入2.0时代。

2022 年，陕建一建集团一次迎回五座鲁班奖

20 座金光灿灿的"小金人"，见证了陕建一建人对优质工程的孜孜追求，见证了陕建一建人创优争先道路上一次次跨越，见证了陕建一建人坚持不懈抓质量、矢志不渝建精品的奋斗历程。

1987 年 4 月，原中国建筑业联合会（现中国建筑业协会）发布决定，设立中国建筑工程鲁班奖，鲁班奖是建筑业企业在创新、技术、管理、施工、装备、工程资料等方面综合能力的集中展示。鲁班奖至今一直被业界普遍认为是我国建设工程领域最具权威性、最有影响力、评审最严苛的奖项，有建筑行业"奥斯卡"之誉。

1996 年 9 月，建设部办公厅发出通知，将"建筑工程鲁班奖"与"国家优质工程奖"合二为一，定名为"中国建筑工程鲁班奖（国家优质工程）"。

2008 年 6 月 13 日，中国建筑工程鲁班奖（国家优质工程）更名为中国建设工程鲁班奖（国家优质工程）。从 2010 年起，中国建设工程鲁班奖（国家优质工程）改为每两年评比表彰一次。

截至 2022 年，中国建设工程鲁班奖（国家优质工程）已创立 35 周年，有 2000 多家企业承建的 2776 个工程获奖，同时还有 248 个境外工程获得中国建设工程鲁班奖。

问鼎鲁班奖，不仅是弥足珍贵的荣誉，也是企业品牌含金量最有说服力的加分项。

"市场形势瞬息万变,唯一不变的是我们创精品、树品牌的赤子之心。"2019年11月,陕建一建集团董事长黄海龙在中国项目管理大会国际工程项目管理高峰论坛上如是说。

1996年,陕建一建安装公司参建的上海东海商业中心获得中国建设工程最高质量荣誉鲁班奖,实现了陕建一建集团这一奖项"零"的突破。这座高层建筑犹如一座乘风破浪的巨帆,凌空俯视,似乎在向世界诠释着陕建一建人扬帆远航的追梦之心。

上海,是我国建筑业最发达的地区,上海东海商业中心是合资项目,总高度约100米,共29层,陕建一建安装公司承担了除电梯以外的全部安装工程,其中部分设备采用进口设备,技术工艺要求极高。

面对前所未有的挑战,为了在上海这个国际大都市立住脚,打响陕建品牌,陕建一建安装公司员工迎难而上,主动与总包公司配合。10名管理人员与一线工人一同吃住在现场。由于工地地处繁华闹市,运送材料和设备的集装箱大多在夜晚抵达,不管是深夜还是黎明,所有职工都踊跃参加卸货搬运劳动,没有任何报酬也毫无怨言。在安装质量上更是精益求精,确保为工程添光增彩。

上海东海商业中心项目荣获鲁班奖,其时陕建一建还是参建单位,配角。无数陕建一建人因此燃起站在鲁班奖领奖台"C位"的渴望。"务实执着,永创第一"的豪情在陕建一建人心中激荡。

多年来,陕建一建集团在强手林立的建筑市场摸爬滚打,实现了鲁班奖从0到20的飞越,其实并没有什么秘诀,不仅靠的是众志成城追求高质量发展的万丈雄心,更靠的是务实执着砥砺前行,一步一个坚实的脚印。

提高全员质量意识,强化内部质量管控。陕建一建人深知,质量是企业生存发展的命脉。要提供优质产品和服务,不但要求企业有完善的质量管理体系,还要求全员有较高的质量意识。多年来,陕建一建本着精益求精的态度,不断探索完善企业质量管控体系,坚持"立足规范而严于规范,源于标准而高于标准",建立了内部工程质量验评星级制度,在项目基础、主体和竣工阶段集团组织内部专家进行验收评价,对达到"三星"的予以奖励,一次验收不合格的进行处罚。

为顺应市场需求,实现企业高质量发展,陕建一建建立了集团、子公司、项目部三级技术学习交流制度。学习国家施工规范、标准图集、施工工艺标准等,通过学原文、悟原理夯实技术基础,通过技术交流不断学习新技术、新工艺、新方法,提高全员技能水平。

"麻袋片上绣花。"黄海龙回忆起最初创建鲁班奖时的窘境这样说,因为当时并没有特别优秀的项目申报,只能把已经建成的相对较好的项目反复整修、提升,以达到鲁班奖的评审要求,往往花费巨大,事倍功半。现今,陕建一建每年备选鲁班奖的优秀项目众多,各分公司纷纷拿出自己的精品项目参与竞争,陕建一建集团可以精心选取工程胚子,"优中选优"报送,所申报项目100%通过验收。

迎接鲁班奖领奖代表载誉归来

近年来,陕建一建集团从项目承接起就开始策划定位,制定长远创优计划,落实创优责任。按照"创建一批、策划一批、储备一批"的思路,结合集团发展形势、所承接项目的实际情况统筹规划,综合考虑合同要求、项目规模及性质、社会影响力等,甄别出具备创优条件的项目,明确项目定位,制定具体创优计划并将创优目标纳入项目管理目标责任书。

目标确定后,陕建一建首抓的工作就是自上而下做好宣传贯彻,使创建精品工程的质量目标深入人心,强化管理人员、项目团队的创优意识,确保创优计划扎实地落实在项目日常生产工作中。

陕西延长石油科研中心项目是陕建集团承建的第一个超高层建筑,工程总建筑面积22多万平方米,由塔楼和裙楼组成。塔楼地下2层,地上46层,型钢混凝土结构,建筑总高度220米。这个项目是陕西省本土企业施工的第一座超高层建筑,所以在项目投标阶段我们就确定了打造西安高新区现代地标性建筑的目标,锁定鲁班奖。

从这一定位出发，陕建一建集团迅速组建了总工程师——机关职能部门——子公司——项目部的四级组织架构，由总工程师负总责，抽调集团管理骨干、设计骨干分别形成两大顾问团组成强有力的工程指挥部。在具体执行层面，项目部按照土建、钢结构、机电安装、幕墙及装饰四个大的专业，分门别类设立了质量管理组、工程资料管理组、检测试验组、深化设计组、施工管理组、安全管理组、文明施工管理组、绿色环保施工管理组及消防管理组等43个业务小组，细化分工，明确职责，充分发挥各管理层级和各岗位的作用，形成了完善的组织结构体系。

高标准的质量源自高水平的管理。陕建一建不断夯实内部管理，严抓过程控制，采用"集团——子公司——项目部"三级管理模式，实施层级管控，三级联动，建立了完善的质量管理职能组织架构。

在整体创优工作上，集团起到引领和决策作用，以每月一次的技术例会为抓手实施过程跟踪指导。子公司主要行使管理职责，选派优秀管理人员组建项目经理部，精选具有良好素质、创优能力强的劳务施工队伍。项目部具体操作实施，根据工程规模、特点和创优目标，按照人员知识结构、施工经验，结合内部管理实际，成立由建设、设计、监理与施工单位组成的项目创优小组，将创优责任细化到班组长和操作工人，延伸到项目管理的"神经末梢"，确保了创优工作的打通"最后一公里"。

"要创比创成重要"。时任陕建一建集团董事长章贵金反复强调，他全力倡导干部职工要提高骨子里的创先争优意识和决心。多年来集团始终坚持精品发展战略，提出"策划先行、样板引路、过程控制、一次成优"理念，工程项目质量优势越来越明显。

对于确定创建鲁班奖的工程，陕建一建在进行创优策划时，确立了"四个高于、五个满意"的方针。四个高于，即在施工过程中设定高于国家、高于行业、高于地方、高于同类企业的质量标准；五个满意，即实现企业满意、业主满意、监理满意、社会满意、政府满意。同时，创优策划方案必须全面细致，结合实际，操作性强，既要有整体方案也要有专项方案。对结构施工、装饰施工、细部节点要进行整体考虑，并且做到图文并茂，让操作人员、管理人员一看就懂，了然于胸。对容易产生质量问题的环节，单独编制方案和质量保证措施，确保质量目标得到贯彻。

在延长石油科研中心超高层开工初期，项目部就编写了《项目总体策划》和《创优实施细则》，交由集团公司进行审批。每项工序实施前，项目部均进行分部（分项）及关键节点的单项质量工艺技术策划，制定高于国家标准的施工标准，确保工艺的先进性、质量的可靠性。

延长石油科研中心（2020年鲁班奖）

施工过程中，项目部采取了全方位措施强化质量管理，从方案制定、技术交底、材料把关、质量控制到细部处理等每一个环节均将管理责任逐级落实到人、层层把关，以每位职工的工作质量来保证工序质量，以工序精品保证过程精品，以过程精品保证工程精品。项目部严格执行国家强制性标准和节能标准的规定，使用环保节能材料设备，切实做到了"少破坏、多保护，少扰动、多防护，少污染、多防治"。

纵观延长石油科研中心超高层整个施工过程，集团项目管理部、总工办、安全技术部等多个职能部门根据项目不同维度管理目标分别制定相应的实施措施，辅以各个业务口的专题例会，通过日常检查、季度检查、不定期专项检查及时纠偏，确保了整体施工管理始终处于可控状态。通过策划、执行、检查、纠正，形成了全面质量管理的 PDCA 循环，使创优工作朝着预期的目标有序推进。

在一个人的职业生涯中，能获得鲁班奖，可以大大提升自己的成就感。相比过去，现在我们职工有了更高层次的目标和追求，荣誉感更强了，干劲更足了。

细节决定成败。创建精品工程，重在精雕细琢。陕建一建始终将工程细部处理作为创优工作的重点，将细部做法应用列为项目综合管理水平的主要考核指标，明确规定：细部做法应用率达不到50%的项目不得评选内部优良工程。

陕建一建装饰公司坚持以最终产品要给人以美感和舒适为出发点构思，对工程很多部位进行了二次深化设计，使工程质量在原设计基础上得到进一步升华。对于工程的施工难点，陕建一建装饰公司知难而进、统筹考虑，通过优化工艺，尽可能使工程难点转化为工程亮点，如卫生间、屋面等多种材料的使用，设备、管道的综合排布，建筑与安装工程的协调统一等，确保了工程达到实用性与观赏性的完美结合。

创新永远是鲁班奖的灵魂。陕建一建在项目创优过程中，不断地创新、总结、持续改进，积极应用新材料、新技术、新工艺。2012年就成立了省级技术中心和企业BIM中心，负责科技管理和新技术应用推广工作。近年来，集团共取得省级工法50多项、国家专利100余项，拥有熟练应用BIM技术的员工200余人。

延长石油科研中心项目在整个施工阶段先后形成科研课题13项，包括《超长超厚大体积混凝土无缝施工技术》《基于BIM的预制装配式机房施工技术》《超高层瀑布幕墙钢结构吊挂体系施工技术》《狭小空间超高双向倾斜门式刚架体系施工技术》等。项目取得国家级QC成果12项、省级QC成果10项、工法5项、专利13项。技术团队在核心期刊上发表论文5篇，还出版了专著《延长石油科研中心大体积混凝土施工关键技术》，展现了集团强大的技术实力。

积极发挥总承包职能，协助建设单位办理专项验收和竣工备案。专项验收和竣工备案，是工程创优面临的最大难点。由于专项验收和竣工备案均由建设单位完成，大部分建设单位对流程不熟悉，对规定不清楚，都在后期手续上止步不前。发现这一问题后，陕建一建集团在施工过程中积极发挥总承包职能，及时发现设计问题，避免出现重大结构设计变更，消除节能、消防方面的缺陷，留存好相关的资料、照片，将甲方单独发包的纳入总承包管理严格过程控制，专项验收中与建设方紧密配合，督促并协助建设方尽快完成相关手续。

重视资料归集，形成管理标准。工程资料的收集、整理是对工程实体质量的真实反映，是项目创优工作的关键环节。在多年来的施工实践中，陕建一建集团制定了规范化、系统化、程序化、信息化的"四化"原则，确保了工程技术资料的及时性、真实性和完整性。除工程本身的技术资料外，创优工程在施工过程中还要同步留存能反映工程重点、难点的视频资料，形成主题思想明确、内容全面的书面汇报材料和影像材料，充分展示出项目的特点、亮点、创新点。

通过多年对创建"鲁班奖"工作的总结提炼，陕建一建将工程施工质量通病预控、创优实施、新技术应用、科技创新等方面的管理经验进行分析提炼，编制了一系列质量管理制度性文件，如：《陕建一建集团技术质量管理制度》《创精品工程细部做法指导书》《建筑工程质量通病防治措施》《内部验收管理办法》《BIM 技术应用管理办法》《质量员工作手册》《资料试验员工作手册》等，这些文件给项目管理人员提供了明晰的工作标准和操作方法，给项目管理带来了更高的实施效率，使集团项目管理日益标准化，突出了集团在创优过程中的管理特色，彰显了陕建一建的品牌效应。

2014 年，中国建筑业协会以陕建总公司特别是像陕建一建集团这样多次创建鲁班奖等企业的经验做法为基础，编辑出版了《创建鲁班奖工程细部做法指导》一书，成为全国建筑企业创建鲁班奖的"秘籍"，引领了全行业高质量发展。

2017 年，在创建鲁班奖三十周年表彰大会上，陕建一建集团荣获全国创建鲁班奖工程优秀企业奖，全国仅有 37 家。黄海龙、程华安、刘家全被授予全国创建鲁班奖工程先进个人。

"陕建一建集团多年来以创建鲁班奖为引领，不断提高项目创新水平、科技含量和实施标准，塑造了'将建筑当成艺术品雕刻的工匠精神'，值得全国建筑企业学习推广。"时任中国建筑业协会副会长、秘书长吴涛这样评价说。

第二节　粗粮细作

1988 年，陕建一建承建的西安皇城豪门酒店破土动工。这座十四层的酒店坐落在古城墙内最繁华的商业区，它是我国台湾地区莹辉集团旗下豪门酒店管理集团按照五星级标准打造的一座五星级豪华酒店。30 多年过去了，它还是那样光鲜亮丽，风姿不减。

当年参与建设的油漆班班长张慧平已经退休。他说，每次从这座酒店经过，都会不由自主地想起过去那些连轴转加班的日子，想念一个叫王玉和的老师傅。

张慧平与王玉和第一次打交道，是油漆门窗大检查，质量员王玉和从破旧的工具包里拿出一面小镜子和一把小锤子，先拿小镜子对着大门上下左右照一遍，没有补腻子的门缝，油漆没有刷到的地方都现了原形。粉刷工瓷砖贴得好不好，王师傅用小锤子一一敲过，有空洞的地方就暴露无遗，必须砸掉返工，否则他拒绝在任务书上签字。

不签字就意味着干活的人拿不到工资，人们不由得对这个小眼睛、不苟言笑的小老头心存敬畏，也不得不把活干得滴水不漏，以对付王师傅的小镜子。

酒店外墙面砖是从日本进口的一种变色瓷砖，领导让油漆班承担挑选面砖的任务，没干几天大家就都受不了了，一箱子一百块瓷砖，王师傅要一片片按照样品选出来，颜色深了浅了都不行，你若不服，他动不动就掏出小镜子。

迫于王师傅"不签字"的高压，油漆班只好把人分成几个小组，轮班去挑选面砖，每天一只手拿样品，另一只手从箱子里挑选出合格的面砖，从成百上千块面砖中去除次品，几天下来都觉得手抖眼花，甚至有人看到方块和格格就觉得恶心。

大楼面砖贴完了，背地里骂王玉和死板、不近情理的年轻工人站在大楼下，看到那六百九十五万块面砖在阳光下散发出淡淡的紫色，不管从哪个角度仔细端详，都颜色均匀，条纹清晰。心里忽然就涌出一丝自豪感。再想想王师傅总是起早贪黑，50多岁了还和年轻人一样爬高，都不由自主地竖起了大拇指。

西安皇城豪门酒店是陕建第一个用外汇结算的项目，建设方对工程质量要求很高，但他们对陕建一建的施工质量特别满意。"每一个细部都完美无瑕。"

王玉和是陕建一建工匠精神当之无愧的代表人物之一。他曾作为全国建设领域的能工巧匠代表，驰援北京，参加人民大会堂建设，为首都献礼新中国成立十周年"十大建筑"之首的人民大会堂贡献了陕建力量。

1958年10月28日，人民大会堂从正式开工，其工程结构之复杂、建设标准之高、先进工艺之多、施工速度之快，不仅堪称当时国内之最，而且在当时国外也极为少见。工程伊始，全国建筑行业著名的"青年突击队"就主动请战，最先开赴工地的是全国第一支青年突击队——"北京胡耀林木工青年突击队"，紧随其后的是著名的"张百发钢筋工青年突击队""天津李瑞环木工青年突击队"等，共20余支来自全国各地的青年突击队第一时间汇聚在人民大会堂施工现场。其中，陕西省第一建筑工程公司也派出了以王玉和为首的粉刷班，他们与其他突击队一起，昼夜奋战在施工一线，为新中国成立十周年大庆献了一份厚重的大礼。

在人民大会堂大会战中，王玉和的粉刷班发挥了他人无法替代的作用，大家怀着强烈的使命感和自豪感做好自己的本职工作。由于时间紧迫，必须穿插作业。上一道工序完工，下一道工序就要顶上去。为了节约路上的时间，王玉和和他的粉刷班常常放弃休息,就在工地现场等候着。

王玉和可是名不虚传的能工巧匠。这个普普通通的个人硬是靠自己的一双手,成为行业翘楚,他干的活,就像一件完美的艺术品,无可挑剔。作为公司质量检验员,王玉和巡检时发现某工人粉刷脚手架留下的洞眼质量不合格,便给予批评,不料年轻工人并不服气,扬言"你行你来",王玉和二话不说,接过灰斗,随手抄起一铲子砂浆,三下五除二,洞眼被抹得平平整整,而灰斗中的水泥也用得干干净净,在场的人无不心服口服。

"陕建质量的最大特点是'粗粮细作''细粮精作',对细节的精益求精和质量的吹毛求疵让我们获得了市场的广泛认可。"陕建控股集团党委书记、董事长张义光说这番话,充分说明陕建人在对待工程质量上,没有任何讨价还价的余地,就像王玉和手上那块小镜子,容不下一点一毫杂质和瑕疵。

一个建筑企业安身立命之本是什么?依靠什么才能在市场经济大潮的冲击下勇立潮头?荣誉墙上哪方面的奖牌含金量最足?陕建一建人的答案毫不犹豫:质量!

至精者,赢未来。长期以来,一代代陕建一建人就在不断追求质量进步,为此贡献青春,挥洒智慧,从阎良飞机场到西安新地标,从普通楼房到超高层建筑,从民用建筑到大型公建,陕建一建人从未停止追求高质量的步伐。

——1983年4月28日,时任陕建一建总经理张炳庚在公司第四次职工代表大会上报告中要求:继续抓好装饰装修工程,按"五条线""五个字"和安装工程"四要两无"精心施工。"五条线"是大角与抗震柱一条线,阳台横竖一条线,檐口、圈梁一条线,窗套一条线,水落管一条线;"五个字"是:"平、直、光、亮、净",即:地面墙面平,阴阳角、门窗框直,墙面光,油漆、玻璃亮,室内外场地净;"四要两无"是:上下水管要垂直,地漏标高要准确,电线要横平竖直,原木要牢固;横管无倒坡,油漆无漏刷。

在一年一度的企业职工代表大会上,对公司装修工程质量提出如此仔细甚至繁琐的要求,把职代会变成工程质量交底的"现场会",这在其他企业并不多见。由此可见,企业高层对质量问题的高度程度。

这样三令五申强调质量的例子,在陕建一建的历史上比比皆是,一直延续着:

——1986年4月,时任陕建一建总经理王武高在公司职代会五届三次会议上的行政工作报告提出要"建立健全质量保证体系"。"质量指标和工资奖金挂钩,把质量指标与职工的政治荣誉和物质利益挂起钩来,在奖金分配上质量员有否决权。"

——1992年3月，时任陕建一建总经理的张建国在公司七届三次职工代会上的报告要求，"实行目标管理，加强考核，落实质量责任，提高竣工标准，狠抓质量诟病，推行质量跟踪检查办法，扭转了过去的'死后验尸'的做法，使质量事故解决在萌芽之中。"

——1993年3月，时任陕建一建总经理周林在公司七届四次职工代表大会上的报告强调，要加强质量教育，增强全员质量意识。质量出速度、质量出效益、质量出信誉，质量问题关系到企业的生存和发展，关系到每个职工的饭碗。教育职工树立"百年大计、质量第一"的思想。理顺管理职责与职能，明确各级质量责任制，做到层层负责，落实到人，贯穿于施工全过程。完善质量检测制度，继续推行自检、互检、专业检相结合的办法，把质量事故苗头消灭在萌芽之中。实行优质优价，对于一次验收成优的要进行奖励，质量上出问题的要追究责任，情节严重的要进行处理，在质量问题上不得姑息迁就。

——1995年3月，时任陕建一建总经理黄忠银在公司七届六次职工代表大会上提出："树立质量是企业生命的观念，质量是市场竞争的焦点，优质产品是企业争夺市场最有效的手段。从广义上讲，质量不仅包括产品质量，也包括成本、服务质量和各个环节的工作质量。因此，企业必须确立用质量求生存，创名牌求发展的思想，开展全面质量管理，严格质量管理制度，提高全体职工的工作质量，从而保证产品质量，用质量上台阶，促进经营上规模。"

——1996年，陕建一建公司制定了《建筑工程质量管理制度》，对工程质量责任、控制、事故管理、回访、评优申报、奖罚等作了详细规定。

质量问题，几乎是每年职代会必提的重要话题。既是要求，也是宣贯。通过全体职工代表的讨论、完善、发展，陕建一建人的质量观思路越来越明晰，越来越成熟，越来越科学。

陕建一建集团以完善体系建设为着力点，强化组织管理能力，切实提高工程质量建设水平。公司自2000年启动ISO9001质量管理体系，2001年通过质量管理体系认证，2003年通过了ISO9001-2000质量管理体系换版认证，同时启动了ISO14000环境和OHSAS18000职业健康安全两个管理体系的运行。公司始终深入贯彻三个管理体系，在实践中进一步优化和完善，始终保持管理体系的有效运行，通过对管理标准的贯彻实施，使各级管理人员和职工更加提高了质量意识，施工现场的质量管理工作和工程质量总体水平稳步提高。

2000年，公司在西安工程大学图书馆项目施工全过程中，认真落实项目法施工管理，把质量目标和责任量化细化，分解到施工具体负责人和各道工序，高标准，严要求，保证了质量文件和质量计划的有效开展。工程荣获西安市授予的"长安杯"奖，创出了陕建一建在西安地区的第一个名牌工程。

"要树立精品意识，创建名牌工程，今后要对有一定影响和规模的工程项目，公司要有计划、有针对性地按照抓好创建'长安杯'和'鲁班奖'工作，这不仅是企业信誉的需要，也是经营工作的需要，要按规定对在创建名牌工程中有突出贡献的项目管理人员实行重奖。"2001年3月，时任公司总经理黄忠银第一次大胆而明确地提出来，陕建一建要创建"鲁班奖"，当时许多人认为遥不可及的目标，经过公司上下多年努力，不仅变成了现实，还在获奖数量上与同类企业比遥遥领先。

"细节决定成败。"2006年3月，时任陕建一建公司总经理肖玉龙提出，精细化管理已经成为未来企业竞争的关键，要进一步提高创建精品和名牌工程的能力。在项目施工过程中，要严把质量关，精心管理，创建精品工程，打造品牌企业。

"质量是企业品牌的核心所在。"2009年，时任陕建一建董事长张培林强调，企业改制为企业发展提供了制度保障，但作为老牌建筑企业，要想在不断变化的市场中立于不败之地，质量是第一要素。

"陕建一建从弱到强，快速发展，跨越式追赶，最重要的原因在于我们始终把质量放在首位，以质量求生存，更以质量谋发展。"2015年，时任陕建一建集团董事长章贵金在项目调研时，反复叮嘱，任何时候，都要以质量为纲，"纲举目张"。

2018年，时任陕建一建集团总经理黄海龙在行政工作报告中提出，要提高质量管控，坚决落实"策划先行、样板引路、过程控制、一次成优"的有效做法，不断提升质量管理水平。在项目细部质量管理上下功夫，切实推广《精品工程细部做法》，实现工程质量均衡控制，提升集团项目整体的细部质量。

就在这一年，陕建一建集团开始实行内部质量验收评星制度，改变以往工程竣工后，交由监理方验收的单一做法，充分发挥公司质量专家库人才优势，组织专家对工程项目地基与基础阶段、主体阶段、竣工阶段三个阶段的验收，根据项目质量优劣，分别评定为三星、二星、一星，一星为基本合格。项目评不上星，即为不合格，不但要扣除责任人的绩效奖励，通报批评，还要对项目存在的质量问题进行彻底整改，直至评上星级为止。

奖优罚劣，评星不走过场。曲江·国际中小学项目在主体阶段内部验收获评三星，集团给予项目部奖励 41620 元。陕西考古博物馆项目在竣工验收中获评三星，获得奖励 21650 元。与此相反，张滩移民搬迁工程项目因工程资料大量缺失，现场质量控制较差，内部验收没有通过，由所在公司的主任工程师做表态发言，承诺整改，并扣除项目主要管理人员当月绩效工资的 50% 作为处罚。

通过内部验收评星，查缺补漏，现场问题提前消除，保证正式验收一次顺利通过。项目部管理人员质量意识大为提高，更加重视自检工作，重视工程细部处理，促进了技术质量管理工作。通过抽调内部专家，整合内部资源，对在验收时发现的亮点进行总结，对发现的问题进行探讨和指导，在进行内部验收时也达到相互比较、共同学习、逐步提高的效果。

2020 年 12 月 23 日，中国土木工程学会公示第 18 届中国土木工程詹天佑奖入选工程，陕建一建承建的曲江·万众国际项目和 500 米口径球面射电望远镜工程、上海世博会博物馆等 9 项建筑工程入选，这是西安市建筑工程行业的第一座"詹天佑"奖杯，是陕建一建高质量发展的又一见证。

詹天佑奖，全称为中国土木工程詹天佑奖，由中国土木工程学会和北京詹天佑土木工程科学技术发展基金会于 1999 年联合设立，是中华人民共和国住房和城乡建设部认定的全国建设系统工程奖励项目之一、中华人民共和国科技部首批核准的科技奖励项目，是以弘扬科技创新精神，表彰奖励在科技创新与新技术应用中成绩显著的工程项目为宗旨的权威奖项。

曲江·万众国际项目位于西安市曲江新区，是一个集商业、酒店、办公为一体的大型城市综合体。工程由两栋甲级办公楼、一栋五星级酒店和中央下沉庭院组成，总建筑面积约 30.6 万 m^2。

作为曲江景观群的重要组成部分，万众国际项目以其后现代设计风格，与千年历史风貌情景交融，交相辉映，是对自大唐以来孕育兼容并蓄的华夏文明气派的致敬。其独特新颖的造型，吸引了国内外众多游客，已成为西安曲江新地标建筑，也是大西安国际化旅游目的地的一张靓丽名片。

曲江·万众国际项目是典型的集高、大、难、新于一体的超深基础、超高支护、超高难度的精品工程。

作为承建单位，陕建一建集团自 2013 年进场以来，历经 5 年，建设者们全力以赴，投入人力、技术、精力，精雕细琢、一丝不苟，秉承工匠精神精心打造。施工伊始，便立志在这片土地上做一个能留给西安人民的顶级作品，就成立由黄海龙董事长为组长的创优夺杯小组，立誓斩获"鲁班奖"和"詹天佑奖"。

曲江·万众国际（2019 年鲁班奖）

无规矩不成方圆。为全面实施质量精细化管理，提高质量体系的符合性、适用性和有效性，陕建一建集团在项目上制定质量责任制度、实体质量样板制度、技术交底制度等专项管理制度 20 项，如《陕西建工第一建设集团有限公司工程质量管理办法》《陕西建工第一建设集团有限公司三体系运行管理办法》《陕建一建集团总工办管理手册》《陕建一建集团技术例会管理制度》《陕建一建集团建设工程项目内部验收办法》《陕建一建集团优质工程"铁军杯"奖评选办法》，并确保制度的贯彻实施，保障质量管理水平稳步提升。

严格执行样板确认制的相关内容，制定实体样板制作计划，明确制作时间和位置，目前已累计制作实体样板 36 项。依据施工内容列出细部做法识别清单，依据识别清单及时策划相关做法内容并进行交底。在实测实量方面采用智能化设备提高测量精度、加快实测实量速度。

"每一次完美交付背后都有万千'一建铁军'，他们就是一面旗帜，代表坚持不懈、精益求精的一建匠心。"陕建一建集团党委书记、董事长黄海龙提出，要通过深入推广应用新技术、新工艺、新材料、新设备，提高工程质量水平，助推集团走出一条质量效益型、品牌信誉型、自主创新型的发展道路。

习近平总书记强调："新时代新阶段的发展必须贯彻新发展理念，必须是高质量发展。""必须把发展质量问题摆在更为突出的位置，着力提升发展质量和效益。"近年来，陕建一建集团干部职工牢记总书记嘱托，立足公司和项目实际，紧盯质量"短板"，坚持"对症下药"，集思广益，积极策划组织多层次、全覆盖的质量竞赛、质量培训、质量观摩、质量分析、质量整改、合理化建议等活动，引导职工广泛参与，使抓质量、提质量成为一线人员的自觉行动，使广大职工牢固树立"质量第一、以质取胜"的意识，为创建精品工程夯实思想基础，为陕建一建集团深入推进品牌建设、实现更高质量的发展提供坚强保障。

天下大事必作于细，古往今来必成于实。陕建一建在抓质量过程中，突出质量文化培育，营造人人关注质量、人人重视质量、人人追求质量的良好氛围，使质量意识体现在现场管理的每一个细节。

在省级机关北郊二号小区2号高层住宅楼的施工中，为保证混凝土剪力墙的垂直度，每道墙模板支设完毕后，时任项目技术负责的刘成荫都会亲自用吊线坠校核模板的垂直度，对有偏差的组织工人整修，因检查要求严，工人意见很大，常常是这边在检查，那边工人就说各种难听的话企图阻碍检查好蒙混过关，但刘成荫没有被这些干扰，坚持所有模板全数检查，从地下室到25层，确保每层每道墙模板垂直度偏差控制在5mm（高于规范要求的8mm）以内。后来工人也信服了这种严格的质量意识，不断提高模板支设质量。该工程在省站实测实量检查中得99.18分，为陕西省质量验收最高分，同时评为全国精品工程观摩项目。

陕建一建集团五公司项目管理科科长党江涛，始终坚持精细管理，严把材料验收关。有一次，工地购进一批方木，在验收中，他发现质量不符合要求，坚决拒绝验收并要求重新配送，为了防止供货商不调换而蒙混过关，他在每一根劣质方木上悄悄地做了记号。第二天晚上十点，供货商将调换的方木拉到现场。当时正值数九寒天，党江涛一个人手握手电筒，将车上的方木认认真真检查了一遍。在密密麻麻的方木中，他果然发现自己所做的记号，刚才还拍着胸脯保证的供货商顿时傻了眼，只好心服口服地将方木再次拉走。从此以后，再也没有供货商敢在党江涛面前打马虎眼。

延安学习书院项目难点是斜屋面坡度较大，结构复杂，屋面有16道高低不同的折线起坡，最大坡度22度，对梁、板节点的细部处理，以及现浇斜屋面的混凝土浇筑质量控制提出了极高的要求。项目管理人员三班倒，连续84个小时不停歇，浇筑5000平方米斜屋面混凝土，使得屋面一次性浇筑完成。由于磨光机在斜屋面处会往低处滑落，不能正常操作，项目部就采用4人拉绳子稳定磨光机进行施工，确保施工质量。

在曲江·云松间项目，有一个并不起眼的材料样品封样区，按集团公司制度，项目部对所需物资在采购进场前，提前联系中标单位对所供材料进行送样，双方共同确认后封样，材料进场后，项目部根据样品质量，检尺测量，细致核对材料质量，这样就彻底避免了以前"偷梁换柱"现象的发生。

2010年，陕建一建装饰分公司承接了临潼疗养院疗养西区扩建工程的装修工程。该项目是省重点工程，装修档次高、工期要求紧，而且又是在冬期施工。困难面前，分公司经理侯宏江亲自挂帅组成项目部，铁心啃下这块"硬骨头"。可就在贴瓷砖时，偏偏遭遇了气温骤降的腊月天，浸泡在水里的瓷砖不一会儿就结上了一层薄薄的冰，施工进度难以推进，质量也因此受到影响。为了力求工程质量完美，确保瓷砖的粘贴质量，员工们就在贴完瓷砖的每个房间内放置煤炉、挂上门帘，同时，给每一个煤炉进行编号以此来确保安全，并在晚上安排专人值班，最终圆满完成了此项装修施工任务。

其实，像这样注重质量的细节，在陕建一建集团比比皆是，质量意识已经潜移默化到每一个集团员工的心中。

为了确保重点项目以高质量创优夺杯，陕建一建集团对重点项目实施了动态跟踪管理，集团总工办建立台账，组织专家从基础、主体、装饰等不同阶段对项目进行分阶段指导，对设备房、屋面等重点部位，提前审核施工方案。重点防范混凝土麻面、粉刷层表面裂缝、面砖空鼓等容易发生的质量通病。

高标准的质量源自高水平的质量管理。陕建一建集团采用"集团——子公司——项目部"三级管理模式，实施层级管控，建立了完善的质量管理职能组织架构，三级联动。在整体创优工作上，集团起到引领和决策作用，以每月一次的技术例会为抓手实施过程跟踪指导；子公司主要行使管理职责，选派优秀管理人员组建项目经理部，精选具有良好素质，创优能力强的劳务施工队伍；项目部具体操作实施，根据工程规模、特点和创优目标，按照人员知识结构、施工经验，结合内部管理实际，成立由建设、设计、监理与施工单位组成的项目创优小组，将创优责任细化到班组长和操作工人，延伸到项目管理的"神经末梢"，确保了创优工作的有效推进。

任何一个环节都不能出现瑕疵，更不能出差错。陕建一建集团始终严格践行"全过程质量管控"理念，从开工伊始就秉承着高标准、严要求、强质量理念，开启精细化管理，与中施企协签订"全过程质量管理"协议，打造智慧工地管理系统，包括BIM技术管理系统、成本管理系统、进度计划管理系统、数字教育系统、智慧工地管理平台、智能视频监控、物料管理系统、BIM＋智慧工地数据决策系统等。从质量策划做起，以过程质量保证最终质量，保证一次成优。

为营造良好的学习氛围，形成学习竞争机制，提高集团各公司管理人员的技术管理水平及业务能力，陕建一建集团分项目、分公司、集团三个层级开展了技术例会活动。开展的频次为项目例会每周一次，分公司、集团例会每月一次。技术例会以交流和解决现场实际问题为主，参加人员为全部管理人员，交流形式多种多样。为提高交流效果，每次交流后有测试，每次例会后有评价，测试评价后有排名和通报。

集团每季度将对各单位技术例会的召开情况进行综合评价，并在总工例会和生产会上进行排名通报，年底进行综合排名通报，并对前三名给予经济奖励，后三名予以经济处罚。

2020年9月，时任陕建一建集团总经理张恒在集团"质量提升月"活动启动会上的讲话强调，质量是企业的生命线，抓实质量提升工作既利当前、更惠长远。作为陕建一建集团企业来说，对工程质量实施精益求精的精细化管控，就是在助推企业高质量发展，就是在为一建品牌增值。

多年来，陕建一建集团终坚持精雕细琢、一丝不苟的工匠精神，以质量控制为核心，以安全防范为重点，以科技创新为动力，以科学管理为手段，全面加强创优策划，过程控制、精心施工，以创建精品工程为目标，把细部做细，把亮点擦亮，交出了一份亮眼的成绩单：

2000年，通过了ISO9002质量认证体系认证。

2015年，获得了省政府颁发的陕西省"质量奖"。成为省内唯一获得该奖项的施工企业，获得省政府的百万奖励。

2016年，荣获陕西省质量标杆企业荣誉称号，全省仅有五家企业获此殊荣。

2017年．被中建协评为"创建鲁班奖工程优秀企业"。

2018年，荣获省国资委"省属企业高质量发展上缴收益贡献奖"。

2019年，被中国建筑业认证中心授予质量管理优秀企业。

2020年，获"西安市建筑业高质量发展奖"。

2020年，首次荣获中国土木工程领域科技创新的最高奖——詹天佑奖。

2020年，首次获得中国防水建筑行业科学技术奖——金禹金奖。

1项"詹天佑"奖、20项"鲁班奖"、23项"国家优质工程奖"、10项"中国安装之星"、7项"中国建筑工程装饰奖"，陕建一建高质量发展之路布满坎坷，也充满荣耀。

质量赢得信誉，信誉决定未来。近年来，陕建一建集团信用体系日趋完善，连续 5 年被中施企协授予"中国工程建设诚信典型企业"、中建协"全国建筑 AAA 级信用企业";被中施企协评为"信用星级单位",被陕西省工商局授予"守合同重信用企业",税务局授予最高的"A 级纳税人企业",银行信用等级优良,集团社会影响力和信誉度持续攀升。

第三节　同台竞技勇者胜

2021 年 8 月 20 日,陕西韩城,微风不燥,阳光正好。

中华人民共和国第十四届全国运动会圣火传递走进国家历史文化名城韩城,所到之处,欢声雷动,万众瞩目,人们以前所未有的热情迎接圣火的到来。

在一片欢呼声中,第 26 号火炬手、陕建一建集团党委书记、董事长黄海龙闪亮登场,他身着特制的全运会运动服,脚穿大红色运动鞋,高举熊熊燃烧、流光溢彩的火炬,迈着矫健的步伐,有节奏地开始火炬传递接力跑。

陕建一建集团党委书记、董事长黄海龙参加十四运会火炬传递

灿烂的笑容始终洋溢在脸上,身体健硕的黄海龙不愿意跑得太快,他不停地向路两旁的人群挥手致意。他想多感受一下众人羡慕的目光,多停留在这人生再难经历的美好旅程,他想让这一段光荣的历史多延长一秒。

是啊,这不仅是黄海龙的高光时刻,更是陕建一建人的辉煌时段。

知道内情的人都在赞叹，担当光荣而神圣的全运会火炬手，黄海龙当之无愧，陕建一建人最有资格。在十四运场馆建设过程中，黄海龙带领陕建一建人攻坚克难，奋勇争先，相继完成了西安奥体中心游泳跳水馆、丝路国际体育文化交流培训基地建设项目、陕西省体育训练中心改造项目等多个十四运场馆建设任务，为十四运顺利召开打下坚实基础，得到了社会各界的高度认可。

2017年9月8日，在第十三届全运会闭幕式上，时任陕西省省长胡和平代表全省3800万人民郑重接过会旗，并根据国务院办公厅文件指示，向全场观众、向全国人民庄重表示，陕西将肩负起承办第十四届全运会的重任，全面落实全民健身国家战略。

全运会是国内规格最高、规模最大、影响最广的综合性运动会，2021年在陕西举办的十四运会是国家首次在中西部地区举办的全运会，也是在建党100周年、全面建成小康社会重要历史节点上的盛会，可以说举国关注，全民期盼，政治意义非同寻常。

作为第十四届全运会主会场的西安奥体中心项目由此应运而生。在这个由"一场"（主体育场）、"两馆"（体育馆和游泳跳水馆）组成的项目中，陕建一建集团总承包的游泳跳水馆工程在质量、进度及安全文明施工等多个方面均表现出卓越的管理水平，受到建设方、省市主要领导的高度赞扬以及社会各界的充分肯定。

西安奥体中心游泳跳水馆工程占地面积38702平方米，建筑面积107258平方米，主体地下1层、地上4层，建筑高度29.05米。场馆预计容纳观众4046人，建成后将成为可举行游泳、花样游泳、水球、跳水等国际比赛的大型多功能体育场馆。跳水馆巨大的玻璃幕墙外，58根菱形柱将其包裹在内，远看像一尊气势磅礴的大鼎，夜间在灯光的配合下，把现代科技和中国传统文化巧妙地合二为一，既寓意国之大器，更代表运动员们对体育精神的传承，完美诠释了"建党百年，鼎盛中华"的理念。

馆内有LED快速点亮的赛场照明、国际顶级的赛场扩声系统、高清的超宽LED大屏、5G技术的赛场控制系统、4K转播的赛场画面、高密覆盖的赛场网络，可带给观者极佳的观赛体验。

被誉为陕西水立方的西安奥体中心游泳跳水馆项目一开始就备受瞩目，从建设标准上来说，业主方要求达到北京水立方的建设标准，甚至超过于水立方的建设标准。招标之初，全国各大建筑企业云集西安城，各展神通，志在必得。

关键时刻，陕建集团领导运筹帷幄，把项目当作集团头号工程，调兵遣将，集结全集团精锐兵力进行火力支援，陕建一建集团作为排头兵智勇双全，及时组建专业的投标团队，细心研读招标意图，匠心打造投标文件，用心做好投标细节，以"每分必争、每点必琢、每字必细、每项必精、每人必忙、每疑必究"的工匠精神，连续奋战多日，从众多竞标单位中脱颖而出。

彼时，中建系劲旅中建八局、中建三局已经分别中标西安奥体中心项目的主体育场和体育馆项目。有人质疑，这么高精尖的项目，工艺复杂、施工难度大、变更频繁、工期紧张、治污减霾要求高等一系列严格条件，本土企业能行吗？

善打硬仗的黄海龙暗暗攥紧拳头，永创第一的陕建一建人胸中激荡着"狭路相逢勇者胜"的坚定信念。惟其艰难，方显勇毅。"我们一建人历来就有敢于担当、敢于争先的精神，历来就有不甘人后、不甘平庸的特质。"战前动员会上，话语铿锵，掷地有声。

很快，一支由 29 名成员组成项目团队组建完毕，团队成员平均年龄只有 27 岁，经验丰富、精力充沛的刘富被任命为项目经理。尽管都是年轻员工，但他们政治素质高、执行力强，求胜欲望高。

项目经理部组建之初，团队便意识到该项目不仅是一项普通的施工任务，作为一项政治任务，它是陕西面向全国的一个窗口，是陕建集团展示实力和形象的平台，更是陕建一建创造精品工程、创先争优的绝佳时机。

"国际先进、国内一流水平，成为世纪精品、传世之作和城市地标。"多次亲临项目现场督战的陕建集团党委书记、董事长张义光明确指明了项目目标。

这是一场只能赢不能输的较量。强烈的责任感和使命感在每一个人心头涌动。2017 年 10 月 9 日，西安奥体中心游泳跳水馆工程开挖第一锹土。战役正式打响。

开工就是决战，起步就是冲刺。进场伊始，项目团队傲视群雄，很快展现出空前高涨的精气神。所有人都主动放弃国庆中秋双节假期昼夜加班，制定了周密的雨期作业方案，克服一切不利的环境条件，抓住所有可以利用的时间迅速打起冲锋仗。

仅仅 15 天，项目团队便完成了 21 万立方米土方的开挖和外运工作，并在 30 天时间内完成了 1200 根混凝土灌注桩施工。施工现场很快就由最初的一片荒芜迅速呈现出道路通畅、临建完成、塔吊林立、桩机到位的大干快上场面，建设单位华润置地对项目团队的施工管理水平大加赞赏，用"半天一个变化"来描述项目部的快速反应能力，并特意发来表扬信予以表彰鼓励。

快！唯快不破，以快取胜。

在与中建三局、中建八局等国内顶尖建筑企业同台竞技过程中，陕建一建奥体中心游泳跳水馆项目团队以超乎寻常的施工能力做到了"六个一"：第一个进场，第一个进机械，第一个使用BIM进行展示，第一个土方开挖，第一个完成塔吊安装，第一个实现主体封顶！

西安奥体中心游泳跳水馆（2021年鲁班奖）

施工高峰期，现场作业人员达到1200人。热火朝天的场面、紧张有序的施工氛围充分展现了陕建铁军的实力和不断创造卓越的精神风貌。

参战各单位各部门通力协作，细化分解任务，明确时间节点，挂图作战、倒排工期，穿插作业，流水施工精耕细作，精雕细刻，忙而有序，科学高效地推进工程建设。

出手必须出彩，完成必须完美。在技术质量管理中，游泳跳水馆项目清水混凝土柱一次浇筑成型，直接达到了装饰效果，形成了工程特色；应用清水混凝土预制的观众席看台，每一块都堪称艺术品，成为陕西省首例，得到甲方及监理单位的高度赞扬。

2018年10月8日，随着工程指挥人员的一声令下，长168米，宽120米，重达3000吨的游泳跳水馆大型屋盖钢桁架在历时60天、经历18次"高空累积滑移"、完成了151.2米的滑移总行程之后，顺利抵达终点成功就位。此次滑移就位意味着西安奥体中心游泳跳水馆工程正式封顶，标志着该项目建设又完成了一个重要的里程碑。

2020年3月，项目复工后，项目部迅速搭建容纳800人的临时居住区，每天专车两班倒到高铁站接人，一方面组织科研人员技术攻关，克服一个又一个技术难题，一方面组织人员加班加点、交叉作业，仅用时3个月就完成了整个游泳跳水馆室内精装修任务，比同类型场馆建设效率提高30%。

在施工管理过程中，奥体中心游泳跳水馆项目部全面践行绿色、环保、生态的建设理念，一系列新材料、新技术、新工艺的科学运用，使游泳跳水馆洋溢着浓厚的新时代气息，极具绿色底蕴和科技感。训练池上空42米大跨度H型钢梁，截面高1.7米，单根钢梁重量47.8吨。采用地面分段拼装，场外整体吊装。泳池采取游泳结构底板与池壁一次整体浇筑，确保无裂缝，结构尺寸精确、最大正误差仅为3毫米，满足国际泳联及设计要求。

2020年3月，陕建一建集团装饰公司承接了西安奥体中心游泳跳水馆装饰项目工程，原先的装饰公司耗时8个多月，施工量不足整体工程量的三分之一，陕建一建集团装饰公司必须在3个月时间内完成剩余工程量的三分之二且质量保证优良。

项目团队发扬"不等不靠、主动作为"的工作作风，竭尽全力。由于项目所用的材料多为进口材料，国际泳联跳水比赛使用的跳板是奥运会和全球大型跳水比赛指定使用跳水板，采用美国多耐福品牌。因受进出口影响，跳板厂家停止供货，项目团队就在全国寻找合适材料，最终在福建晋江体育馆"借"到5块跳板，确保比赛大厅正常使用。

没有工作面，项目团队就实行两班倒制，交叉作业，在深装的菱形柱施工过程中，机具使用较多，材料占地大，严重影响到石材干挂和室外石材铺贴，现场工长同劳务队见缝插针，哪里工作面出来就干哪里。最后一根菱形柱吊装在6月22日才完成，项目部又是一口气干到天明，保证了竣工验收仪式如期顺利进行。

承接国际赛事的体育场馆，其对泳池的质量标准非常严苛，这对于初次施工赛事场馆的装饰公司来说是一次极大的挑战。4个6米深的跳水池、池壁抹灰每道粉刷层厚度控制在10毫米之内，池壁基层粉刷平整度控制在2毫米，垂直度控制在2毫米。在质量管理上，项目部严把质量关，以国际标准进行施工，每一批材料都要经甲乙双方和监理进行验收后才能进场。项目部制定质量管理体系，每完一道工序必须经验收合格后再进行下道工序。

在地面石材的设计中，采用了较多的水波纹元素拼花，加大了石材的加工难度以及对缝铺贴难度，为保证施工节点，项目部组织施工人员加班加点、科学作业，4个泳池的精度均控制在0.3毫米的误差以内，仅用60天时间完成整个室内7660平方米石材的定制及铺贴。

愿为星火传精神，敢为砥柱立中流。经过一年多的奋战和日夜抢工，西安奥体中心游泳跳水馆拔地而起。在攻坚克难的历练中，这个光荣的团队不辱使命，顽强拼搏，同这个万众瞩目的工程一起收获了快速的成长。这支29人的年轻队伍，相继培养出陕西省土木建筑青年科技奖获得者、西安市五一劳动奖章获得者、国资委优秀共产党员、西安市"最美西安人"；培养出西安国际港务区三中心五四青年标兵；培养出陕西建工集团劳动模范、陕西建工集团优秀科技工作者；培养出陕西建工集团十佳质量员、十佳资料员。

2018年2月23日，陕西省委书记胡和平莅临项目视察工作时，建设方华润集团领导向胡书记这样评价陕建一建项目团队："他们用考古的工艺进行基坑开挖，用绣花的手法进行桩基施工，在奥体中心建设中起到了表率作用。"这是对陕建人建设奥体项目的充分肯定，更是对陕建人的信赖、鼓励和期许。

令人欣慰的是，奥体中心游泳跳水馆项目在陕建十四运项目考核评比中多次名列前茅，在西安三中心总包质量履约评价中获第一名。2019年10月还获得了华润置地华西大区唯一高品质奖。陕建一建用自己打造的精品工程赢得政府、业主和社会的广泛认可，也充分证明这是一支值得信赖、能打硬仗的建筑铁军。

2018年5月30日，游泳跳水馆在奥体中心所有工程中率先实现了主体结构封顶。2020年6月23日，顺利通过竣工验收。2020年7月1日正式投入使用。

一分耕耘，一分收获。西安奥体中心游泳跳水馆项目先后荣获国家级BIM奖2项，陕西省"唐都杯"BIM大赛一等奖1项，省级工法1项，省级QC成果一等奖1项，通过了国家绿色科技示范工程的验收，承办了西安市治污减霾观摩会，被评为2018年全省文明工地暨施工扬尘防治现场会观摩工地。项目还荣获陕西省"建设工程科学技术奖"特等奖、中国钢结构金奖、中国防水最高奖"金禹奖"。2021年，荣获中国建筑工程质量最高荣誉——鲁班奖。

第七章

科技引擎

坚持科技是第一生产力，打造企业核心竞争力。

加快建筑技术研发和成果转化，以科技创新和管理创新助推高质量发展。

从217米的延长石油科研中心，到379米的温州鹿城广场，陕建一建人不断攀升，勇毅超越，正在形成超高层项目上的独特优势。

善作善成，久久为功。

新技术、新工艺、新材料大量应用，成为打造陕建一建高品质建筑的科技新引擎。

新型造楼机、BIM技术、装配式建筑，一个个曾经遥不可及的新名词，已经成为陕建一建抢占市场、攻城略地的重武器。

绿色施工，"四节一环保"。智能建造，加强信息化建设。陕建一建人在现代化建筑的道路上，砥砺笃行，硕果累累。

第一节　打造科技核心竞争力

2020年8月31日，这是一个好日子，一个必须载入陕建一建史册的日子。

这一天，整体平台恒载约340吨、极限承载力2000吨的新一代轻型空中造楼机在陕建一建承建的曲江·云松间9号楼266米超高层正式上岗。

上午10时许，在专业人员的操作下，空中造楼机整体平台在众人的注目下缓缓提升，经过15分钟爬升，安全平稳地停在该楼4层结构，顺利达到了预期目标。

新一代轻型造楼机

这标志着集团在超高层项目建设迎来了"智能建造"的创新里程碑。

曲江·云松间推出的新一代轻型空中造楼机是核心筒结构施工中集模板、脚手架、物料平台、施工电梯、布料机于一体的智能建造设备,相当于把一座建造工厂搬到了施工现场,它可以随着楼层施工的上升,层层向上爬升,被称为"超高层移动工厂"。

轻型空中造楼机相对于传统造楼机重量更轻,在载重的前提下每上升一层只需40分钟,使得项目建造成本和时间成本大幅降低。此外,这种轻型空中造楼机在同等起重力的前提下缸径最小,拥有行程最大的液压油缸,可以做到行程6米5缸联动,同步精度可达到0.1毫米,这些技术均为国内首创。

其全部结构为模块标准化构件组合,整体装配率达到80%以上,主要功能构件实现100%装配化。桁架全部为标准化接口,统一使用销轴连接。桁架形式采用单片式桁架,尽最大可能在极限承载的情况下释放平台内部空间,为后期嫁接机器人、机械臂等创造有效条件。

曲江·云松间是国内第一家使用轻型造楼机建设的群体超高层项目,轻型造楼机有六大系统三大技术新突破,实现了更轻成本更低、装配式+智能化、独立作业等优势，大幅降低了项目建造成本和时间成本。

曲江·云松间项目西安市曲江新区，由6栋塔楼及地下车库组成，总建筑面积30万平方米，最高建筑高度为266米，是一座以高标准商务办公及高端酒店为主要功能的超高层建筑群，项目建成后将刷新曲江天际线，成为大西安又一座地标性建筑。

曲江·云松间项目作为陕建一建集团建设的超高层代表项目，综合应用了一系列超高层施工相关的智能建造技术。以轻型智能建造平台、智慧工地系统、智能机器人、新型建筑工业化、绿色文明、超高层关键施工技术为主线，除此之外项目积极应用智慧工地管理、BIM技术应用、智能监测、大数据物联网等数字建造技术，使项目管理更智能、更优化、更高效，有力推进了智能建造与新型建筑工业化协同发展。

陕建一建的科技实力在曲江·云松间项目上再次得到充分展示。手推肩挑、"小米加步枪"的时代已经成为历史，陕建一建人在长期的探索实践中，早已深谙"科技是第一生产力"的真谛，打造科技新引擎，助推高质量发展。

2012年，陕建一建集团企业技术中心正式成立，中心以科技攻关为目标，大力推行施工技术创新、技术研发，技术攻关。十年探索，十年努力，如今技术中心已经成为集团技术创新体系的重要核心，引领集团技术创新和技术进步的主要方向，特别是通过曲江·万众国际项目、延长石油科研中心、西安奥体中心游泳馆、西安国际足球中心、曲江·云松间等一大批重点项目的实施，形成了一系列科研技术成果，培养出了一批技术人才，有效提高了集团的技术创新水平，增强了集团的核心竞争力，为集团承接各类大型复杂项目提供强大的技术支持。

陕建一建集团领导高度重视技术中心建设，通过各种方式吸引具有一定科研水平人员的加入。近年来不断进行科研制度管理体系的完善，在集团内形成良好的技术研发氛围，也正是由于不断的建设和完善，技术中心现已硕果累累，成为集团的核心发展动力。

陕建一建集团企业技术中心拥有独立的固定办公用房、试验室1200多平方米，各类设备、检测仪器表100多台，科技资料近200册，科技报刊十余种。具有职工人数322人，其中一级注册建造师218人。高级专家及硕博士共58人，拥有一批施工技术经验丰富的人才。

随着我国建筑业的持续改革开放，建筑业产业结构也发生了深刻的变化。加快促进建筑产业现代化，追求建筑业高质量发展成为发展方向。建筑业在向现代化变迁的过程中，呈现出以下规律：在施工生产方面，从手工劳动走向机械化操作，从简单工艺走向复杂工艺，从低产出走向高效率，从粗放型管理走向集约化管理；在企业经营方面，从小规模走向大规模，从单一生产走向多元化经营。总的来说，建筑业发展的趋势是由低级形态走向高级形态的演变过程。

为了适应行业科技与信息快速发展的新形势，陕建一建集团建立完善了一整套科技工作的规章制度，如《陕建一建集团科技工作管理办法》《陕建一建集团科技工作考核评比管理办法》《陕建一建集团信息化管理办法》《陕建一建BIM推广管理办法（试行）》《科技奖补资金管理办法》。公司科技与信息工作进入高质量发展新阶段。

近年来，陕建一建集团审时度势，大力推动科技的发展，科研方面的投入逐年增多，并且不断推动科技成果的转化，使得生产力有了大幅提高，实现了降本增效，增强了企业科技发展的信心，形成良性循环，达到了科技引领发展的目标，为企业带来了良好的经济效益和社会效益。

陕建一建集团制订了科技研发奖励制度，健全科技创新激励机制，严格执行"技术补贴"及"奖励基金"等管理办法，对技术水平高或有突出贡献的科技创新人员进行奖励，激发了科技人员的积极性和创造性。目前所有专业技术人员以个人业绩为参考，确定其待遇，每年进行一次综合考评，对成绩突出、工作优异的员工进行表彰，使其在工作中更加有热情、有信心。

随着陕建一建集团承接的各类重点项目越来越多，科技的作用也越来越凸显，集团利用自身的优势，积极拓展EPC、装配式等业务，并且已经建立信息化项目管理平台，进一步提升了集团的办公效率和管理水平。

"BIM是建筑行业信息化的未来"。信息化是建筑产业现代化的主要特征之一，BIM应用作为建筑业信息化的发展方向，必将极大地促进建筑领域生产方式的变革。

早在2012年初，陕建一建安装公司就先后投入科研经费百余万元引进BIM相关软硬件设施，并在部分项目进行试点应用。经过几年的摸索，已经达到了业界领先的水平。

2016年，陕建一建快速响应时势要求，成立了BIM中心，把工作重点放在了在安装领域的纵向延伸和在土建的横向推广，从检查安装碰撞、安装综合排布向现场布局策划、图纸深化设计、施工模拟、工程量统计和辅助管理上纵向延伸。

2017年，陕建一建实现了所有新开自营项目推行BIM技术全覆盖，并在土建和安装领域实现了全方位一体化应用，培养了一批专业人才。

2018年，陕建一建在新入职员工及技术负责人中间实行BIM技术应用考核制度，曾经的"高科技"，已经成为每一位新员工的入职门槛。

2022年7月，中国施工企业管理协会第三届工程建设行业BIM大赛结果出炉，陕建一建集团共荣获五项奖项。其中高新医疗产业园项目BIM技术助力智慧医疗建筑高效建造，荣获建筑工程综合应用类二等成果奖。

陕建一建集团承建的西安高新区医疗产业园项目，是实施"幸福高新"建设计划，着力提升医疗、公共卫生和医疗卫生产业三大能力的产物，项目占地264亩，总投资24.5亿元，规划总建筑面积约27.6万平方米。

针对工期紧迫的新建大型医疗建筑，专业性强、专业涵盖全面、装修种类繁多、工序穿插施工组织难度大等难题，项目团队运用BIM技术可实现将各专业二维图纸集成式转化为三维模型，达到前期策划、中期组织施工、后期运营管理全生命周期的目的。

施工前，项目团队利用BIM技术可视化显示全部钢结构各部位构件的布置情况，分析危大构件吊装部位，对所有管理人员及施工人员进行交底，明确钢结构吊装工序，通过BIM深化，消除土建与钢结构及外装幕墙等穿插碰撞，及时进行纠偏修正。针对钢结构吊装，利用BIM技术，对重量较大的构件及组装好的块体进行吊装模拟，确定最佳的吊点及吊装机械的选型，吊装的站位、吊装的路线；对较大的构件进行分区分段处理，满足现场构件的进场、堆放的同时满足吊装的需求，对现场的施工工序进行合理的安排及规划。

曲江·云松间项目将BIM技术与力学有限元分析进行结合，首先利用BIM技术对于车库顶板行车路线及各类堆场进行优化，随后根据行车荷载对制定的行车道路进行验算，确定下部支撑方案。

曲江·云松间项目还应用BIM＋碳排放计算技术，在BIM5D运行的基础上增加碳排放计算维度，进行建造期间碳排放的数据计算，实时跟踪并优化建筑碳排放，为工程建造期间碳排放计算提供依据。

西安高新区医疗产业园项目在施工前，利用BIM技术可视化显示全部钢结构各部位构件的布置情况，分析危大构件吊装部位，对所有管理人员及施工人员进行交底，明白钢结构吊装工序；通过BIM深化，消除土建与钢结构及外装幕墙等穿插碰撞，及时进行纠偏修正；针对钢结构吊装，利用BIM技术，对重量较大的构件及组装好的块体进行吊装模拟，确定最佳的吊点及吊装机械的选型，吊装的站位、吊装的路线；对较大的构件进行分区分段处理，满足现场构件的进场、堆放的同时满足吊装的需求，对现场的施工工序进行合理的安排及规划。

科技并不都是高大上，遥不可及。2020年，陕建一建集团把全面开展"五小"（小发明、小创造、小革新、小设计、小建议）竞赛活动作为工会围绕中心、服务大局的主战场，扩大覆盖面、提高参与度，最大限度地调动一线职工的积极性、主动性和创造性，使活动落实到基层、深入到一线，取得了显著成效。

时任陕建一建集团工会主席袁勇说，工会把"五小"活动作为一项重点工作，精心组织，周密安排，创新方式，拓展领域，广泛开展职工劳动竞赛、技能比武、科技创新等各类活动，就是为企业提质增效、技术革新、降低成本、节能减排等发挥"助推器"作用。

为更好助推秦创原创新驱动平台建设，聚焦产业链、创新链深度融合，充分发挥工程建设领域科技工作者的生力军作用，增强行业科技创新动力，激发广大科技人员创新热情，加快科技成果转化和科技型企业孵化，助力建筑业高质量发展，2022年，陕建控股集团组织了闪亮"金点子"建设科技创意大赛。

经过初赛、复赛、决赛，吸引来自省内外的高校院所、科创公司、设计院、施工企业等在内近30家单位参与，收到共计68项成果，22项成果晋级决赛。陕建控股集团于2022年11月30日在线上举行了决赛发布，最终一、二、三、优秀奖等共12项获奖，陕建一建集团职工马康申报的地下能源桩基工程综合应用及理论研究项目、牛奕然申报的建筑施工过程自动化与智能化关键技术研究项目2项成果在最终的决赛中分获二、三等奖。

"创新是引领发展的第一动力。"近年来，陕建一建集团坚持科技创新战略，以科技创新引领发展，把科技创新作为企业价值增长的重要支点。成立了技术专家委员会，充分运用三级技术专题例会平台，构建起了"党政领导、工团搭台、多方协同、全员参与"的科技创新格局。

2021年1月，陕建一建集团成功通过"国家高新技术企业"认定，荣获了"国家高新技术企业"国字号金字招牌，集团再次获得科技支撑发展的澎湃动能。

科技创新，让陕建一建集团如虎添翼，引领集团一个又一个项目走上高品质之路。

安康汉江大剧院作为陕西省重大民生工程，是融入"一带一路"、弘扬汉水文化的重要载体。施工过程中，面对工程机电系统多、局部超高空间施工困难、吊顶异形配合难度大等难题，项目部采用了众多新技术、新工艺。

工程施工中总结了多项科技成果并获奖，其中包括科技进步奖1项，国家级BIM成果奖3项、省级施工工法2项、专利3项、并获得陕西省创新技术应用示范工地称号。项目部惠强、赵明、乔稳梁三人共同研发的"钢管提升装置"更是在全国安装行业"五小"成果大赛中，以全国第四名的好成绩斩获一等奖，也成为唯一一个获此殊荣的陕籍企业。

西安国际足球中心项目是承办2023年亚洲杯的十座场馆之一，位于大西安西咸新区新中心新轴线核心位置，项目占地约280亩，总建筑面积25万平方米，作为西安赛区的专业足球场，可承接包括世界杯在内的所有国际顶级足球赛事。

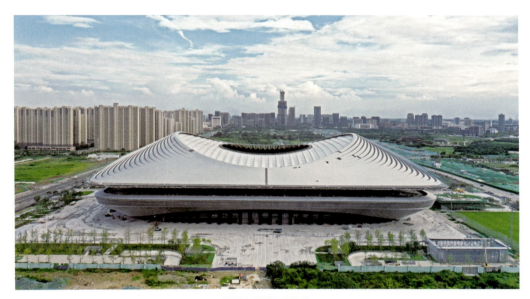

西安国际足球中心

西安国际足球中心项目是陕建秦创原"三位一体"科技创新驱动平台重点服务项目，项目先后与重庆大学、东南大学、西安建筑科技大学、西安交通大学、长安大学等高校展开产学研合作，展开对施工管理、产业发展、科技创新等方面的研究。

项目设计大胆创新，屋盖结构经过多次设计方案比选，采用全球首创的内开洞马鞍面双层索网结构，采用这种全新结构形式相比同规模传统结构足球场，节省钢材用量40%，攻克建设工程领域国际顶尖的双层双向正交索膜结构设计、制造、施工及监测的技术难关，技术水平处于国际领先。

根据图纸设计要求，型钢柱吊装需待承台C35混凝土达到100%强度后方可吊装。为加快施工进度，保证项目工期，经设计同意，项目根据施工现场情况自主配置了 C50 早强混凝土，并基于冲击弹性波原理自主研发建筑混凝土强度预测系统软件数据处理平台，推算承台混凝土强度，测试结果表明自主配置的 C50 混凝土 3 至 5 天后强度可达 C35 的 70%，同时采用 Φ28 钢筋及套筒在承台基础四边中心处分别增加一个临时支撑的方式，进一步增加基础承台承载力，以满足型钢柱吊装要求，提前实现首节钢柱快速安装。

场馆北侧 28 榀悬挑桁架，最大悬挑长度 35 米。悬挑桁架整体重量约 2000 吨。桁架采用地面拼装整体吊装的方式进行使用，采取格构式支撑架作为临时支撑措施，将悬挑桁架的安装精度控制在 5 毫米以内，保证了大跨度悬挑桁架的施工精度及安装速度，减少了人力使用，节约了机械使用时间，具有良好的经济效益。

利用 BIM 模型可视化特点，建立方案模型，模拟方案施工过程，找出可能存在的问题。对结构钢筋与钢构、复杂混凝土柱、梁交叉节点进行重点可视化优化和分析。

陕建控股集团党委副书记、总经理毛继东在调研时强调，西安国际足球中心项目作为亚洲杯的主场馆之一，备受各级领导和社会各界关注，各参建单位要高度重视、相互配合，力争一次成优，完美履约的同时创造精品。要采取措施，坚定目标，各参建单位要提前策划、挂图作战、紧盯进度，想方设法加快施工进度，通过开展劳动竞赛等形式持续掀起大干快上热潮，把工期及时补回来，更加优质高效地全面推进各项工作。

北京融创树村项目是位于北京核心区域的地标性工程，项目全面实施三星级绿色建筑，项目全面实施超低能耗建筑和健康建筑。令人瞩目的是，该项目全面实施装配式建筑，装配率达到 91%，处于全国领先行列。

为确保项目的高品质、高标准，全面推进住宅全面装配式，项目团队相应采用了多项新工艺、新技术，如大体积混凝土"跳仓法"施工；抗震阻尼消能器的使用；大开间预应力梁使用；管线分离技术；架空楼地面干作业施工法；室内一体化精装修；集成卫生间、集成厨房一体化装饰装修；室外海绵城市应用；超低能耗被动房应用；室内新风节能技术以及钢结构公建配套。项目建成后，将成为北京高品质的标杆和样板。

陕建一建在推进科技发展过程中，不惜重金，仅 2021 年就投入近 900 万元，深入推进智慧工地建设，打造以 BIM 应用为主线，项目管理信息系统、质量安全巡检系统、集采系统、NC 系统等为支撑的信息化管控体系，使"智慧建造"在新开工项目中普及率达到 100%。

每年万物复苏的3月，陕建一建集团都会隆重召开科技奖励大会，对上年度科技创新成果进行总结表彰，激发大家新的创新热情。按照贡献大小，每一项成果的完成人都会得到不同程度的奖励，随着音乐响起，获奖者信心满满的上台领取荣誉证书和奖金，那一刻，科技研发人员的自豪感爆棚，令人羡慕，催人奋进。近几年，集团每年发放的科研奖金都超过了100万元。

陕建一建集团对科技的高度重视也传导到各个下属单位。近年来，陕建一建集团安装公司一直坚持科技创优的"三会"制度：每年年中组织召开科技大会，将上年度公司内部取得的科技成果整理成册进行发布，对于员工总结形成的小发明、小窍门进行现场展示，大力表彰科技工作先进个人。每月召开技术管理例会，将生产过程中遇到的技术问题提交讨论，最终形成解决方案，对其中优秀的方案进行推广。在项目层面，公司大力推行周例会学习制度，对项目在生产中遇到的问题进行讨论，结合相关施工验收规范和现场实际情况展开广泛交流，极大提升了项目管理人员的业务水平。近年来，陕建一建集团安装公司不断取得科技创优工作的新突破，累计获得国家级、省级各类科技创优成果和奖项近200项，成行业内科技创优排头兵。

陕建一建集团科技信息中心主任郭海鹰表示，未来陕建一建集团将继续坚持科技强企战略，进一步加强信息化建设总体规划及顶层设计，加大信息化投入力度，利用BIM、5G、物联网等新技术手段提升施工效率和水平，以效果为导向，推广应用智慧工地。紧盯超高层、大型体育场馆、绿色建筑等重点领域，依托集团在建的重点项目、大型复杂工程项目开展技术攻关，紧贴工程项目需求，深入研究普遍存在的技术难题，加强新技术推广应用、成果转化，形成一批可复制推广的科研成果。

陕建一建还将不断探索通过技术手段实现降本增效的思路和措施，加强科研课题的质量和科研成果的应用。瞄准行业前沿领域和前瞻技术抓紧布局，聚焦装配式建筑、零碳建筑、智能建造等建筑业发展前沿，加快核心技术研发和成果转化，以科技创新和管理创新助推集团全面高质量发展。

1953年，陕建一建公司刚成立时，基本上没有什么现代化的施工机械设备。"一把瓦刀、一把锯，拉开场子能唱戏"就是当时施工现场的生动写照。但务实执着、永创第一的陕建一建人在实践中不断总结提炼，持续开展技术革新、科技革命，新发明、新工法、新技术层出不穷。

1956年首次在国内研制成沥青胶在远东机械制造公司屋面试贴成功；

1958年在全省创造翻转模生产大型屋面板施工法；

1959年创造后张法61米预应力拱形屋架在西飞厂房中应用；

1962年在全省首先使用蛙夯并编制蛙夯工艺操作规程；

1972年全省首次在预应力折板屋面上采用PVB缩丁醛防水涂料获得成功；

1976年在全省首次在直径9米、高28米二二排列组合料浆库钢筋混凝土筒体、直径12米、高32米一字排列水泥库钢筋混凝土4筒体采用液压滑模工艺；

1956年、1963年、1975年在45～60米砖烟囱施工中采用活动升降脚手架、金属吊架、提升式砌筑架、井架内爬式竖井活动操作架施工工艺；

1985年研制成功外粉新材料——胶砂，被列为省技术贸易交易会交易项目。

……

伴随着企业的成长和发展，在产业结构调整与市场竞争中，陕建一建集团坚持"科技兴企"战略，开发使用的信息化管理系统，涵盖项目、市场商务、人力资源、财务、质量安全等管理业务，使集团的管控能力得到极大的加强，推广应用处于陕建集团前茅。

为深入推动科技与工程项目有机融合，陕建一建集团成立了产学研相结合的省级科研中心，与中国建筑科学研究院环能院、陕西建筑科学研究院、西安建筑科技大学、长安大学等建筑科技研究机构建立合作关系，推广应用新技术、新工艺、新材料，不断提高集团服务和产品的科技含量。

在陕西省人大办公楼项目，完成了距离地面77米高空，现浇外挑7米，高2.6米悬梁的高难度施工；

在西安市奥体中心游泳跳水馆项目，采用结构受力复杂、技术含量高的悬索技术，新颖的旗舰造型将力和美精彩呈现；

在延安卷烟厂主厂房项目，运用计算机三维空间图科学组织施工，首次在西北地区实现了23000平方米网架的整体提升；

在榆林文化艺术中心项目，通过大面积填充式穿梁套管、多曲面造型铝板幕墙等尖端技术，攻克了折线复杂，曲面较多的难点，一次成优；

在西安国际足球中心项目，采用全球首创中间开洞的双层正交索网体系，填补了双层双向正交索膜结构施工技术的空白；

在曲江·云松间项目施工中，运用5G智能巡检眼镜，依托5G的高速特性和AI算法实现远程现场可视化；

在北京融创树村项目，针对项目筏板基础为超大体积混凝土结构，创新采用

"跳仓法"施工方案，取消传统后浇带施工工艺。

……

逐浪科技潮，熔铸创新魂。一代一代陕建一建人接续奋斗，集团的科技实力早已今非昔比，科技成果硕果累累。2012 年以来，陕建一建集团共荣获詹天佑奖 1 项；国家级协会科学技术奖 4 项、省级协会的科学技术奖 15 项；陕西省科学技术奖 1 项；国家发明专利 8 项、实用新型专利 111 项、国家级省级标准 20 项、创新技术应用示范工程 23 项，绿色科技应用示范工程 14 项，集团还荣获"全国工程建设科技创新示范单位"。

一项项荣誉的背后，是陕建一建人对科学技术的不懈追求，凝聚着陕建一建人的智慧和才华，也饱含陕建一建人的心血和汗水。

党的二十大报告强调，必须坚持科技是第一生产力、人才是第一资源、创新是第一动力，深入实施科教兴国战略、人才强国战略、创新驱动发展战略，开辟发展新领域新赛道，不断塑造发展新动能新优势。学习领会党的二十大精神，陕建一建人信心满怀，干劲更足。追求建筑领域科技进步，打造企业核心竞争力，陕建一建人追求卓越，永无止境。

第二节　新高度　新挑战

2020 年 12 月 11 日，陕建一建集团承建的延长石油科研中心项目荣获国家级大奖——工程建设科学技术进步奖。消息传来，陕建一建人倍感鼓舞。

这是继 2019 年获得陕西省建设工程科学技术进步奖特等奖之后，延长石油科研中心项目再次获得的重量级科学技术奖项。

工程建设科学技术奖是经科学技术部和国家科学技术奖励工作办公室批准，由中国施工企业管理协会设立的奖项，主要奖励在工程建设行业取得国际或国内具有领先水平的科技创新成果且对科技创新作出突出贡献的组织和个人，为工程行业知名度极高的科学技术奖项。

由陕建一建集团交流的技术成果《延长石油科研中心超高层复杂施工技术研究》，是陕建一建集团首个工程建设科学技术进步奖一等奖成果，也是当年陕建系统唯一的国家级一等奖。

延长石油科研中心项目位于西安市高新区，项目用地 50 亩，项目总投资 22 亿元总建筑面积 21.76 万平方米，地下 3 层，地上裙楼 5 层，塔楼 46 层，总建筑高度 217.3 米，是一座集科技研发、生产调度、云数据处理、办公为一体的现代化建筑，是西安乃至整个西北的第一座超高层建筑。

延长石油科研中心建筑整体呈半椭圆形，独特美观，在西安这座历史悠久的古城里树立起一座记忆历史、凝望未来的新地标。

塔楼东侧瀑布式幕墙设计新颖，钢板梁吊挂体系从 168 米高空垂下，与裙楼中庭门式刚架和箱梁体系结构相连，构成立体的玻璃中庭，美轮美奂，也为建筑带来充沛的日照、绿色、节能、环保。

延长石油科研中心利用塔楼和裙楼的高差，在建筑内部构造出一座山水中庭，精心设计的种植屋面，匠心独运，建筑环境内外融合，生机盎然。

对从未有过超高层施工经验的陕建一建人来说，如何在投标过程中精准出击，拿下这个标志性工程，并非易事。为此，陕建一建集团组建了技术和商务两个小组，南下取经。当时高 530 米、116 层的广州东塔正在施工阶段，取经小组 12 人直奔广州，多次深入广州东塔施工现场观摩学习。

对于超高层建筑如何定额，陕西省一直没有相应标准，大家就登门拜访广东省造价总站和广东省造价协会等部门，虚心向专家和同行求教。白天两个小组分头跑工地，找专家，晚上大家聚在一起讨论，消化一天学到的知识。马不停蹄，腰酸腿疼，但都咬牙坚持着。返回西安的第二天就是中秋节，但大家顾不上休息，趁热打铁，又聚集在一起，研讨取经成果，制定延长石油科研中心项目投标方案，最终汇聚全公司力量，取得投标胜利，打响了陕建一建集团超高层项目建设的第一枪。

2013 年 8 月，延长石油科研中心项目动工建设。陕建一建组建了王晓伟、罗少强、行宏、刘富、郭勇、王齐兴等人一起的一支"豪华"技术团队。第一场硬仗便是编制延长科研中心项目的技术标，超高层是陕建一建之前从来没有涉及的领域。新高度，意味着新挑战。

为此技术团队封闭一个月，脑力碰撞，集思广益，没日没夜地进行技术讨论和方案研究，终于编制出一份长达 24 万字的施工组织设计方案。这份包含了无数人智慧和心血的施工组织设计方案，赢得了建设方的高度评价，也为项目的落地和后期施工打下了坚实的基础。

在塔楼基础超长超厚大体积混凝土筏板工程施工过程中，项目技术团队与省内知名科研单位、知名院校、商混公司组成科研小组，经过数次会议讨论确定了取消后浇带一次整体浇筑的大体积混凝土无缝施工方案。

为保障大体积混凝土浇筑及时、连续完成，项目部避开交通高峰期，利用 2014 年清明节 3 天假期的时间完成塔楼基础 16000 立方米大体积混凝土的一次性整体浇筑。

本次筏板浇筑经过前期周密的策划，75 辆罐车进出次数达 3300 余次，浇筑累计用时 62 小时，比计划提前 10 小时完成，在省内尚属首次。

技术团队以科技指导施工，勇于突破，开创了西北地区超长超厚大体积混凝土无缝施工的先例，促进了大量绿色节能方案和措施落地。

自开工以来，项目部以技术创新引领，确保建造精品，克服了众多技术难题。过程中也得到了多位专家指导，与相关研究单位进行了密切合作。

由于延长石油科研中心项目造型独特，公共走廊空间有限，机电管线较多，为减少施工时各系统管线的碰撞冲突，项目安装团队成立专业设计团队对图纸进行二次深化设计，利用 Revit 软件对各系统管线提前进行预排，做出立体管线综合排布图，并与 BIM 系统融合，提前发现问题，并根据问题性质与设计院沟通后给出了科学合理的解决方案。

延长石油科研中心项目在建设过程中先后荣获陕西省文明观摩工地、全国质量强市优秀示范点、全国安全生产标准化工地等称号，各类技术成果突出，出版专著 2 本，获得专利 16 项，省级工法 6 项，课题成果 13 项，国家级 QC 成果 6 项，省级 QC 成果 10 项，BIM 奖 7 项，发表论文 31 篇。最终荣获中国安装之星、鲁班奖。

高质量发展，陕建一建人始终在奋力前行，不断自我超越，也在市场上收获了一枚又一枚沉甸甸的果实。

2022 年 2 月 7 日，西安城依然寒意逼人，但千里之外撩人的瓯江已经迫不及待荡漾起春天的涟漪。

这一天，从浙江省中心城市之一温州传来温暖而振奋人心的消息：陕建一建中标温州鹿城广场项目！项目位于温州瓯江畔，总建筑面积 38 万平方米，地下 3 层，商业区地上 4 层、塔楼地上 79 层，高度 379 米，是集商业、办公、酒店、会议中心为一体的大型城市综合体，建成后不仅是温州第一高楼，也将是浙南新地标。

温州历史悠久，有 2000 余年的建城历史，是中国民营经济发展的先发地区与改革开放的前沿阵地。在这样一个市场经济发达的沿海城市，来自西北地区的建筑企业能够拔得头筹，其蕴含的象征意义不言而喻。

每座城市都有它独特的基因，而地标建筑就是城市独特魅力的精准体现。超高层建筑是现代城市不可缺少元素之一，也是刷新一座城市天际线的地标建筑，它所承载的不仅是城市发展的实用价值，更是一座城市精神图腾和文化传承的可视符号，是城市的灵魂所在。

鹿城广场，温州新地标，建成后将全城瞩目，独领风骚。鹿城广场也是陕建一建的新高度，新挑战，标志着陕建一建超高层建设进入新纪元。

胜利的果实来之不易，其中的酸甜苦辣只有亲历的人才能体味。把时间的齿轮拨回 2021 年 7 月，陕建一建人瞄准了鹿城广场这个无数企业"垂涎"的项目，要参与鹿城广场投标，进一步抢占南方广阔的市场。

这是一场实力悬殊的竞争，一场破釜沉舟的"逆袭"。烽烟四起，群雄逐鹿，同台竞技的对手，既有品牌实力更高一筹的王牌劲旅中建八局，也有曾攻克 632 米高度的老牌大咖上海建工。

无论从天时地利，还是技术经济实力，陕建一建几乎不占任何优势。拿出出类拔萃、无可挑剔的高质量技术标，是挽救不利局势的唯一"必杀技"。

"最高标准"指挥部应运而生，黄海龙亲自挂帅，一线督战，第一时间成立投标领导小组，技术组、商务组、专家组及后勤保障组迅速集结到位，"投标百人团"集中兵力，背水一战。

"最强精英"战斗队殚精竭虑，合力攻坚。技术组是一支以七公司为主的 30 名青年技术骨干团队，他们夜以继日，众志成城，火力全开。

在超高层领域，300 米是一个分水岭，施工难度和施工风险呈几何倍递增。作为"拓荒者"，陕建一建人没有成熟的模式可以复制，也没有具体操作的经验可以遵循，只能"摸着石头过河"。技术团队翻阅学习了上百份 300 米以上超高层技术方案资料，同步与专业分包讨教经验，早上分配任务，晚上碰头汇总，以决战决胜的状态，迅速投入战斗。

对温州鹿城广场项目来说，塔吊和电梯的高效布置使用是重中之重，项目团队反复研究图纸，利用 BIM 模型计算演示，最终方案使项目总体施工速度提升 30%，实现六天一个结构层的效果。

面对 25.4 米深基坑施工、中间层异形结构等该项目独有的高难度技术挑战，技术组日夜攻关，个个眼含血丝，用团队迸发的智慧，迎难而上，逐一攻克。为达到最精细化的效果呈现，他们细化各阶段的施工步骤，并做出了配套的施工组织动漫视频和施工策划 PPT，使投标准备工作更加扎实。

群力之所举，则无不胜；众智之所为，则无不成。不到一个月的时间，陕建一建人经历了从不会到会，从会到熟悉，从熟悉到重难点技术攻关的历练和蜕变。把

"细"贯穿始终，把"细"做到极致，实现成本领先和差异化竞争优势。陕建一建人不断增加有绝对分量的竞争筹码。

"最权威"智囊团，云集助力 标书初稿完成后，专家委员会对技术标方案进行全面"会诊"，针对优化意见，一遍又一遍地不断打磨，完善细节、精益求精。

27天夜以继日奋战，百人团勠力同心，4500公里披星戴月奔波，1286页技术标书匠心呈现，最终拿出了一套无可挑剔的高质量技术标，赢得业主高度认可，也赢得了市场，最终实现了陕建一建集团，乃至陕建控股集团300米＋超高层项目建设领域"零"的突破。

2022年，大年初五，以公司领导为首的先遣队临时组建成功，随后调遣精兵强将，召集项目管理人员35名，劳务人员90名。上下齐动、集中力量、倾尽全力协调多方资源，做好充足准备，动员士气即刻出发！大年初七，项目多名负责人抵达温州，正月十五之前所有管理人员到位！

2022年2月20日，由绿城集团开发，陕建一建集团承建鹿城广场三期、四期项目正式开工建设。面对湿度极大、多雨、阴冷的糟糕天气，身为地道北方人的项目团队克服地域等影响，协调温州多方资源关系，面对复杂的施工环境和遗留问题没有任何迟疑，积极迅速拿出方案，在极短的时间内就让施工现场彻底改变了模样，得到了业主方的充分肯定。

场地移交后，面对1300多根桩头的修补，结构尺寸偏差较大的地下连续墙修补，工期紧，任务重，再加上春节用工影响，省内劳动力无法按计划到达施工现场，属地劳动力难以召集，项目部通过协调分包及当地劳动力市场，补充劳动力，面对观感质量极差的桩头，大家集思广益，联系材料部门加工定制圆形铁皮模具，同时增加专业破桩人员，短期内保质保量完成桩头修补，从而保证了桩基验收顺利通过。

2022年8月，为完成这座高楼的塔楼筏板浇筑，200余名陕建一建建设者冒着高温，夜以继日奋战。项目部科学组织，周密安排，开启了"车轮战"作业模式。邀请建研院混凝土专家多次研判，对混凝土配合比进行了20余次试验。采用BIM软件对混凝土浇筑进行模拟，可视化交底，形成全流程全过程策划先行、分工有序。

由于连日来高温持续不降，闷热潮湿的环境直接影响混凝土入模温度，再加上塔楼筏板最厚处达7.75米，高温条件下大体积混凝土浇筑温控成为前所未有的一大难题。为了控制大体积混凝土内部温度，降低内外温差，施工队伍将砂、石提前入棚洒水降温，搅拌用水加入冰块，筏板中设置14个水冷却系统循环回路，铺设

3500米降温管，设置121个测温点，预防混凝土产生裂缝。

浇筑现场，坚持专人24小时三班轮番值守，迎着高温，争分夺秒抓紧施工。面对道路窄、场地小、车辆难回旋等困难。将现场人员分为15个组，详细分工，严把罐车行走协调指挥、临电检查、安全巡视、后勤支撑等关口，精细化作业，全方位管理，72小时内，6台天泵、地泵密切协作，75辆商混车有序运料1288次，最高峰时每小时浇筑达280立方米，终于一次性无间断浇筑混凝土15000立方米，创造了新纪录，优质高效完成了节点目标，打出了陕建铁军的威风。

如今，陕建一建集团承建的超高层荣誉册越来越厚重，每每谈及，陕建一建人都会如数家珍：

——西安武隆航天酒店项目，高度为135.45米，总建筑面积约108719平方米，是集办公、酒店、住宿、商用为一体的商业综合体。

——曲江·云松间项目，由6栋塔楼及地下车库组成，总建筑面积30万平方米，是群体性超高层项目，其中9号楼建筑高度为266米，1-3号楼建筑高度为152.7米，5-6号楼建筑高度为99.9米。是西北地区为数不多的多栋单体超高层同时施工建设项目。

——陕建丝路创发中心项目，总建筑面积29.8万平方米，内筒外框结构，主要功能为商务办公和酒店公寓。1号楼建筑高度211米，2号楼建筑高度157.8米，3号楼建筑高度107米，项目为群体超高层，是高烈度区"下柔上刚"不规则结构体系，属西北之最，全国少有。

——四季荟中心项目，是一座以高标准、高品质公寓办公为主要功能的超高层建筑，建成后将成为西安高新区超高层住宅典范。

——望云松间项目，总高度为242米，由三栋单体及车库组成，总建筑面积18.83万平方米，是集商业、酒店、办公、公寓、会议中心为一体的大型城市综合体。

目前陕建一建集团建成或在建的7个超高层项目，每一座都有其独特的设计，超难度的施工要求，许多问题和困难都是前所未遇的，但最终都被陕建一建铁军攻克。毫不夸张地说，陕建一建集团已经积累了丰富的超高层建设经验，完全可以与国内任何一个一流建筑企业一比高低。谈及集团在超高层建筑方面的优势，陕建一建集团项目管理部部长余大洋信心满满。

扎根大地，仰望天空。对于肩负使命不断超越建筑新高度的陕建一建人来说，万里长征才迈出第一步，未来一定还会有更复杂、更棘手、更尖端的难题需要他们去解决，一定还有更多的风雨、更多的坎坷、更多磨难需要他们去承受，还有更高的高度等待他们去超越。但是，请相信建筑铁军所向披靡的钢铁斗志，相信他们"永创第一"的铮铮誓言，相信他们砥砺前行的铿锵脚步，陕建一建，建筑铁军，一定会攀得更高，走得更远。

第三节　绿色低碳之路

2022年11月25日，住房和城乡建设部党组书记、部长倪虹在中国—东盟建筑业暨高品质人居环境博览会期间，在南宁出席2020—2021年度鲁班奖颁奖暨行业技术创新大会时指出，广大建筑业企业和工程建设者要以更高的标准、更严的要求、努力建设更多品质卓越、技术先进、节能环保的优质工程，为加快建设建造强国、推进中国式现代化、不断实现人民对美好生活的向往作出新的更大的贡献。

在这次创新大会上，陕西建工控股集团共捧回9座鲁班奖，并因其承建的西安交通大学创新港科创基地项目获得全国建筑面积最大的群体鲁班奖而备受行业瞩目。陕建控股集团党委书记、董事长张义光作为中国建筑业协会副会长应邀出席并为获奖者颁奖。

近年来，陕建控股集团秉承"向善而建"的企业文化，秉持精益求精的工匠精神，不断追求卓越品质，持续创新施工技术，坚持绿色发展，以质量赢得市场，共荣获中国建设工程鲁班奖77项、国家优质工程奖104项、中国土木工程詹天佑奖4项、中国建筑钢结构金奖36项，2021年，陕建控股集团荣获中国质量奖提名奖。

倾力打造绿色低碳、节能环保的高品质建筑，陕建一建集团勇当陕建控股高质量发展的排头兵和先锋队。这次陕建控股集团捧回的9座鲁班奖奖杯，就有5座来自陕建一建集团承建的项目。

党的十八大以来，陕建一建集团认真践行习近平生态文明思想，全面贯彻落实党中央、国务院城乡建设绿色发展决策部署，大力推广绿色建筑、装配式建筑、绿色低碳技术以及可再生能源建筑规模化应用，在工程建设中创优质量、创高效益、创新技术、创低能耗，走上了绿色低碳的高质量发展之路。

绿色建筑是中国城镇化进程中的一场革命，对人们理念、生活方式的转变及行业发展均产生了深远影响。20世纪60年代，美籍意大利建筑师保罗·索勒瑞，首次将生态与建筑合称为"生态建筑"，这是绿色建筑概念的萌芽。在1992年举行的联合国环境与发展大会上,第一次比较明确地提出了"绿色建筑"的概念。经过30多年的发展,绿色建筑充分吸纳了节能、生态、低碳、可持续发展、以人为本等理念,内涵日趋丰富成熟。

2004年,中央经济工作会议提出要大力发展节能省地型住宅,全面推广和普及节能技术,制定并强制推行更严格的节能节材节水标准;2005年,建设部印发《关于发展节能省地型住宅和公共建筑的指导意见》,明确提出建筑节能、节地、节水、节材和环境友好等方面的目标和任务。这一时期,绿色建筑的发展以试点引导为主,绿色建筑的理念引起社会各界关注。

2013年,国务院办公厅以1号文的形式转发了国家发展和改革委员会、住房和城乡建设部制订的《绿色建筑行动方案》,首次在国家层面明确了绿色建筑发展目标。2015年,中央城市工作会议明确提出了新时期我国建筑方针"适用、经济、绿色、美观",将绿色纳入其中。发展绿色建筑成为国家战略。

绿色建筑集节地、节水、节能、节材和环境保护要求于一身,是建设"美丽中国"的重要载体。随着人们对人居环境要求越来越高,我国绿色建筑发展速度越来越快,标准也越来越提高,从单纯节能到绿色环保,陕建一建集团作为"永创第一"的行业翘楚,始终以建设绿色建筑为己任,在实践中不断探索、总结、提炼,逐渐形成了自己严格的绿色施工体系。

西安国际足球中心项目是一座可同时容纳6万人同时观赛的国际标准专业足球场馆,也是西北地区唯一一座首次应用通风加热专业锚固草工艺的专业足球场。屋面设计更是采用全球首创的双层正交索膜结构大跨度屋盖体系。建成后将助力西安打造"一带一路"丝路文化高地,加速西安打造世界体育赛事名城提供强力支撑。

本项目围绕"以建筑'双碳'目标为引领,推广应用绿色智能建造",充分发挥EPC总承包管理优势,践行设计施工"双优化"理念,设计引领、品质建造,科技引领、创新驱动,从设计、采购、施工全过程实现绿色建造,把节约、绿色、智能、低碳的理念和要求全面融入项目建设管理全过程,紧抓住工业化、智慧化、信息化、装配化、机械化,实现了建造方式的重大变革。

为确保项目整体提优降耗,经济效益显著等目标,项目全面推广应用建筑业十项新技术(2017版)及自主创新技术研究与应用八项。绿色建筑设计与绿色施工双管齐下,在结构、机电安装及装饰装修方面大量应用装配式施工技术,整体装配率达到57%。以绿色建造与智能建造技术助力"双碳"目标实现。项目部高度重视项目前期策划设计,通过采用绿色施工材料、绿色施工技术,实现项目绿色建造，以"四节一环保"的理念建设绿色施工科技示范工程：

——采用虹吸雨水系统，通过管道、管配件的管径变化从而改变排水管道内的压力变化，形成满管流，减少屋面漏水概率，并可通过回收系统实现雨水二次利用。

——金属屋面自重轻，耐久性强及经济性能高的特点，并具备良好的防水性能，可在工厂内预制加工，安装便捷与快速，是一种理想的绿色环保建筑材料。

——内圈屋面采用PTFE膜，实现建筑自然采光并阻挡热辐射，并具有工厂化生产、易建易搬迁易更新等特长，且索膜材料可100%回收，真正做到绿色材料、绿色施工、绿色节能。

——施工通道支撑采用废旧施工电梯标准节搭设，进行材料的二次利用，与搭设盘扣式脚手架相比，费用降低70%，节约120万元。工具式小发明将施工管理中的技术、质量、进度、成本控制难题进行总结，形成企业的创新做法、标准化做法、工法，并应用于现场施工，提高施工效率，减少不可再生资源浪费，方便可行，绿色环保。

——主体施工应用盘扣式脚手架及铝合金模板，提高15%材料周转率和20%施工工效。

——主体结构全部采用清水混凝土工艺，表面平整，色泽均匀一致，实现免抹灰，节材约15%，顶板模板主龙骨支撑全部采用5#槽钢，节约木方20%以上。

——办公区全部采用新型箱式活动房，会议中心采用轻钢活动房，实现100%周转利用。

——外架钢板网整齐美观，安全防护良好，一次投入多次使用，实现100%周转。指挥部设有工具式瞭望塔，使用便捷，材料可回收利用。

——优化室外标高，按照"永临结合"要求将施工道路调整为正式道路路基，实现混凝土"零破除"；利用智慧工地系统，对大宗材料进行物流实时追踪，确保进场时间，满足进度需求。

——现场设有三级雨水沉淀池，通过雨水回收系统进行再利用；主要用水器具均安装了智能水表，进行实时监控；主要卫生洁具均采用红外感应式节水器具；车辆出入口设有三联式洗车机。通过以上措施，目前已节水400余吨，效果良好。

——现场所有用电器均安装智能电表，能耗通过智慧大屏实时监测；办公区场地照明采用太阳能路灯，节能环保。

——现场应用航测无人机进行地形快速测量，通过土方平衡计算，实现场内土方开挖"零外运"。

——现场设置扬尘监测系统和扬尘检测架,监测结果与喷淋系统联动,PM2.5超过阈值时喷淋系统自动启用,有效降低工地扬尘。

——现场未施工区域实现100%覆盖、种植绿化和铺建筑垃圾再生料硬化,并采用了绿色生态围墙,可净化空气、防止尘土、减少噪声,提升项目办公宜居环境。

西安国际足球中心这个看起来由钢筋混凝土构成的庞然大物,却处处体现了陕建一建人绿色建造的创新与匠心,处处充盈着绿色的毛细血管。

曲江·云松间项目作为万众控股集团旗下松间系列代表项目,也是首个超高层作品,旨在打造时代建筑、城市新封面。曲江·云松间九号楼为框架—核心筒结构,其中核心筒领先外框架6层左右施工。传统方法是将钢筋折弯埋在墙体内,待外框施工到后将钢筋凿出,陕建一建集团项目部创新采用铝木结合的方法,相较于传统做法,可以减少主体结构破坏,保证钢筋质量,既节约成本,又减少了垃圾排放。

针对曲江·云松间项目狭小、超深基槽回填的难题,项目与陕西省建筑研究院积极推进试点工程协作,创新性地采用高流态免振捣次轻再生混凝土进行基槽回填,回填密实,较灰土工期快,操作方便而且密实,有效地解决了后浇带未闭合前侧压力、后期沉降等技术难题,同时还有效改善地下室防水效果,再生料回填13000立方米,节约经济效益100万元有余,实现建筑固废资源化利用。

陕建一建集团承建的榆林大剧院项目严格贯彻绿色施工理念,项目设置了废水、雨水回收系统,践行海绵工地理念,结合砂土地层特点,以慢排缓释方式提高雨水的自然渗透、自然净化的功能。施工大门口配备自动洗车台,现场沿施工道路设置喷淋系统、雾炮喷淋设备,并配备环境监测仪,使其与喷淋系统形成联动,实时控制现场扬尘。项目成为榆林市建筑工程质量安全工作暨文明施工、扬尘治理、质量创优现场观摩代表工程,陕建一建集团荣获榆林市"优秀市外建筑施工企业"称号。

在延长石油科研中心项目,集团在与分包及劳务签订合同时,根据项目制定的用水定额计算出每个分包合同的预算用水量,并将此作为节水指标列入分包合同,以此保证参建各方节约用水,减少浪费,用水计量考核记录齐全,并积极进行节水教育。对现场用水进行了合理规划设计,利用塔楼消防水池收集地下降水及雨水用于结构养护及消防系统用水,大大提高了用水效率。项目被评为陕西省第十八届观摩工地、全国建筑业绿色施工示范工程。

陕西考古博物馆项目景观设计全面应用海绵城市系统。在下沉式广场设计有透水铺装、雨水花园、雨水收集、净水等系统，项目实现"道路＋管网＋绿化"的永临结合综合体系，施工永临结合道路1500米。

为充分达到永临结合的效果，项目提前进行了海绵城市施工，让施工人员享受环保舒适的环境。雨水收集利用系统将办公生活区屋顶、庭院、道路和施工区永临结合道路雨水通过雨水管网收集储存至化粪池，将室外化粪池作为雨水收集池提前利用，化粪池最大容量100立方米，为扬尘防治喷淋、洗车、草坪灌溉、道路洒水等提供雨水补给，以达到综合利用雨水资源和节约用水的目的，同时节约成本40万元。

陕西考古博物馆项目以海绵城市、永临结合特色入围，是西安市第五届工地扬尘防治暨绿色施工示范工程观摩现场十个之一，引领了全市绿色施工的发展。

节能是绿色建筑的标志性特征之一。北京融创树村项目装配率高达91%，处于全国领先水平。项目通过主体装配式结构及后期集成一体化精装修，结合全周期BIM技术应用体现出高标准、高品质建筑。

北京融创树村项目通过外墙250毫米厚石墨烯聚苯板保温、高效节能门窗、高效热回收系统、极佳气密性措施、可再生能源、太阳能源、室内新风循环等一系列新材料、新工艺广泛应用，保证室内冬暖夏凉、恒温恒湿、超低能耗效果。

西安奥体中心游泳跳水馆项目部生活区、办公区、施工现场设置电表分别计量，建立办公区、生活区和施工区用电节电统计台账，与用电指标对比，提高节电率临时用电全部选用节能电线和节能灯具，合理规划临电线路布置。采用LED节能照明灯具和太阳能路灯照明为现场及加工区照明，减少用电量临时施工用房使用热工性能达标集装箱式活动房，顶棚设保温隔热层，减少电能使用。

2020年7月1日正式投入使用的西安奥体中心游泳跳水馆，在施工管理过程中全面践行绿色、环保、生态的建设理念，大量运用新材料、新技术、新工艺，使游泳跳水馆洋溢着浓厚的现代建筑气息，极具绿色底蕴。

设计优化后的清水混凝土观众席看台工厂预制，现场组合安装，该工程也是陕西省首例应用该技术的工程。双层模板体系的空间双曲面清水混凝土跳台，以最低施工成本达到最佳的效果。跨度达93米，重达3000吨的钢结构屋面采用分段拼装吊装＋累积滑移施工方法。以最小的占地面积和工序影响、最快施工速度，最低的安全隐患和施工成本，实现最优的品质。

曲江·万众国际项目工程体量大、施工用地紧张，施工临时用地是遇到的最大问题。由于场地限制，基坑护坡与建筑物外墙的间距不足40厘米，项目部在酒店、B座的东侧，在结构外侧不需要施工操作面，创新采用单侧支模方法，减少了基坑土的挖填量2579.8立方米，达到了绿色施工"节地"的效果。

在环境保护方面：场地内设沉淀池和冲洗池，生活污水和其他污水分别处理后方能经排水管道排入市政排水管网，施工中产生的泥浆未经沉淀不得排入市政排水管网，废浆和淤泥用封闭的专用车辆进行运输。

对易产生粉尘、扬尘的作业面和装卸、运输过程，制定操作规程和洒水降尘制度，现场设置雾炮机、沿施工现场围挡或易产生扬尘一侧设置喷淋设施，保持湿度。存土应采用喷洒防尘剂、覆盖或种植处理。设木工加工棚，防止飞溅物飞扬。现场设置密闭垃圾台，垃圾分类堆放，及时清运出现场。水泥等易飞扬细颗粒散体物料尽量安排库内存放实、覆盖。合理组织施工、优化工地布局，使产生扬尘的作业、运输尽量避开敏感点和敏感时段。施工用的油漆、防腐剂、防火涂料等易污染大气的化学物品统一管理，设危化品库房存放。

现场施工噪声的监控，设专人做噪声监测并做记录，接受社会监督。夜间不进行产生噪声污染、影响他人休息的建筑施工作业，但生产工艺上必须连续作业的或者因特殊需要必须连续作业的，报区环境保护部门批准，采取有效措施，把噪声污染减少到最小的程度。

合理安排作业时间，将混凝土施工等噪声较大的工序放在白天进行，在夜间避免进行噪声较大的工作。使用商品混凝土，混凝土构件尽量工厂化，减少现场加工量。施工现场在使用混凝土地泵、钢筋加工机械等强噪声机具时，在使用前采取隔声吸音材料进行降噪封闭，混凝土振捣采用低噪声振捣棒。采用早拆支撑体系，减少因拆装扣件引发的高噪声。

固体废物污染的防治，实行减少固体废物的产生，充分合理利用固体废物和无害化处置固体废物。在施工出入口按要求设置六联洗车台，入口周边及场地内裸土进行绿化或覆盖，楼层临边全封闭，确保做到"六个到位、七个百分百"。

"建筑工地就是我们的脸面，必须干干净净，清清爽爽。"陕建一建总工程师刘家全反复强调。陕建一建集团勇于担当社会责任，大力推行文明施工、绿色施工，致力改善施工环境，减少施工对环境的影响，扭转公众对建筑工地"脏乱差"的普遍印象，争当绿色建造的典范，尤其对于长期以来形成的工地顽疾扬尘污染，重点治理。

建立集团、分公司、项目三级扬尘治理领导小组，对各单位、各项目扬尘治理工作开展情况进行量化打分、评比奖罚，形成长效机制。

保证资金、设施、措施三到位，制定企业标准，明确土方扬尘、道路扬尘、料场扬尘、切钻扬尘、运输扬尘等各个易扬尘部位施工时应使用的设备和采取的措施，抑制粉尘的产生和扩散。

创新扬尘治理技术。推广隔墙工厂加工一体化设计与施工技术，减少现场二次开槽、粉刷作业，创新机电安装设备工厂整体加工、现场预拼装技术，减少现场喷漆，严格控制安装管道精准预埋，减少二次开洞，从源头上控制粉尘污染物的产生。

陕建一建集团近年来先后承办省内多地治污减霾、大气污染防治现场观摩会，受到省、市、区各级政府和环保督察部门的普遍好评，为建设美丽陕西提供了一建样板。

建筑业是我国国民经济的支柱产业，也是重要的传统产业和基础产业。近年来，我国建筑业持续快速发展，建造能力不断增强，产业规模不断扩大，为经济社会发展、城乡建设和民生改善作出重要贡献。然而，目前我国建筑业主要依赖资源要素投入和大规模投资拉动发展，建筑工业化、信息化水平较低，生产方式粗放、劳动效率不高、能源资源消耗较大、环境污染严重、科技创新能力不足等问题比较突出。

2020年，住房和城乡建设部会同有关部门联合发文，要求大力推动智能建造与建筑工业化协同发展，推进形成涵盖科研、设计、生产加工、施工装配、运营管理等全产业链融合一体的智能建造产业体系。力争到2025年，我国智能建造与建筑工业化协同发展的政策体系和产业体系基本建立，建筑产业互联网平台初步建立，推动形成一批智能建造龙头企业，打造"中国建造"升级版。到2035年，我国智能建造与建筑工业化协同发展取得显著进展，建筑工业化全面实现，迈入智能建造世界强国行列。

陕建一建集团顺应行业发展大势，主动作为，持续加强信息化建设。结合陕建控股集团信息化建设总体规划及顶层设计，加大信息化投入力度，利用BIM、5G、物联网等新技术手段提升施工效率和水平，以效果为导向，推广应用智慧工地，"智慧建造"在新开项目中普及率达到100%。

近年来，陕建一建集团瞄准行业前沿领域和前瞻技术，抓紧布局，聚焦装配式建筑、零碳建筑、智能建造等建筑业发展前沿，加快核心技术研发和成果转化，以科技创新和管理创新助推集团高质量发展。

2022年11月，为进一步推动建筑业高质量发展，积极融入和服务新发展格局，按照《国民经济与社会发展第十四个五年规划和2035年远景目标纲要》关于发展智能建造的部署要求，住房和城乡建设部选取了北京市、天津市等24个城市开展为期3年的智能建造试点，积极探索建筑业转型发展的新路径。西安成为西北唯一入选城市。

试点的主攻方向是以科技创新为支撑，促进建筑业与数字经济深度融合，培育智能建造新产业、新业态、新模式，着力解决工程建设存在的生产方式粗放、劳动力紧缺、资源能源消耗大等突出问题，更好发挥建筑业对稳增长扩内需的重要支点作用。

试点预期目标主要包括围绕数字设计、智能生产、智能施工、建筑产业互联网、建筑机器人、智慧监管六大方面，挖掘一批典型应用场景，加强对工程项目质量、安全、进度、成本等全要素数字化管控，形成高效益、高质量、低消耗、低排放的新型建造方式。培育具有关键核心技术和系统解决方案能力的骨干建筑企业，增强建筑企业国际竞争力。

"西安市是全国24个智能建造试点城市之一，我们陕建一建集团承建的曲江云松间群体超高层项目又是西安市6个智能建造观摩工地之一。陕建一建集团将抓住机遇，进一步提升智能建造水平，扩大覆盖面，真正实现碳达峰、碳中和目标。"陕建一建集团总经理高雄表示。

近年来，陕建一建集团通过利用大数据、信息化等工具，以月为节点，不断推进智慧工地创建。项目利用智慧工地平台编制施工日志、与生产经理协同分配每人每周工作内容并进行任务追踪、利用智慧工地平台召开周例会、利用智慧工地系统进行技术周学习、利用智慧工地平台进行大体积混凝土测温。通过借助先进的管理模式推动项目管理从感性到理性，通过数据分析及时发现管理漏洞。

习近平总书记指出："粗放型经济发展方式曾经在我国发挥了很大作用，大兵团作战加快了我国经济发展步伐，但现在再按照过去那种粗放型发展方式来做，不仅国内条件不支持，国际条件也不支持，是不可持续的，不抓紧转变，总有一天会走进死胡同。"让陕建一建公司成立最初的几十年，以计划经济为主，加之生产条件落后，勉强维持温饱。改革开放之后，由于历史包袱沉重，机构臃肿，人浮于事，管理粗放，虽然拼尽全力，但利润微薄，经济效益差，数千人的队伍有时甚至连工资都无法保证。不得不采取下岗分流、减员增效的办法来自保。

加快科技创新是构建新发展格局的需要，是建筑业高质量发展从"要素驱动"转向"创新驱动"的新动能。实践证明，建筑企业全面开展绿色建造、智能建造，是企业占领市场、塑造品牌的得力抓手，是实现传统建筑产业升级、精细化管理重要途径，是高质量发展的必由之路。陕建一建集团科技信息中心主任郭海鹰深有感触。

如今，陕建一建集团项目绿色施工、智能建造覆盖率100%，共创建国家级文明工地8个，省级文明工地67个，省级绿色示范工地80个，获得省级观摩工地6个，市级观摩工地15个，在陕西省内独占鳌头。

第八章 文化铸魂

旌旗猎猎，鼓舞着追梦的步伐；号角催征，激荡着奋进的力量。

"陕建一建，建筑铁军"。陕建一建的企业名片光辉闪耀，风雨兼程中踏平坎坷，中流击水时舍我其谁。

"务实执着，永创第一"陕建一建企业精神赓续传承，当年纵横沙场，逢旗必夺，如今商海弄潮，奋楫争先。

光荣属于你，属于陕建一建每一个默默无闻的劳动者，每一个负重前行的奋斗者，每一个奋发向上的实干者。在你追我赶的新征途上，让每一个人都发热发光。

千锤百炼，淬火成钢。陕建一建优秀人才辈出，成为企业高质量发展的中坚力量。

赓续传承，把根留住。一脉相承的企业文化，铸就相同的精神与信念。

第一节　文化引领，阔步前行

2022年9月1日，陕建一建集团2022年"喜迎二十大 奋进新时代"企业精神、企业名片征文、演讲比赛决赛在集团大礼堂进行。

决赛围绕"喜迎二十大 奋进新时代"的主题，依次分为"永远跟党走""奋进铁军魂""青春向未来"三个篇章。演讲者声情并茂，从人物、故事、成长、拼搏等多维度展现，诠释出所有一建人的努力和拼搏付出。点点滴滴，润物无声，所有人沉浸其中，深受感动。

企业精神、企业名片征文、演讲比赛

决赛之后,获奖者走进各分公司,走进项目工地进行巡回演讲,将集团的文化精髓和信念传递到一线,传递到一建的每一个职工心里。

这已经是陕建一建集团开展企业精神、企业名片演讲的 11 个年头。年复一年,"企业精神、企业名片"征文演讲比赛已成为一建集团的一个"传统节日"。11 年春风化雨,11 年岁月沉淀,11 年赓续传承,记录着企业的不断发展壮大,也见证着铁军精神不断丰富厚重。

文化,对一个民族而言,是血脉的传承、复兴的源泉;对一个企业而言,是价值的引领、精神的纽带,是重要的软实力与核心竞争力。陕建一建集团党委书记、董事长黄海龙如是说。

聚沙成塔,集腋成裘。数十年来,一代一代陕建一建人为构建自己的企业体系文化不断努力、探索、积累,呕心沥血,贡献着智慧和力量。

2003 年,陕建一建迎来了 50 周年生日,时任公司总经理肖玉龙、党委书记徐长树敏锐地认识到,这是宣传公司、扩大影响的好时机。在公司党委主导下,陕建一建印刷了企业纪念画册、职工手册、公司简介,还举办了诗歌比赛,录制了企业宣传光盘,形成了自己的司旗、司徽以及施工现场统一的标识、标志,并轰轰烈烈、热热闹闹地举办了建司 50 周年司庆,不仅提振了公司员工的士气,还扩大了社会对公司的认知度。大家逐渐认识到,要改变人们印象中建筑企业"傻大黑粗""刀耕火种"的传统形象，文化的力量不可小觑。

2003 年，陕建一建以建设部副部长肖桐 1995 年 2 月为公司的题词"忆昔西北建筑军，能征善战铁精神；继承奋发兴伟业，保持荣誉代代人"为蓝本，作词编曲，制作成了司歌《再创辉煌》，成为企业文化浓墨重彩的一笔。

2003 年，陕建一建制作了有公司特点的 5 个专题宣传片，完成了《企业文化执行手册》的修订完善，以及施工现场标识标准，从而统一了公司的形象标准和标识标牌。为职工定制了统一工装，改造装修了办公楼。职工精气神提升了，企业面貌焕然一新。陕建一建集团企业文化建设的大幕从此徐徐展开。

"一个没有自己文化的企业，就像一个没有个性的人，别人不会注意它，自己也不会有什么惊人之举。"2007 年 3 月，富有开拓精神的陕建一建总经理、党委书记张培林在公司十届一次职代会上强调，"在知识经济已经悄悄向我们走来的今天，现代化的生产企业，已不再是完全的一条生产流水线，而应该是一个充满团结、竞争和活力的综合性单元组织，要形成这样的组织，就必须建设具有自己企业特色的企业文化。企业就像人一样，有自己特有的性情、风格和生存理念，如果没有企业文化对企业的发展进行支撑，就好比一个没有灵魂的人，没有任何希望。"

企业文化宣传需要投入。2007 年公司投入 20 多万元，先后建成了 OA 办公系统、LED 显示屏、10 兆光纤接入等信息化系统，制作了宣传片，扩大了公司对外宣传力度。

2007 年，陕建一建公司制定出台了具有指导意义的《企业文化发展纲要》和《企业文化手册》，对集团企业文化建设的意义、发展目标、内容、基本策略和基本途径做出了详细规范，并对理念识别（MI）、行为识别（BI）、视觉识别（VI）进行了统一。同时，集团以每两年一次的速度更新企业宣传片，已先后拍摄了《风好正扬帆Ⅰ》《风好正扬帆Ⅱ》《铁军魂》《永不止步》等，起到了鼓舞人心、提振士气的宣传效果。

企业文化不是"空中楼阁"，不能脱离实际远离群众，2012 年初，李忠坤担任陕建一建党委书记、董事长，为了进一步凝练公司企业文化，雕琢公司企业精神，塑造公司的独特优势，大力推动企业文化建设，在全体职工中开展了征集"企业精神、企业名片"活动，得到了广大职工的积极响应，各基层单位广泛组织职工进行学习讨论，各显其能，展现智慧。

此项活动共收到投稿 200 余条，通过多次讨论，拟定了初选稿，最后分别在陕北、边家村、昆明路、白家口、三爻村五个片区进行了投票，通过职工无记名投票，最终确定"陕建一建、建筑铁军"作为公司的企业名片，"务实执着、永创第一"作为公司的企业精神。

为了加深对企业精神、企业名片的理解，让干部职工入脑入心，公司党委随即举办了以宣传、贯彻企业精神、企业名片为主题的征文、演讲比赛。全公司共收到征文217篇，并组织了宣讲团深入项目部进行演讲宣传，通过这些活动的开展，对外强化了企业形象宣传的聚焦点，对内凝聚和激励了人心。

通过企业精神、企业名片的征集和宣传，陕建一建干部职工的主人翁意识空前高涨，工作热情极大提高，企业各项经济指标也全面向好，企业文化的"软实力"推动了企业经济的"硬发展"。

陕建一建集团党委审时度势，因势利导，把"企业精神、企业名片"征文、演讲比赛作为一年一度的"精神大餐"，坚持不懈，常抓常新。时任陕建一建集团党委书记、董事长章贵金对活动提出了具体要求。要求征文、演讲涉及的人和事必须是公司存在发生的真人真事，意在用身边人、身边事来感染、教育更多的人，用看得见、摸得着的榜样，让大家觉得可信、可亲、可敬，可学习，可复制，可推广。教育引导广大职工发扬"吃大苦，耐大劳，出大力，流大汗"的奉献精神和"召之即来、来之能战、战之必胜"的铁军作风，将铁军精神代代绵延，也用一个个生动的事例，诠释和践行陕建总公司"向善而建"的企业文化核心。

企业文化要和企业发展有机结合，成为助推企业实现各项目标的"加速剂"。2017年，陕建一建集团围绕"为模拟的甲方推介讲解一建故事"主题，开展"讲好一建故事"演讲比赛，基层单位总经理、经营副总、经营专干共108人轮流上台，为提高对外经营能力做好了准备。

美国形象大师罗伯特·庞德说，这是一个两分钟的世界，你只有一分钟展示给人们你是谁，另一分钟让他们喜欢你。"给你10分钟，在马路上随机向一个路人推介自己的公司，能不能让他如果有项目，就会找我们陕建一建干？"

2013年11月19日，在陕西省两会的主会场陕西大会堂，陕建一建集团隆重举行了成立60周年庆典大会，来自各行各业的300多名业主代表、集团老领导、劳模、各界新闻媒体及集团职工1300多人参加了盛会。

回首往事，心潮澎湃。60年的陕建一建，有爬坡过坎之难、风急浪高之险、闯关夺隘之艰，更有夙兴夜寐之勤、改革创新之智、永创第一之勇。千人大会上，很多老职工感慨万分，许多人流下了激动的泪水。正是在几代一建人的接续努力下，集团发生了巨大的变化，已经成为全国500强企业陕建控股集团旗下排名第一方阵的现代化集团公司。

2017年11月17日，全国精神文明建设表彰大会在北京隆重举行，习近平总书记亲切会见参加大会的全体代表。在这次大会上，陕建一建集团喜获第五届全国文明单位。喜讯传来，陕建一建人无不欢欣鼓舞，倍感振奋。

长期以来，陕建一建集团始终把文明单位创建作为企业建设的一项重要内容，在创建思路、创建载体和创建投入上下功夫，确保创建实效。明确一名班子成员主抓这项工作，时任公司副总经理袁勇亲力亲为抓创建，对标准，展亮点，抓落实，求实效。创建文明单位，对提升企业形象，塑造企业品牌有着重要而深远的影响，这是陕建一建历史上的大事，每一位员工都认真对待，全力以赴。

明确创建思路。在2012年取得省级文明单位标兵后，集团党委就提出了在3~5年内创建成功全国文明单位的目标。为此，成立了领导小组，设立了工作机构，制订了创建计划和年度工作目标，同时把文明单位创建工作与企业中心工作一起研究部署、一起推动落实、一起检查考核、一起激励奖惩。

丰富创建载体。在不断巩固、提高文明机关、文明小区建设成果的基础上，努力在延伸、辐射上下功夫。根据行业特点，把文明工地的建设作为创建活动的有效延伸。集团连续九年创建陕西省观摩工地，是省内创建观摩工地最多的企业之一。编制了《施工现场形象执行手册》，对所有项目的现场布置进行统一规范和管理。在美化人们生产生活环境的同时，也把良好的文明形象展示在施工建设过程中。

加大创建投入。近年来，集团机关及基层各单位先后投入资金1000余万元，添置了办公设备，扩建了办公楼，对办公环境进行了美化，对各家属小区进行统一规划和布置。目前边家村小区荣获陕西省安全社区，大兴西路小区获得莲湖区文明小区称号。

2008年成功创建陕西省文明单位，2012年成功创建陕西省文明单位标兵，2017年成功创建全国文明单位，荣获全国精神文明建设成果最高荣誉，十年来，陕建一建集团文明单位创建成功实现"三级跳"，集团精神文明建设结出累累硕果。

企业因文化而兴，文化因创新而盛。进入"十三五"以来，以章贵金、黄海龙为首的两任领导班子，继往开来，传承创新，以铁军文化引领千军万马，以核心价值凝聚万里之遥，实干笃行不负韶华，不断丰富企业文化形式，拓展企业文化内涵：举办庆祝新中国成立70周年系列活动，拍摄"我和我的祖国"短视频；参加省总工会百万职工大合唱比赛，并在陕西电视台进行展播；组织千人职工运动会、越野赛及国庆文艺汇演等大型活动；坚持开展工间操、全健排舞及卡拉 OK 活动；策划开展了"百亿百人"系列宣传，举办"光荣属于你"颁奖典礼、年终职工文艺汇演等各种活动，企业文化活动有声有色、异彩纷呈。

近年来，陕建一建集团认真贯彻《公民道德建设实施纲要》，结合建筑行业及企业自身特点，坚持因时因势、因地制宜开展"道德讲堂"活动，引导职工在潜移默化中不断提升文明素质，成为道德的传播者和践行者。为了让更广泛的一线职工，尤其是西安市外，甚至陕西省外项目的职工也能参与到"道德讲堂"活动中来，陕建一建集团把"道德讲堂"开到了项目上，开展"身边人说身边事，身边人教育身边人"交流活动，广大职工深受感染，教育效果显著。

志愿服务可以陶冶人，引领人。陕建一建集团以志愿服务作为道德实践的载体，组织职工开展"1＋X＋100"微信服务进城务工人员、"缅怀革命先烈、弘扬爱国精神"清明祭扫、捐资捐物、共抗洪灾等多样化的志愿服务活动，大力弘扬善行义举，向需要温暖和帮助的群体送去关怀。同时，认真落实文明城市共创共建工作要求，开展爱国卫生运动、环保志愿活动，对办公楼内外以及集团公司驻地附近定期进行大扫除、消毒杀菌，积极助力防控，不断拓宽服务群众、奉献社会的渠道。

企业文化引领，陕建一建集团人信心满满，干劲倍增，实现了高质量发展，企业各项主要经济指标连年快速增长。"十三五"期间累计完成合同签约额 889 亿元，较"十二五"同比增长 170%，年均增长 16.69%；累计实现营业收入 413 亿元，较"十二五"同比增长 95%，年均增长 13%；累计实现利润 8.3 亿元，较"十二五"同比增长 352%，年均增长 34.34%。

"向善而建"是陕建控股集团企业文化的核心理念，其将陕建人"善良诚信的品质""善战善成的铁军作风""善待自然的绿色发展""追求至善的匠心执守""友善合作的共赢理念"及"济善社会的责任担当"融合在一起，形成陕建核心价值定位，主要包含以下含义：

善是善良，是诚信。即心地仁爱、以诚待人的淳厚品质和忠人之事、有诺必践的诚信品格。

善是善战，是作风。即不惧困难、敢于胜利的亮剑精神和快速反应、每战必胜的铁军作风。

善是善待，是绿色。即节约资源、保护环境的绿色发展，实现人与自然的和谐共生。

善是至善，是匠心。即以科技和工艺为支撑的精益求精和一丝不苟、追求完美的专注执守。

善是友善，是共赢。即"为客户创造价值，让对方先赢、让对方多赢，最终实现共赢"的舍得智慧和不做零和博弈的共进共荣。

善是济善，是责任。即兼济天下的博大胸怀和回馈社会的责任担当。

善是一种完美、圆满的状态，是共同满足、美美与共的和谐。

2021年，陕建一建集团以"铸魂、塑形、育人"为重点，充分发挥企业文化的引领作用，全面学习宣贯陕建"向善而建"企业文化，并持续推进一建集团铁军文化建设。"企业精神、企业名片"演讲8名演讲者倾情发声，历时2个多月，累计巡演15场，覆盖项目32个，共计1337人见证巡演，演讲者或激情澎湃或深情表述，让听众或热血沸腾或感动落泪，使铁军精神深入更多职工心中。

为平凡人著书，为平凡事立说。近年来，陕建一建集团坚持把舞台让给职工，话筒交给群众，镜头对准一线，挖掘了一批先进集体和先进个人，利用报刊、微信公众号等载体连续宣传报道了一大批好人好事和典型做法，相继编辑出版厚重精美的书籍《铁军英模》和《铁军密码》，既暖人心又得人心，形成铁军文化新成果。

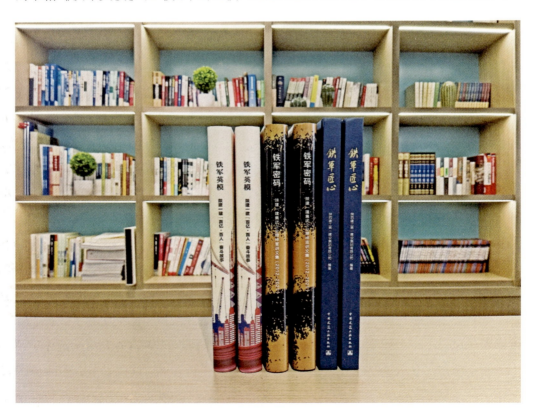

全国文明单位、全国建筑业先进企业、全国优秀施工企业、全国用户满意企业、全国五一劳动奖状、全国工人先锋号、中国建筑业最具竞争力 200 强、全国百家诚信企业……打开陕建一建荣誉档案，一枚枚颇具分量的奖杯奖牌见证着企业光辉的发展历程，这不仅是丰富的企业文化结出的硕果，更是每一个陕建人奋力拼搏的结晶。

陕建一建集团作为鲁班品质的示范者、陕西高度的刷新者、科技创新的领导者、陕西速度的缔造者，连续多年位列陕西建筑业最具竞争力百强企业前三名，跻身中国建筑最具竞争力 200 强，企业的文化影响力和社会美誉度快速提升。

"文化自信是一个国家、一个民族发展中更基本、更深沉、更持久的力量。"多年来，在陕建一建集团，以铁军精神为主要核心的企业文化深入人心，引领、凝聚和激励着一建人奋发图强，奋勇争先，谱写了一曲又一曲向善而建、永创第一的时代篇章，生动诠释了文化培根铸魂、荡涤心灵、凝聚团队、助推发展的强大动能。

第二节 "光荣属于你"

2020 年 9 月 27 日下午，陕建一建集团机关大礼堂，雄浑、豪迈的司歌《再创辉煌》再次唱响，现场全体起立齐声高歌。"光荣属于你"，2018—2020 年度先进集体、岗位标兵、成长之星暨 2020 年重点项目建设表彰大会拉开帷幕。

这是一次意义深远的大会。此次活动是陕建一建集团"不忘初心、牢记使命"主题教育的重要一环，也是"选树标杆、争当先进"活动的特色内容，大会隆重表彰了过去两年来在集团发展过程中，在生产经营等各个岗位上做出重要贡献的先进集体和个人，意在弘扬正能量，激发精气神，引导大家进一步牢记初心使命，弘扬爱岗敬业精神，在工作中脚踏实地，恪尽职守，争先创优。

这是一次高规格的大会。陕建控股集团董事章贵金、工会副主席刘宗文、西安市红十字会党组书记、常务副会长崔锦绣等领导出席活动，陕建一建集团领导班子成员、机关干部、各单位领导班子成员、各单位先进个人、劳模等优秀一线职工代表、受表彰的先进集体代表、先进个人及家属在现场参加活动，其他职工通过网络直播观看了表彰大会盛况。

这是一次荣誉满满的大会。在喜气洋洋的音乐声中，在无数镜头的聚焦中，成长之星、岗位标兵、先进集体、重点项目建设先进个人、重点项目建设特别贡献奖，获奖者依次上台，接过属于自己的奖牌和鲜花，收获着热烈的掌声和敬意。

这是一次生动活泼的大会。领导谆谆教诲，获奖代表分享经验和喜悦。职工文艺汇演更是精彩纷呈，由各基层单位精心编排的舞蹈、情景剧、音诗画、小品、歌唱等节目，轮番上场，现场气氛热烈，掌声一浪高过一浪。

这是陕建一建人的盛大节日，这是奋斗者的荣誉殿堂。40 位先进个人、15 名岗位标兵和 3 名"成长之星"、14 个先进集体的代表依次闪亮登场。

"光荣属于你"评选表彰活动每两年举行一次，2000 年已经是第七届。陕建一建集团坚持举办这个活动，树标杆、立典型，就是要营造一种"学先进，赶先进，超先进，争先进"的氛围，从中体现一代代成长中的一建人的新风貌，体现出事业兴旺发达、企业快速发展的新气象。

当 2018—2020 年度岗位标兵、第七公司项目经理张明超走上舞台，他的妻子也被邀请一同领奖。携手站在舞台中央，接受人们崇敬的目光，小两口笑容满面，眼中却不知不觉泛起幸福的泪花。从 2008 年来到陕建一建，张明超这个朴实纯真的"大男孩"，经过一次又一次淬火锤炼，已经成长为独当一面的优秀管理者。

张明超和妻子张娜

西安软件园项目、曲江观唐项目、万众国际曲江 W 酒店项目、曲江国际小学项目……一路走来,张明超从初出茅庐到被人认可,从普通员工到挑起大梁,从懵懵懂懂到技术骨干,他用自己的汗水和韧性铺就走向"光荣属于你"舞台中央的道路。

历尽天华成此景,人间万事出艰辛。荣誉的背后,是一往无前地奔跑。2020 年,张明超一路奔波,从未停歇。

1 月,逆行西安市公共卫生中心建设项目,第一批请战、第一批支援、第一批投身战斗,每天打上百个电话,却没有一个打给妻子和家人。

3 月,支援航天厂房南地块项目,抢时间争速度,助力项目首批生产线按时按质进场。

4 月,投身三兆商业街项目,20 天 20 栋单体主体,抢工期抓进度,日夜兼程,不辱使命。

6 月,转战杭州,首个长江三角洲项目,前期配合项目进场等系列准备工作。

9 月,抵达四川,前期入场协调广元雪峰综合体项目,为集团首个四川项目打下坚实基础。

10 月,奋战西安国际足球中心项目,为即将到来的亚洲杯助力,打造具有时代符号的精品。

……

哪里需要,就奔赴哪里,不讲条件,不问理由,不喊苦,不叫累。张明超和许多陕建一建人一样,务实执着,勇毅前行,始终在路上。

光荣属于你,属于那些奋战在第一线的人们。陕建一建集团明文规定,表彰的先进个人中,集团机关及基层机关人员占比为 20% 左右,项目一线员工占比为 80% 左右,表彰的重点项目建设先进个人必须以项目一线员工为主。要让哪些默默无闻、埋头苦干的员工有抛头露面的机会,让他们得到更多的荣誉和尊重。

先进必须实至名归,典型必须让人心悦诚服。陕建一建集团要求基层各单位严格按照评选工作流程要求,向所有职工传达宣传评选通知要求和评选条件,坚持"公平、公正、公开"原则,充分发扬民主、自下而上、层层选拔。要坚持高标准、优中选优。

好孩子是夸出来的,好职工是赞出来的。陕建一建集团不仅连续 15 年举办 8 届"光荣属于你"表彰大会,还抓住一切契机,多渠道、多形式、多角度对优秀职工和先进集体进行褒奖,大张旗鼓,导向鲜明。

2020年6月10日下午，陕建一建集团隆重召开表彰大会暨2020年劳动竞赛启动仪式。一大批劳动模范、先进集体、工作先进单位和先进个人受到嘉奖。引人注目的是，大会还公布表彰了陕建一建集团首届"十大杰出青年"，韩蒙、田广、张晨、贾礼、陈晓斌、刘富、江辰、罗智南、王博皓、张娜等10位青年杰出代表经过层层选拔，脱颖而出，他们身披绶带，手捧鲜花，构成一道亮丽的风景线，成为年轻干部职工竞相追捧的企业明星。

"无论是面对新情况、摸索新经验的艰辛，还是关键时刻冲得上、危难时刻顶得住的无悔，都使我们从中看到了一建青年坚韧执着、敢于担当、奋发有为的青春形象，让我对一建的未来充满信心。你们激情燃烧的青春、拼搏奋斗的青春为集团的发展注入了勃勃生机，永远值得点赞，让人无限期许！"表彰大会上，陕建一建集团党委书记、董事长黄海龙饱含激情地赞许寄语青年职工。

习近平总书记说："崇尚英雄才会产生英雄，争做英雄才能英雄辈出。"陕建一建集团在全力推进企业高质量发展进程中，高度重视发挥英雄模范的示范引领作用，将他们作为企业最为宝贵的财富，褒奖有加，推崇备至。

2019年是新中国成立70周年，也是陕建一建集团奋力实现"百亿一建"的决胜之年。陕建一建集团实现了经营签约额200亿元，营业收入100亿元跨越式发展，继续保持着高速度、高质量的发展势头。

从2012年以来，陕建一建集团连续开展"企业精神、企业名片"征文、演讲活动，这不仅仅是构建企业文化形式上的需要，更是集团凝聚人心、汇集力量的战略决策。集团凝聚职工，职工支撑集团。在集团快速发展的过程中，涌现出了一大批勇当排头兵，甘当老黄牛的先进典型，为了营造干事创业的良好舆论氛围，进一步激发广大职工的工作热情，汇聚奋力拼搏、建功立业的磅礴力量，2021年，在全集团征集奋斗者的故事，精挑细选，精心编辑出版了《铁军英模》。

书中通过100位一建职工的个人奋斗故事，从不同的侧面、不同的视角，鲜活地勾勒在创建"百亿一建"过程中的珍贵记忆和平凡业绩。通过身边人、身边事，引导、激励、启迪大家不忘初心、牢记使命，用实实在在的业绩为集团实现"百亿一建"战略目标作出新的更大贡献，为建设全国优秀的建筑承包商贡献自己的力量。

入选的100人中，有技术能手、管理专家、科研骨干、党务标兵，涵盖施工员、资料员、抹灰工、材料员、质检员、安全员、造价员、工长、项目经理、财务专干、支部书记……让大家明白，我们每一个人都可以成为先进典型，成为收入书中、载入公司史册的"铁军英模"。

打开装帧精美的《铁军英模》，首先呈现的 100 张生机勃勃的面孔，许多人忽然感觉，那些我们平常最熟悉不过的脸庞，原来这样俊，这样美！

100 亿，100 人。这不是巧合，这是陕建一建集团决策者尊重员工、重视人才、以人为本的良苦用心，这是陕建一建集团众志成城、永创第一的澎湃动力，这是陕建一建集团从跨越式发展到高质量发展的制胜法宝。

为什么能在建设陕西省本土企业施工的唯一一座超高层延长科研中心项目时，攻坚克难，取得新突破？为什么能在建设西安国际奥体中心游泳跳水馆项目时，与高手过招，优势胜出？为什么能在 90 天完成总建筑面积 9 万平方米的高新区五高六校项目，确保孩子们按时入学？为什么能在紧要关头挺身而出，连续苦战 9 天 9 夜建成西安市卫生中心，筑就人民群众的"避风港"？为什么能建设曲江万众国际 W 酒店项目中，精雕细琢，打造出"鲁班奖"和"詹天佑奖""双料王"？

打开厚厚的《铁军密码》仔细研读，有心的人就能找到答案，找到陕建一建一路高歌猛进的"密码"。

"从他们的身上，我们可以学到的有很多，其中最核心的就是我们一建历来传承和弘扬的永创第一的精神。我们干事创业抓工作，一定要有一股气、一股劲、一股当第一的豪情和斗志，做就做到最好，干就干到极致！每一个爱拼善赢的一建人，既要有追逐第一的理想，更要有默默耕耘的实干。""我们都是追梦人，步履坚实，怀揣梦想，用青春书写波澜壮阔的历史画卷；我们都是奋斗者，生命不息，奋斗不止，用汗水铸就辉煌壮丽的发展奇迹；我们都是陕建人，坚毅自信，行稳致远，用行动践行建筑铁军的作风与呐喊。一个个鲜活的故事，一张张生动的笑脸，谱写了一首首爱企奉献的奋斗诗篇。"陕建一建集团党委书记、董事长黄海龙的话也许会对解开铁军密码带来思考和启示。

光荣属于你。陕建一建集团充分发挥微信公众平台、企业内刊、宣传栏、电子屏、楼宇电视、职工活动中心等宣传阵地的作用，大力宣传劳动模范、先进集体、十杰青年、生产标兵等先进典型，引导职工争当技术能手、岗位标兵和行业"大工匠"。

打开陕建一建集团工会系统 5 年来获得的荣誉档案，从国家级到省级、从西安市到陕建集团，从单位到个人，各种荣誉琳琅满目，熠熠生辉：

全国模范职工之家、全国和谐劳动关系创建示范企业、全国交通建设系统工会工作先进集体、全国总工会五一劳动奖章、全国建设系统劳模、住房和城乡建设部劳动模范、全国"安康杯"劳动竞赛优胜集体、全国"五小"创新成果一等奖、全国行业职业技能竞赛管工类团体二等奖、全国工程建设行业庆祝建党 100 周年文艺汇演优秀节目、优秀个人……

陕西省厂务公开职代会五星级单位、陕西省职业技能大赛优胜团体金奖、陕西省 2011 年度"安康杯"竞赛优胜企业、陕西省建设工会工人先锋号、陕西省"五一劳动奖章"、获西安市"长安建筑大工匠"荣誉称号、陕西省岗位技术能手、陕西省技术标兵、陕西省"巾帼标兵岗"、陕西省"巾帼标兵岗"陕西省劳动竞赛优胜班组、陕西省职业技能竞赛优秀组织单位、陕西省建设系统劳动竞赛优胜单位、陕西省建设系统劳动竞赛先进集体、陕西省建设系统劳动竞赛优秀组织单位、陕西省建设系统劳动竞赛先进个人、陕西省职工优秀创新成果、陕西省职工先进操作法、陕建集团职工"五小"创新奖、陕建集团荣获职工"五小"创新优秀组织奖……

陕西省国资委系统演讲比赛二等奖、陕西省建设工会职工演讲比赛二等奖、陕建集团演讲比赛一等奖、国资委系统拔河比赛三等奖、省总工会合唱比赛二等奖、陕西省总工会书美影展二等奖、陕西省总工会红色经典诵读比赛二等奖、陕西省总工会组织的"中国梦、劳动美"全省百万职工大合唱比赛三等奖、陕西电视台"我爱你中国"特别合唱栏目优秀组织奖、陕西省建设工会"职工书屋示范单位"称号、"陕建读书月"主题朗诵活动第一名、陕建集团"玫瑰书香"女职工阅读成果一等奖……

这就是陕建一建"务实执着、永创第一"企业精神结出的累累硕果，这就是逢旗必夺、每战必胜的陕建一建人交给党和人民的高质量答卷。

光荣属于你，属于那些一直干在实处、走在前列的共产党员，属于那些在项目一线挥汗如雨的普通劳动者，属于那些为企业发展殚精竭虑的建筑工匠，属于陕建一建集团每一个务实执着、奋力前行的人。

第三节　越做越大的蛋糕

2022 年 7 月 21 日至 29 日，在陕西省建筑职工大学常宁校区，陕建一建集团对 2022 年入职新员工进行了集训，共有来自同济大学、浙江大学、天津大学、吉林大学、长安大学、西北大学等多所院校在内的 160 多名应往届毕业生参加了培训，其中 60% 以上为 2000 年后出生的年轻人。

此次培训实行全封闭式管理，培训内容包括入职安全教育及考试、企业文化及组织架构、《人力资源管理办法》宣贯、八大员岗位流程培训及考试、BIM 及 P6 软件培训、工会入会仪式等，干货满满，对新员工快速融入企业、迅速掌握入门技能大有裨益。

拓展训练中，破冰团建、跑操、高空拓展项目、室内团建活动、篝火晚会、绘制巨画、闭营项目等项目，让大家耳目一新，参与其中，接受了一次难忘的身心洗礼。

为让新入职员工更好地熟悉新的工作环境，集团组织新员工分别前往雁塔研发中心项目、曲江·云松间项目施工现场实地观摩学习。现代、文明、智慧的施工现场，让每一位新员工倍感骄傲，也感受到肩头沉甸甸的责任。

"孟部长，怎么今年的职场生日蛋糕比我们去年的大啊？"刚在微信朋友圈晒完集训照片，就有眼尖的"老员工"向集团人力资源部部长孟雯提出了"疑问"。

为新员工进行入职培训在陕建一建集团已经延续多年，培训内容越来越丰富，培训形式也更加多样，但有一个让大伙特别温暖的节目却一直保留着，那就是集团为所有刚入职的新员工过"职场生日"。

给新入职员工过职场生日

"2020 年我们集团给 70 名新员工过了职场生日，2021 年我们给 85 名新员工过了职场生日，2022 年增加到 160 多名，我们的生日蛋糕因此越做越大，我们陕建一建的大家庭也越来越大。"孟雯的话里充满自豪。

近年来，陕建一建集团吸收了大量本科及以上学历人才，这些新生力量为企业发展注入了新鲜血液。为了促使他们尽快熟悉工作，快速成长，集团想方设法搭建员工快速成才通道。

2014年年初，集团通过抓培训、强素质、促成长、助发展，组织了为期3天的8个岗位共11工作流程的业务培训，涉及参培人员986人。集团还从施工质量验收标准中摘录常用的100个数字，从安全规范中摘录30个现场常用知识，将这些知识点制作成卡片的形式，发放到每一名施工管理人员手中，要求他们熟记并加以应用。采取不定期抽查、举办安全质量知识竞赛、笔试等多种方式进行考核，引导大家形成比学赶超的良好氛围。

2016年，集团制定并下发了《新员工成长关注方案》，旨在帮助新员工快速融入团队、适应环境、转变角色、快速成长。举办竞聘会，在全集团范围内公开选拔重点培养后备干部及直属工程公司经理。通过组织考试、现场演讲，从参加竞聘的70多人中遴选出了公司经理储备干部5人，公司副经理储备干部10人以及直属工程公司经理储备干部3人并进行重点关注。

2016年年初，陕建一建集团编制并下发了十大岗位的专业技术基础知识题库。随后，各基层单位自发组织了内部学习及测试。9月，西安、延安、榆林、银川、赣州、三亚及重庆七地项目部同时组织职工进行业务考试，近800人参加。11月，集团又组织了材料员、造价员知识竞赛活动，再次激发广大职工学技术、钻业务的热情。

2017年，持续关注新入职员工的成长情况，特别关注研究生等高学历人才。《新入职员工成长关注办法》认真落实，"我的成长"考核大赛继续开展；《研究生成长关注办法》着力实施。大力开展一系列培训活动。从管理、业务、职称等方面入手，举办了中高层管理人员培训班、一级建造师考前集中培训、PPP模式融资操作实务培训、BIM技术应用培训等多项大型培训，进一步提升了管理人员队伍的综合素质和能力。多措并举督促职工学技术，钻业务。完善了《专业技术人员考核办法》，组织十大员知识考试，排名奖罚并进行通报。

2018年，着力提高人才素质，用心培养职工成长。出台了集团《基层公司绩效考核办法（试行）》并在基层单位推动实施；组织"十大员"岗位知识考试并将考试成绩与定岗定级挂钩，通过引进竞争，使职工在压力下快速成长。

运用例会工具加强业务指导，营造浓厚的学习氛围，使大家不断积累专业知识,提高业务能力。在陕建总公司"十佳"考试中,陕建一建集团施工员、质量员、试验员同时夺冠,"十佳"项目经理、"十佳"材料员、"十佳"安全员及"十佳"资料员均榜上有名且名列前茅。

2019年,陕建一建集团外引内竞,一方面加强高层次人才的引进,全年新招聘研究生7人,其中清华大学2人,浙江大学1人;引进建筑专业一级建造师4人,市政专业一级建造师1人。另一方面以岗位练兵为抓手,建立项目创新工作室,每周组织项目人员相互交流学习,定期开展技术质量业务大赛,营造了浓厚的学习氛围;组织1780名一线职工开展施工员、安全员、质量员、造价员、经营员等十个岗位知识考试,考核结果与工资挂钩,奖优罚劣,促进了职工快速成长成才。

2021年,陕建总公司引进"善建学堂"网络教学,陕建一建集团充分利用这一平台,结合高端人才的引进,录播属于集团自己的培训课程,开启网络培训新模式。

2022年6月,陕建一建集团职工马康报送的"建筑节能新技术——能源桩工程应用及碳排放研究项目"、牛奕然报送的"建筑施工过程自动化与智能化关键技术研究项目"获陕西省科技厅立项,该项目是陕建一建集团申报,陕建集团推荐的2022年秦创原高层次人才项目,每个项目获得了13万元资助并获得相关政策扶持。

能获得省科技厅立项和资金支持并非易事,两位主角并不简单,马康2012年本科毕业于北京航空航天大学机械工程及自动化专业,2015年硕士毕业于中国石油大学工程力学专业,2021年博士毕业于清华大学土木工程专业。28岁的牛奕然毕业于同济大学土木工程专业,仅用9年时间完成了从本科到博士的学业,他们都是陕建一建集团引进的高学历人才。

人才众,企业兴;人才优,企业强。陕建一建集团始终坚持以人为本,把人才作为集团发展的第一资源,不断培养和壮大人才队伍,储备人才资源,保证公司高质量发展的人才需求。

从施工员成长为集团公司党委书记、董事长黄海龙对人才的历练和成长感悟颇深,他谆谆告诫年轻员工,人生千万不能踩错步子,要把握好节奏。把握好节奏的关键点是什么呢?就像烧开水。

烧开水是什么概念呢?黄海龙耐心解释:我们的人生就像烧开水,早上到单位以后,把一壶凉水架在炉子上开始烧,烧到下午五点半,一看温度80度,下班铃响了,就收拾东西,关掉火,回去休息;第二天早上来的时候,水温和大气温度是一样的，然后又架到上面烧，烧到五点半，下班铃又响了，一看温度85度，然后放下。长期这样子，最后的结果是什么呢？这个大家听起来就觉得太可笑了，最终的结果是一生都烧不开这壶开水！在行业里面，有相当一部分人把一级建造师这壶开水烧不开，就因为欠那么一点火候。如果有点耐心，我们从五点半再烧到七点半的话就开了。所以，人生的开水不能再这样永远地烧，永远也开不了，必须一次性烧开。

"转正定级要参考演讲比赛成绩来确定。"2013年进入陕建一建集团工作的李晨阳第一次听到这个消息吃了一惊，因为最初他是那个只要站到台前就语无伦次面红耳赤的青涩少年，是那个因为有点口吃只要开例会就躲在角落里的"胆小鬼"。公司这个"奇怪"的规定让他下定改变自己的决心，即使再忙，大会小会前也要写好发言稿，理清思路，随时上台讲话。有时候为了锻炼自己，还私下央求领导安排自己发言。就这样，在公司"我的成长"大赛上，自信从容的李晨阳获得了一等奖，先后获得陕建一建集团安装公司"蓓蕾奖"和集团"成长之星"等荣誉称号。

功以才成，业由才广。陕建一建集团不断拓宽企业人才渠道，为企业高质量发展储备高端人才。

2021年5月27日，陕建一建集团与西安建筑科技大学建筑学院签署战略合作框架协议。双方将以"共享优势资源、提升创新能力、加速科研转化、带动技术发展、培养创新人才、促进校企共同进步"为共同目标，开展多层次、多领域和多形式合作，结成长期、稳定、共赢的战略合作关系，推动双方互惠互利与共同发展。

西安建筑科技大学是国务院首批批准有权授予博士、硕士和学士学位的高等院校、陕西省"一流大学、一流学科"建设高校、新中国西北地区第一所本科学制的建筑类高等学府。本次陕建一建集团与西安建筑科技大学建筑学院战略合作，旨在充分发挥双方在工程实践、技术服务、教育科研、平台团队、人才培养等方面的综合优势，提升工程项目实践与研究水平，实现共赢。

用好一颗子，激活满盘棋。陕建一建集团想方设法给年轻人提供展示自己的平台，让优秀人才在磨炼中成长，在重压下脱颖而出。

2006年，21岁的刘涛大学毕业后进入陕建一建集团工作，最初在第一直属项目部担任项目安全员，后历任木工工长、总工长等职，2010年开始担任项目经理，成为当年集团最年轻的项目经理。我的职业生涯可以用"高开低走"来形容，2007年我是集团优秀师徒演讲比赛（现为我的成长考核大赛）的第二名，我所在的QC小组荣获陕西省QC成果二等奖，我提前完成了"五年当上项目经理"的梦想。

然而因为种种原因，刘涛所干的几个项目总是干干停停，工期一拖再拖，在这种与时间的拉锯战中，我逐渐进入一种无所事事的状态，很长一段时间，泡网吧、打游戏、喝酒、睡觉成了他的日常生活，日子浑浑噩噩地一天天过去，刘涛内心的痛苦和空虚与日俱增。

眼看着同一年进公司的同事，有的成了部门负责人，有的成了行业内的专家，刘涛痛定思痛，不能再这样自我放逐了，一定要改变！一级建造师一直是他心中的痛点。从 2011 年开始考证，到 2017 年考过，我一共考了 7 年，前 6 年只考过了 1 门。2017 年，刘涛用了 4 个月时间，每天看书 8 小时，终于一次性通过了四门，顺利考取了一级建造师。这次小小的改变，极大提振了他的自信心，激发了他内心深处的求胜欲望和尘封已久的进取心。

2017 年 10 月的一天，刘涛接到人力资源部的电话，问他是否愿意到陕西益恒建筑工程质量检测有限责任公司主持工作。刘涛二话没说就答应了，虽然益恒是陕建一建集团最小的基层单位，当时效益差到连发工资都困难，但迫切需要改变、需要证明自己的刘涛决定背水一战。

带着置之死地而后生的悲壮以及涅槃重生的决心，刘涛来到了益恒。面对着全新的工作领域，面对大到资质重新认证、员工工资拖欠、工程检测费回收，小到劳动纪律整顿、员工精神面貌、业务水平的提高等诸多问题，刘涛化压力为动力，按照先易后难、循序渐进的方法逐一解决。

首先是立规矩，针对劳动纪律涣散的问题，刘涛规定凡是上班迟到罚 50 元，并带头严格执行。其次提高大家荣誉感，在集团年会节目、义务扫雪等活动中尽力做到最好，提升员工自信心。三是增加凝聚力，给员工购买了工装，给外聘人员缴了养老，组织员工聚餐，提高大家的归属感。四是加强经营力度，加快收款进度，定人定期限确保资金回收，短短几个月不但补齐了拖欠的员工工资，而且归还了外欠款。五是做好服务，建立了回访、投诉机制，确保服务质量和水平。六是购买新的检测设备，美化了办公环境，完善了工程业绩，确保了资质认定的顺利通过，提升了公司的品牌影响力。

短短一年的时间，益恒企稳向好，面貌发生了巨大变化，刘涛也在奋斗中找到了感觉，喝酒、打游戏等不良生活习惯正离他渐行渐远，踢球、健身成了他工作之余的最爱。

刘涛改变了益恒，益恒成就了刘涛。"刘涛现象"给广大青年职工以极大的启迪，"青春是用来奋斗的"。也给集团管理者启示，人尽其才，物尽其用才是企业最佳的用人之道。

"调优精神状态"。陕建一建集团党委书记、董事长黄海龙在多个公开场合反复强调，人无精神不立。情绪高涨、斗志昂扬、充满自信、富有激情，干事创业就能红红火火；反之，如果情绪低迷、胸无斗志，干什么事都打不起精神、扛不住压力，那势必一事无成。作为陕建一建的干部，要把推动集团发展作为自己最大的责任和使命，始终保持一种强烈的事业心、进取心，立志气、鼓士气。带着饱满激情谋事干事，带动一个部门、一个单位形成奋发向上、力争上游的浓厚氛围。"刘涛现象"为黄海龙的观点提供了最有说服力的证明。

2017年10月20日，陕建一建集团一名员工报名参加了西安马拉松比赛，虽然没有夺得名次，但他坚持跑完了全程42公里，而让他精神振奋、奋力奔跑的啦啦队，正是沿途那些一幢幢在陕建一建人手中崛起的高楼大厦。

比赛起点，他看见的是陕西省人大常委会办公楼。这栋由陕建一建集团施工的建筑，在施工中，完成了距离地面77米高、现浇外挑7米、高2.6米悬梁的高难度施工。接着是陕建一建集团承建的延长石油科研中心，这是陕西省本土企业承建的第一个超高层项目，好像对他说："小伙子加油，陕建人，一定行！"

每当他大汗淋漓、体力不支的时候，陕建一建的"啦啦队"总是及时出现，曲江W酒店、曲江玫瑰园、曲江国际中学、西影传播中心、曲江综合文化中心、武隆航天酒店……它们威严站立，每一座都蕴含着陕建一建人的故事与传奇，有的还铭刻着成长与奋斗的印记。它们无声地为他呐喊助威，直至他咬紧牙关，冲过终点。

"十三五"期间，陕建一建集团通过"外引内培"不断壮大人才队伍。引进建筑、市政等一级建造师27人，解决了急需领域人才稀缺的难题；150余优秀外聘人员转为正式员工，提高了其责任感、归属感和凝聚力。共招聘研究生38人、一本130人、二本283人，占总招聘人数516人的87%，为集团高质量发展注入了新血液。

陕建一建集团每年组织各类培训过百期，培训人员上万人次，组织"十大员"岗位知识考试，与工资挂钩，激发了员工学习的内生动力；一级建造师培训实行以考代训模式，使考生的专业技能、应试技巧大幅提高，近5年有160余人通过考试，解决了企业一级建造师人才短缺的境况。目前集团在人才的专业化、梯队化、年轻化建设上更加合理。

为了使新员工尽快走向工作正轨，陕建一建集团对新员工培养依然坚持实施建筑行业传统的"师带徒"制度，每一位入职的新员工都会有一位师傅，签订师徒协议。新员工每季度需要向集团人力资源部提交成长心得，师傅要对徒弟的工作进行总结和规划。

随着招聘人员学历的提升，尤其是高层次人才的引进，自 2020 年起，集团对研究生实施与集团高层领导签订责任师徒协议，即高层次人员有两位师傅，业务师傅负责日常工作提升，责任师傅负责宏观引导和职业规划。

2023 年 1 月 7 日，在陕建一建集团召开的"谱写新时代 奋进新征程"青年员工座谈会上，陕建一建党委书记、董事长黄海龙、总经理高雄、副总经理李引胜、刘丹洲、总工程师刘家全等 5 位领导作为甲方，分别同集团职工马康、牛奕然、王歌星、李松、詹正书等 5 位高层次人才签订了为期两年的《责任师徒协议》，根据协议，甲方要切实担起传道授业解惑的职责，每两月至少和乙方面谈一次，关注乙方成长，促进乙方早日成才。甲方还要帮助乙方树立正确的工作态度，建立良好的职业道德，帮助乙方形成正确处理人际关系的原则和方法，培养乙方良好的工作习惯，教育乙方科学地对待工作，养成严谨求实的工作作风。

协议规定，乙方要虚心向甲方学习，做好每两月一次的师徒谈话记录，对待工作认真细致，遇到问题及时向甲方请教。乙方要尊敬甲方，学习其成长经验，努力提高自身修养，学会处理好各类人际关系及化解矛盾的方法。乙方要培养良好的自学习惯，善于在工作中不断学习新知识，新理念，探索适合自己的学习方法，不断提高自己的专业水平。乙方还要定期向甲方汇报自己的工作学习情况，要善于总结，勇于创新，充分利用好公司的提供的平台，丰富自己的专业知识，争取早日成为业务骨干。

"协议也许只是个形式，但我能真切地感受到集团领导对人才的重视和尊重，自己深受鼓舞，倍感珍惜，在接下来的工作中，我们也会坚决做到以下几点：勇于担当，坚守责任；追求卓越，勇攀高峰；勇往直前，迎难而上；饮水思源，知恩报恩。也希望各位同事能够携起手来，以饱满的热情，高昂的斗志积极投身工作岗位中，齐心协力，共同努力，燃烧激情，绽放青春，为我们共同的目标而奋斗！"来自同济大学的博士牛奕然感慨地说。

在青年员工座谈会上，黄海龙与大家亲切交流，话语真诚而朴实：

一建是个大家庭。这里有温馨团结的兄弟姐妹，大家以企业为家，努力奔跑，勇敢追梦，用辛苦的付出和艰苦的奋斗创造人生价值，大家的精神状态很好，企业的正气很足。

一建是个大熔炉。我们所从事的工作千头万绪、包罗万象，青年员工要把每一项工作当作挑战，努力在基层历练和岗位磨炼中，增长本领才干，学习提升能力，行稳成长之路。

一建是个大舞台。一建发展快、机会多、人才缺，为青年员工增长见识、茁壮成长、提高能力搭建了一个广阔的大舞台。希望大家在学中干、干中学，明确个人发展定位，规划职业发展路径，尽早成为企业发展的核心骨干力量。希望每个人用心呵护心中的美好梦想，通过自己实实在在的努力，让梦想成真，与一建同行。

2022年，集团对高端人员实施"123计划"，即博士、硕士、本科等高层次人才工作分别满一年、两年、三年之后，经考察合格的即给予岗位待遇，打破以前论资排辈的怪圈。

2022年11月21日，陕建一建集团第六分公司项目经理助理马康、第七公司项目经理助理张振宇分别被提拔为所在公司副总工程师。这在年轻职工甚至全集团都引起了不小的震动。按照惯例，任职分公司副总级别，一般要经过5年左右历练和培养，而张振宇2020年7月入职，马康2021年7月才入职。

不过了解情况的人知道，张振宇是清华大学工程力学专业的硕士，马康则是清华大学土木工程专业的博士。作为陕建一建集团引进的高层次人才，两人扎根基层，在集团肥沃的土壤上汲取养分，茁壮成长，很快脱颖而出。

"技术创造价值"。张振宇在望云松间项目建立技术创造价值清单，从基础、主体、钢结构等方面共识别17个策划点，并划定实施责任人及实施时间，目前已落实7项。如通过专家论证取消大体积混凝土内部高性能2型膨胀剂和抗裂纤维，每立方米可节省成本约75元，目前云松间和望云松间项目已累计浇筑大体积混凝土4.5万立方米，累计节约工程成本约337.5万元。在超高层钢构深化设计方面，重点考虑土建与钢结构的碰撞冲突，通过采用拉钩穿孔免焊、优化模板拉杆等措施，单层节约成本32万元。张振宇始终从最基础做起，通过精细化管理，在钢筋、模板、混凝土上动脑筋，打主意，创造经济效益。

马康在工程项目一线参与地下支护桩与工程桩的技术质量控制工作，将土钉墙施工面平整度、护坡桩施工标高、成孔沉渣厚度等指标的合格率由原先的70%提升至90%。马康完成了素混凝土结构的受压、受弯力学验算，并针对PVC管道结构提出改进优化。该支撑体系相较传统盘扣架支撑体系优点在于可保证工序穿插，不影响防水、回填土等工序施工，且节约成本。经测算每3米后浇带可节省约80元，后浇带独立支撑体系为项目部节省总成本约31万元。

过去，陕建一建集团一些人觉得建筑企业是劳动密集型企业，用不着"高大上"人才，花"重金"请来名牌大学的博士、硕士纯粹是为了装点门面，"中看不中用"。这几个年轻人的表现让人刮目相看，也彻底改变了许多人的人才观。一些分公司领导找到集团人力资源部门，纷纷提出引进高层次人才的要求。

陕建一建党委书记、董事长黄海龙表示，党的二十大提出要"坚持为党育人、为国育才，全面提高人才自主培养质量，着力造就拔尖创新人才，聚天下英才而用之。"要建设人才强国。为陕建一建集团的人才战略进一步指明了方向，集团将加速各类人才的引进和培养，尤其要加强造就符合企业发展需要的拔尖人才，创新人才，为集团高质量发展做好充分的人才准备。

文能提笔安天下，武能上马定乾坤。截至2023年3月，陕建一建集团拥有中高级以上职称531人，一、二级注册建造师、造价师510人，拥有全国优秀项目经理、优秀总工程师、优秀建造师30人，涌现出一批荣获"全国鲁班奖工程项目经理"的项目管理精英。

识才、爱才、敬才、用才，陕建一建集团人才吸引力和集聚力持续走高，引得进、留得住的好态势不断巩固，越来越多的"千里马"在陕建一建集团竞相奔腾。

住房和城乡建设部党组书记、部长倪虹强调，建筑行业要以人才建设为支撑，深入实施人才强国战略，强化专业技术人员培养，加强建筑产业工人队伍建设。既要有鲁班奖，也要有专业技术大比武的"武状元"，努力造就建筑领域更多大师、战略科学家、一流科技领军人才和创新团队、青年人才、卓越工程师、大国工匠、高技能人才。

平凡铸就伟大，英雄来自人民。让"英雄有用武之地"，近年来，陕建一建集团各类人才如鱼得水、如鸟归林，最大程度地发挥自己的作用，推动人才工作与企业发展同频共振，奏响了人才与高质量发展的最美和弦。在陕建一建集团这个越来越宽广的舞台上，越来越多的优秀人才将尽情挥洒，大显身手。

第四节 淬火成好钢

2018年10月21日，陕建一建集团组织开展了专业技术人员岗位知识考试。考试在陕西西安、咸阳、宝鸡、韩城、富平、汉中、安康、延安、榆林、安徽合肥、江苏徐州、山西运城、宁夏银川、青海西宁等多个考区同时进行。

千人竞技，同台比武。这次考试横跨5省1区14市，共有1394人参加考试。涵盖项目经理、技术负责人、施工员、安全员、质量员、造价员、材料员、财务员、经营员、资料试验员等10个岗位。参加考试人数多，创下历年之最。涵盖范围广，基本包含了项目上的所有岗位。

为了让大家切实重视这次技能考试，集团规定，考试成绩排在前5%的，约有70个人的岗位工资要上浮一级。成绩排名在后5%的，岗位工资下浮一级，并且集团领导要对其进行约谈。

"这是集团为加强人才队伍建设而开展的全员素质提升工程，我们不考难的、也不考偏的，就考大家平时工作中能用到的知识点，为的就是提高项目管理人员的基础知识和专业水平"，时任陕建一建集团党委书记、董事长章贵金如是说。

这项专业技术人员的"千人大考"，从2015年开始持续至今，覆盖陕建一建集团除党政工团外的所有岗位，除中层管理人员不参与外所有从业人员均须参加；省内省外所有项目均设考点，同时段考试，考试结果与工资发放、录用、选拔等直接挂钩。

磨砺出剑锋，淬火成好钢。近年来，陕建一建集团大力弘扬"永创第一"的争先精神，持续开展考核大赛、青年论坛、技术比武等一系列活动，推动形成全方位、多层次、广覆盖、重实效的竞争格局，正确引导职工成长，发现人才，用好人才，以劳动、技能竞赛为平台，激发职工劳动热情，释放职工创新潜能，激励职工主人翁精神。拓宽各种渠道，让优秀人才崭露头角，脱颖而出，成为公司高质量发展主力军。

2021年4月29日，陕建一建集团在西安国际足球中心项目举行"献礼五一喜迎五四·致敬劳动者"劳动竞赛启动仪式，旨在确保集团2021年劳动竞赛和职工技能活动更好的开展，动员广大职工立足岗位建功立业，充分发挥广大青年在生产任务中的生力军作用，促进集团生产和科技的进步。

2021年7月1日下午，陕建一建集团2021年十佳项目经理、施工员竞赛预赛在西安高新区医疗产业园项目举行，来自集团10家基层单位的项目经理、项目副经理、总工长、施工员共计40人参加考试，项目经理通过理论考试、实操和答辩三个环节，施工员预赛分为理论考试和实操两个部分，旨在激发广大职工学知识、钻技术、强本领、争先进的热情，进一步提升各项目经理、施工员的综合业务能力，发掘更多优秀项目管理人才。

2021年7月27日上午，陕建一建集团2021年度"十佳"材料员预赛考试在航天第七小学项目举行,来自一建集团各公司材料员共28人参加角逐。以技能竞赛为主渠道,加快培养一大批复合型高技能人才。

2021年9月11日,陕建一建集团科技中心、工会、团委联合举行了第三届"铁军新力量"青年BIM技能大赛。本次竞赛以促进BIM技术应用为核心,以工程建设中实际意义为出发点以建设公司BIM技术专业人才队伍为目的,以赛促学,相互交流,不断汲取新知识,为公司高质量发展奠定扎实的人才基础。比赛结果七公司匠心臻品代表队拔得头筹。

自2019年起,陕建一建集团连续举办"铁军新力量"青年BIM技能大赛,通过挖掘出一大批BIM技术人才,为企业科学技术发展及高质量转型,注入了新动能和强有力保障。

2021年9月30日上午,陕建一建集团2021年度工程测量技能大赛在东兆余项目拉开帷幕。来自集团的11家单位选派17支队伍同台竞技。为进一步提升施工现场管理人员的测量水平和技能,同时也是为了培养广大职工严谨求实的工作态度和团队协作的工作能力,以赛促学,以考促学,为集团打造更多精品工程奠定技术基础,为集团高质量发展储备更多技术专才。

2022年4月28日上午,陕建一建集团在绿地智创金融谷商办项目部召开"致敬劳动者"2022年劳动和技能竞赛集中启动仪式,集团党委副书记、总经理高雄讲话中强调,劳动竞赛和技能竞赛是发挥工人阶级主力军作用,调动职工积极性和创造性的重要载体,也是提升建设工程管理水平和建设质量的有效措施。要树立抓劳动和技能竞赛就是服务项目建设,就是助力稳增长、促发展的思想,深刻理解开展竞赛的现实意义,让竞赛活动既成为提高职工素质、推动企业发展的重要途径,又成为工会围绕中心、服务大局、履行职能的重要载体,确保竞赛赛出水平、赛出效果。

为提高施工现场管理人员钢筋翻样技能水平,同时培养职工的团队协作能力,促进项目施工生产,2022年6月16日,陕建一建集团组织开展2022年钢筋翻样技能大赛。共有11家单位16支队伍参与其中。在为期一天的紧张有序的赛程中,经过现场实操和理论答题两轮激烈角逐,充分展现出一建人精益求精的精湛技艺和扎实过硬的理论功底。

"各单位要以大赛为契机,更加关心、重视一线员工的岗位练兵活动,着力提高一线员工的操作技能和业务水平,充分调动广大员工学业务、学技术的积极性,为实现集团发展战略规划和经营、改革目标提供人才保证"。陕建一建集团党委书记、董事长黄海龙强调，集团的发展正处于关键时期，需要大量的技术人才，全集团要营造一个全员钻业务、全员大练兵，尊重知识、尊重人才的良好氛围，努力培养和造就一批素质高、技能强的员工队伍。

职业技能竞赛是充分发挥职工积极性、主动性和创造性的一种比赛形式，也是提高职工素质、促进企业发展的重要途径，更是促进人才队伍建设、构建和谐企业的重要载体，为打造高素质、高本领、高追求的职工队伍有着不可替代的作用。

2022年5月16日，陕西省人力资源和社会保障厅、陕西省总工会、陕西省科学技术厅、共青团陕西省委联合发布文件《关于2021年陕西省职业技能大赛优胜团体和优秀选手表彰的通报》，陕建一建集团荣获"陕西省职业技能大赛优秀组织单位"，成为陕建系统内唯一一个获此殊荣的单位，陕建一建集团第三公司职工韩艳洁、陕建一建集团安装公司职工高亚周脱颖而出，获得"陕西省技术能手"，这是集团职工连续第四年斩获"陕西省技术能手"荣誉称号。

陕建一建集团第三公司资料试验员韩艳洁带着满腔热情去工作，凭借腿跑得勤、嘴问得勤、脑子转得勤，先后三次参与国家优质工程奖验收，完成多个项目从开工到专项验收到项目备案，她连续多年荣获公司优秀员工，荣获2020年度西安高新区21所学校建设"优秀验收负责人"称号、荣获陕建集团2021年度"十佳"试验员。

作为一名普通焊工，高亚周任劳任怨，将工匠精神发挥在工作的每个细节，拥有丰富的污水处理厂、煤气发生站、大型商场、酒店、商业与民用综合用房及氧气站、天然气站、各种泵房等管道安装施工技能经验，2021荣获陕西省职工职业技能（管工）大赛个人第一名。

2022年9月，在由共青团中央、人力资源社会保障部联合开展的第21届全国青年岗位能手评选活动中，陕建一建集团下属的陕西建总安装工程有限公司党总支书记、经理江辰经择优遴选、严格把关和集中评审，荣获"全国青年岗位能手"。

33岁的江辰是中共党员，高级工程师，西安市雁塔区第十八届人民代表大会代表。2021年荣获陕西省"十大杰出岗位能手"、陕建集团总公司"优秀青年人才"、陕建一建集团"十大杰出青年"等荣誉称号。

2009年，从军校毕业入职陕建集团不久的江辰奔赴延安参加延安市八一敬老院项目建设，随后又参加了延安大剧院项目建设，他不惧风雨，踏实苦干，为延安赢回两座"鲁班奖"贡献了力量。

刀在石上磨，人在事上练。2018年3月，江辰作为延安分公司负责人，带领了一支近90人的年轻队伍重回延安，带着对这片土地的热爱，承接了"延安市城区综合管廊百米大道北侧管廊建设工程""延安市城区集中供热和环保改造"两大民生应急工程，面对只有短短90天的工期，江辰带领团队成员创新模式，持续奋战。他带领工人在月光下严抓焊接质量，在暴雨中用身躯抵挡冲塌的围堰，在不影响交通及群众生活的夹缝加快工程进度，最终，历时2880个小时，顺利实现两大工程全线贯通，解决了延安城区35万人、896万平方米的供暖民生难题，受到高度认可。

危难时刻显本色。2020年2月1日凌晨3点，在接到西安市公共卫生中心建设任务第一时间，江辰迅速整装，从安康老家出发，跨越近300公里的秦岭山路，一路上持续对接人员和物料，迅速召集了一支32人队伍，早上8点准时抵达项目部，迅速投入战斗。

作为陕建员工中的一员，江辰从项目施工员蜕变为项目管理者，用青春和汗水诠释责任和担当，努力绽放青春最耀眼的光芒。

2022年8月，由陕西省科学技术协会、陕西省工业和信息化厅、陕西省人民政府国有资产监督管理委员会、陕西省工商联合会联合举办的2022年陕西省企业"三新三小"创新竞赛评审结果公布。陕建一建集团7个项目榜上有名，其中，三等奖2项，优胜奖5项。

"三新"是指企业生产经营活动中使用的新技术、新工艺、新材料，"三小"是指在生产经营活动中的小发明、小创新、小改造。通过此次创新竞赛活动，陕建一建集团进一步展示了在科技创新工作方面的最新成果和发展成绩，有效提升了集团的影响力，激发了企业技术人员的热情，调动了大家的创造力，为企业高质量发展注入活力。

2022年11月15日，西安市第七届"长安建筑大工匠"职业技能比武竞赛开幕，在本次技能竞赛中，陕建一建集团第三公司韩艳洁、第七公司刘富、第六公司王和义、陕建总安装公司张涛和余伟共五人获得"长安建筑大工匠"荣誉称号，获奖数量在同类企业中名列前茅。

劳动产生力量，奋斗彰显能量。陕建一建集团在人才培养过程中，立足重大工程、重要项目、重点领域，注重在大战中磨炼人，在困难中考验人，在逆境中培养人。

1998年，黄海龙进入陕建一建集团工作，凭借永不服输的闯劲和吃苦耐劳的韧性，一步一个脚印向前走。在西安科技大学临潼校区项目，他任项目总工长，坚守工地，昼夜奔波，在工期极度紧张、施工条件极度恶劣的情况下，圆满完成任务，保证了学生们按时到校上课；在西安碑林博物馆石刻艺术馆项目，他任项目经理，精雕细琢，精益求精，带领团队协同作战，以科技引领，探索创新，最终斩获"鲁班奖"。在照金红色文化旅游名镇项目，他任总指挥，克服严寒、缺水、少电等诸多困难，风雨无阻，科学调度，创造令人称颂的"照金速度"；在当时陕西省内单体建筑面积最大、设计标准最高、基坑支护最深的万众国际项目，他带领屡创佳绩敢打硬仗的七公司施工骨干，将项目打造成陕西省第 18 次文明工地现场观摩项目……

有为才会有位，有为一定有位。黄海龙从施工员、工长、项目经理、七分公司经理、集团副总经理、集团总经理一路走来，2018 年 11 月，担任陕建一建集团党委书记、董事长。20 年踏实苦干，20 年不懈奋斗，20 年淬火成钢，黄海龙的成长，离不开陕建一建的历练和锻造，离不开他脚下坚实的大地。

在陕建一建这个熊熊燃烧的大熔炉里，一块又一块优质钢被铸造出来。

善打硬仗的于宗让，从粉刷工、预算员、项目工长、项目经理，一路风尘仆仆，风雨兼程，经受住了一个又一个严峻考验。2007 年 4 月担任第六分公司总经理，在分公司没有资金、没有项目、长期拖欠工资、濒临倒闭的情况下，他带领大家绝地反击，使六分公司起死回生，5 年时间发展壮大，晋级陕建一建集团的第一梯队。

在项目工地，总经理于宗让和所有管理人员都集中到施工一线，他和大家一块平整场地，一块卸车，雨地里穿着大胶鞋在泥泞中穿梭，晴天里顶着烈日在工地上奔走。晚上值班，实在困了就在椅子上靠一会，饿了就吃个馍馍垫一垫。于宗让用自己实实在在的行动感动了大家，也感召了大家，六公司很快拧成了一股绳，拼了命地往前冲，终于冲出低谷，走向光明。

于宗让也跟着一建一起成长，2015 年担任陕建一建集团副总经理，现任陕西建工机械化施工集团党委副书记、总经理。

2013 年，陕建一建集团六公司主任工程师王晓伟下基层担任延长石油科研中心超高层项目技术总负责，第一次接触超高层领域的王晓伟带领罗少强、行宏、刘富等团队扎在项目，仅用一个月编制出一份 24 万字的施工组织策划，为项目的落地和后期施工打下了坚实基础。

在项目中心塔楼基础超长超厚大体积混凝土筏板工程施工过程中，王晓伟带领团队攻克技术难题，不断修改完善策划方案。62 小时，75 辆罐车进出次数达 3300

余次，100余名作业人员两班倒，完成塔楼基础16000立方米大体积混凝土的一次性整体浇筑，在当时陕西省内尚属首次。项目一次性通过了中国建筑质量最高荣誉"鲁班奖"的质量验收。

在经过延长石油超高层大项目的锻炼下，成长了一大批年轻技术骨干，特别是刘富在历练之后又继续参建了陕西省第14届全运会大型综合场馆项目，担任西安奥体中心游泳跳水馆项目经理。在与大型央企目管理团队同台竞技中，刘富带领团队锁定"永创第一"的目标，从基坑开挖、桩基施工开始就坚持高标准施工，全过程践行绿色、环保、生态建设理念，创新首次采用无对拉体系的清水混凝土施工技术、底板与池壁一次整体浇筑技术等，实现最优品质。项目得到甲方"挖土像考古，打桩像绣花"的高度评价，并先后荣获鲁班奖、中国钢结构金奖、中国防水最高奖"金禹奖"等殊荣。

陕西省好青年、陕西省建筑业优秀项目经理、西南、西北八省优秀青年项目经理、陕建集团十佳项目经理、陕西省建设工程科技进步奖特等奖先进科技工作者、陕西省土木建筑科学技术奖科技工作者、陕西建工集团优秀科技工作者、"最美建设者""优秀共产党员""十大杰出青年""陕西省劳动模范"……刘富为企业贡献了青春和汗水，企业也成就了刘富辉煌幸运的人生。

延安，作为中国共产党革命根据地，是新时代中国特色社会主义的摇篮，富有历史性和创造性的延安精神鼓舞了新时代建设者在这里描绘发展蓝图。2013年，张立率领陕建一建集团第三分公司一路北上，踏上了建设延安之路。无论是最初的延安枣园文化广场项目、延安新区廉租房项目、延安保障房项目还是延安综合管廊项目，三公司的每一位员工都上下一心，全力以赴，在延安的市场份额不断扩大。

延安文兴书院山体文化公园项目是延安市重点建设项目，承担着第十一届中国艺术节分会场的角色。总经理张立亲自挂帅，与现场管理人员精准把控每一个细节，晚上坚持召开碰头会、技术交流会，落实当天问题，明确下一步工作思路和施工步骤。因工作需要，那时的张立时常独自一人驱车在西安和延安两地来回奔波，有时甚至一天从延安到西安折返两个来回。四年间，如此反复，他的那辆汽车已经开了23.6万公里，有好几次车在半途中抛锚，不得不拖进修理厂。

项目建设期间，张立带领项目管理人员三班倒，连续84个小时不停歇，浇筑5000平方米斜屋面混凝土，使得屋面一次性浇筑完成。项目团队克服重重困难，历时31天，主体封顶。4个半月提前交付使用，确保了全国文艺座谈会顺利召开，项目荣获2018—2019年度国家优质工程奖。张立的管理能力也进一步提高，工作也得到了领导和职工的一致认可,现担任陕建一建集团副总经理。

习近平总书记指出,"在长期实践中,我们培育形成了爱岗敬业、争创一流、艰苦奋斗、勇于创新、淡泊名利、甘于奉献的劳模精神,崇尚劳动、热爱劳动、辛勤劳动、诚实劳动的劳动精神,执着专注、精益求精、一丝不苟、追求卓越的工匠精神。"

对陕建一建集团来说,这个"长期实践",就是暴风骤雨的吹打,就是项目一线的历练,就是急难险重任务前的挺身而出!

这是奋斗者的时代,这是勇敢者的舞台。陕建一建这片宽广的热土,期待你的传奇、你的精彩。

第五节 传承的旗帜

1965 年 8 月,18 岁的李文选来到陕建一公司七队瓦工班,被分配到了铜川马勺沟的一个项目工地,说"天当被地当床"有点夸张,木头棒子支起来几个小棚子,上面铺满油毡和稻草,用油布把四周包裹起来,就是他们的宿舍。夏天还好,透风漏雨好对付,一到冬天就遭罪了,两边都是山的马勺沟,寒风打着唿哨,冻得人浑身直起鸡皮疙瘩,好在年轻人火力旺,李文选硬是挺过来了。

刚到工地,"小工"李文选负责给工地供料,一根扁担就是他的"运输工具",他一担又一担把砂浆、砖块等建筑材料挑到需要的地方,这根扁担一担就是三年,磨得油光锃亮。

后来李文选转战铜川水泥厂、富平陕拖厂、兴平 408 厂,慢慢地成长为班里的"主力",成长为三级瓦工,在那个抓革命促生产的年代,他无怨无悔,始终坚守在施工一线。1973 年,26 岁的李文选光荣地加入了中国共产党。

1976 年河北唐山市发生 7.8 级大地震,陕建一建人临危受命奔赴灾区援建,李文选主动请战,和大家坐了几十个小时的闷罐火车抵达唐山,在那里没日没夜奋战七十多天。虽然不时有余震,但从不觉得怕,"怕也没有用",圆满完成了灾后重建任务。

东风仪表厂、阎良飞机厂、西北大学、延安大学……李文选在一个又一个项目上默默奉献着,从不吝惜自己的体力,挥洒着自己的汗水和青春,一干就是 35年,1995 年退休前,只有小学文化的李文选已经成长为一名高级技工,是公司名副其实的"技术大拿"。

1998年，李文选的儿子李军行踏入陕建一建七公司。他征求父亲的意见，李文选说："就在陕建踏踏实实干，公司不会亏待你。"李军行在延安宾馆、西安科技大学等项目担任安全员，一步一个脚印，凭着踏实肯干和能力出众，成为七公司安全科科长，还被评为陕建"十佳安全员、陕建安全专家"。从参加工作到如今也有24个年头了，依然奔赴在项目生产一线。2018年10月，李军行成为一名光荣的共产党员。

2013年，陕建一建集团承接了总建筑面积近40万平方米的万众国际项目，是当时陕西省单体建筑面积最大、设计标准最高、基坑支护最深的标志性建筑。作为七公司安全科科长丝毫不敢懈怠，每天早出晚归，奔波在施工区域的各个作业面上。有一次，住在农村老家的老父亲李文选思子心切，只身来到西安，找到儿子的办公室，想和儿子唠唠家常。可李军行一直马不停蹄地穿梭在工地上，直到暮色降临，等了一天的李文选失望地准备离开，李军行才冲回办公室，大喊一声"爸"，两代陕建一建人紧紧地抱在一起。

2020年，陕建一建奉命抢建西安公共卫生中心项目，李军行第一时间上交了请战书，为了更快掌握现场实际情况，他提前一天去项目现场查看，并形成了初步的安全管理思路，进场时他就提出将安全管理理念运用到工程建设中，从人员入场、专项教育、临时用电、机械管理、起重吊装管理等方面入手，编制检查验收表格，编制安全工序管理流程，责任落实到人。白天安排完所有的工作后，他不放心，常常要在晚上留守至深夜巡场完后才回去休息。

2017年，李军行21岁的女儿李莎莎大学毕业，征求爸爸的就业意见，李军行说："就在陕建认认真真干，肯定有发展"。李莎莎入职陕建一建三公司，发挥自己工程造价和工程管理专业特长，在项目一线担任预算员，凭借着认真仔细和无怨无悔的工作态度，在本职岗位上发光发热。

预算工作是事关项目利润的关键环节。西安高新区医疗产业园项目是过程审计，工期紧任务重，李莎莎在与审计核对过程中，在追求速度的同时也追求精度精细，"斤斤计较"，确保颗粒归仓。

李莎莎在工作中是个有心人，她提出，招标专员、材料员应积极主动与预算员沟通，对一些不常见的材料或专业承包牵扯的材料应及时查阅信息价、市场价，招采需要深入市场、了解行情，将购买价、市场价、定额价、信息价、中标价等几种单价进行对比，控制成本，提高收入。"一建就是我们的家，一建好了大家都会好。"朴实的话里充满感情。

奋斗是青春最亮丽的底色，对企业的热爱体现在方方面面。在陕建一建年度演讲比赛中，李莎莎时而激昂，时而温婉，以出色的表现荣获"陕建一建集团2019年企业精神、企业名片"演讲比赛三等奖、"陕建一建集团2020年我的成长大赛"一等奖。

时代各有不同，奋斗一脉相承。一家三代，三名共产党员，都把青春和智慧奉献给陕建一建，都在陕建一建的土地上锻炼成长，他们都把对企业深厚的感情寄托在对工作热忱和坚守上。凭借"长江后浪推前浪"的情怀，在实现集团发展壮大的赛道上一棒接着一棒跑。

没有豪言壮语，没有惊天动地，一代又一代陕建一建人薪火相传，默默耕耘，与企业同进步，共命运，就像一棵棵树木，把"根"深深扎进陕建一建集团这片广袤而厚重的沃土，枝繁叶茂，生机勃发。

1980年，西安城墙外还是大片农田，刚当了一周抹灰工的16岁少年孟军汉疲惫不堪，打起了退堂鼓。父亲沉默良久，一句话就断了他的念想："你必须留在陕建，没有一技之长怎么安身立命"！那坚定的话语威严又不可抗拒。

父亲在工地上与孟军汉朝夕陪伴100天，用行动默默地告诉他，苦干才是真谛，终于让他鼓起勇气扎下了根。3年学徒、10年抹灰，一把抹灰刀重复无数遍，孟军汉用最淳朴的坚持将对父辈的传承坚守化为终身热爱。

孟军汉的父亲是"建四师"的老战士，战争年代，转战南北。1955年转业来到陕建一建，从此坚守一线，无怨无悔。1976年唐山大地震，1977年延安发生罕见特大洪水，他同千余名陕建一建儿女闻令而动，抗震救灾，从黎明干到深夜，有一天他一人就搬运了300多袋沙子，直到筋疲力尽。在陕建一建，他用木工锤敲打了22年，为企业默默奉献着。

从抹灰工到工长，从项目经理到分公司主管生产的副总经理，一路走来，孟军汉经历了康养项目、大型住宅、一流学校、大体量精密厂房、办公用房、"十四运"体育场馆、亚洲国际足球中心、超高层、公共服务中心等项目，他边干边学，一步一个脚印，逐渐成长为技术能手，管理行家。

"不深入现场怎么建好项目"是孟军汉挂在嘴边的一句话。为确保施工进度，他带领项目管理团队争分夺秒地工作，工地上留下了他辛勤的足迹。"周六保证不休息，周日休息没保证"。无论多忙，他都要到工地去查看，了解项目进度；无论多累，他每天早晨7点钟准时到达项目对现场进行巡查。

心中有信仰，脚下有力量。2021年，陕建一建集团一举中标温州鹿城广场项目，这是陕建目前在建的第一高楼，也是温州新地标。面对前所未有的挑战，年近六旬的孟军汉主动请缨，他说，毕竟自己在项目上摸爬滚打大半辈子了，多少积累点经验，就把职业生涯最后时光奉献给集团的最高建筑吧。集团领导被他的真诚打动，孟军汉离开故乡，离开亲人，来到生活极不适应的南方，开始挑战自己人生的新高度。

2021年，在建党100周年之际，孟军汉荣获陕建一建集团优秀共产党员称号，和他一同获奖的还有他的儿媳，集团第八分公司职工张帅。

柔肩担重任，实干绽芳华。看起来瘦弱文静的张帅却蕴含着巨大的能量。作为集团第八公司综合管理科科长的张帅，不仅扎实高效地做好办公室工作，还把劳资管理工作做得井井有条。除此之外，她还拥有党务、纪检、工会干事、团委委员等多重身份。以不让须眉的冲劲、女性独有的干事韧劲和事事追求完美的工作拼劲，赢得大家交口称赞，也赢得一项又一项荣誉。

"看到前辈那么拼，我们没有理由不努力。"张帅的话朴实而坦诚。2020年的寒冬，她和公公孟军汉同时出现在西安市公共卫生服务中心项目现场，一起奋战9天9夜。2022年，他们再次一起出征，奋战在集团建设应急医院的第一线。因为她们的胸前，都闪耀着共产党员的徽章，因为她们都拥有一个共同的名片：陕建一建，建筑铁军。

1995年冬天，唐碧蔚出生在陕建一建的家属大院里，记忆中，那时的院里除了几个主干道外全是土路，遇到雨雪天气，更是泥泞不堪，举步维艰。家属院里小平房一排一排紧紧挨着，低矮又逼仄。一家五六口人挤在一间平房里生活是常态，有的房外还有一间用油毛毡顶做成的小厨房，每天交织的是锅碗瓢盆的敲击声和邻居喝骂孩子的训斥声，温馨而嘈杂。

唐碧蔚记得，小时候爷爷曾说，他们那批人都是光荣的中国人民解放军"建四师"战士，参加过淮海战役、解放芜湖战役，能活下来都很幸运。爷爷出生在一个家境不算差的大家族里，他是最受曾爷爷的喜爱的小儿子，但在国家有难之时他不顾家人的反对，毅然从军报国，为建立新中国冲锋陷阵，立下汗马功劳。

后来爷爷响应国家号召转业到陕建一建集团，放下刀枪拿起瓦刀。刚到公司时他什么都不懂，一切都要从头学起，但他从军多年磨炼的意志让他遇到困难从不退缩。那时的施工现场很少有什么技术、工法可言，更谈不上先进设备，主要靠肩挑手推，建起一栋栋楼房。

唐碧蔚的外公也是陕建一建的老员工，负责调动工作、户籍、招工、退休办理等工作，一辈子与文字资料打交道的他，刚进公司的时候大字不识几个，可他特别有韧劲，当学徒的时候每天都打个手电筒窝在被窝里补习文化，就这样，外公文化水平逐渐提高，还练就了一手漂亮的钢笔字。在那个没有电脑没有打印机的时代，外公一笔一画记录了所有人的档案资料。

外公不仅为人和善热心，而且特别敬业。每当有员工办理退休手续时，他都会仔仔细细地将资料一遍遍核对、登记，最后再亲自将退休证送到员工手里，无论严寒酷暑，一辆自行车叮叮当当地响彻在街上，他送去的不仅是一本证件，更是他对工作的一份热情和对员工的关怀。

唐碧蔚的爸爸妈妈都是陕建一建的职工。他们说，以前单位采购的施工材料，需要一家家去比对了解行情，他们工作的时候基本靠步行，自行车已经是奢侈品了。炎热的夏天，绿豆汤和一台老式风扇就是他们工作一天后最大的幸福。

斗转星移，万象更新。随着公司的逐步强大，陕建一建的办公环境也有了翻天覆地的变化，灰暗的建筑已被通体透亮的明黄色代替，气派的大门入口、新潮的喷泉广场、象征成绩的荣誉室、能够容纳几百人的大礼堂以及可以举办唱歌比赛的多功能厅，这所有的一切都在悄然蜕变。

陕建一建的家属院也在日新月异中脱胎换骨，平房早已不见踪影，带着电梯的居民楼鳞次栉比，规划有序，道路全部硬化，两旁种满了花草。职工们都有了自己的住房，小轿车已经成为平常的代步工具。

生于斯，长于斯，奋斗于斯，充盈于斯，看到陕建一建在一代代建设者手中不断变化，怀揣着对一建集团特殊的情感，唐碧蔚毅然回到了这里，继承前辈的事业，从他们手中接过铁军旗帜，为这面旗帜增添新的色彩，用三代人的力量传承守护一建的铁军精神。

在陕建一建集团五公司，有这样四代师徒——何铜川、张宁波、唐凡、张笑笑，徒弟入职的第一份礼物都是一把钢卷尺，师傅每次都会再三告诫：卷尺不仅是测量施工现场安全距离的必要工具，也代表着分寸与尺度，代表着精准与质量，要时刻记住自己的职责和使命。

无论在施工一线或指挥全局，大师傅何铜川的钢卷尺总是不离手，有一次徒弟张宁波不小心弄丢了自己的钢卷尺，何铜川师父便送他了一把崭新的钢卷尺，并叮嘱道："娃呀，咱一定要收好咱吃饭的家伙，更要守好心中的责任。"

2022年，公司接到建设港务区应急医院的紧急命令，师徒四人都义无反顾地参加了这场抗疫大战。要在7天内、完成1570间隔离病房的建设,难度可想而知。与时间争分争秒,现场的每个人都想快一点,再快一点,师徒四人更是一刻也不放松,他们手握小小的钢卷尺,精准放线、精确施工,大师父何铜川告诉"徒子徒孙",每一次卷尺的收缩都是将设计图纸在项目上精准地表达,差之一毫谬以千里。

七天七夜,师徒四人在同一工地各自不同的岗位上风雨与共,并肩战斗,35栋楼1570间隔离房全部搭设完成,共同打赢了这场攻坚战,他们手中紧握的小小的钢卷尺,已经成为陕建一建人代代相传、常新常亮的金字招牌。

13年来,小小的钢卷尺作为一份特殊的礼物在四代师徒间传承,他们亦师亦友携手走过风风雨雨,传承的不仅是一个不起眼的卷尺,更是陕建一建人专注执守、精益求精的匠心品质。

"陕建前辈们,您好!我是2019年7月加入陕建一建大家庭的一名财务人员,和曾经的你们一样,我一边憧憬着未来的样子,一边小跑着闯进一建集团的大门。我无法确切的形容当时那种感觉,只能将内心洋溢的热情和小跑来的汗水都挂在这青春稚嫩的脸上,而脑海中不断有声音隆隆作响,告知我以后会用一辈子来缅怀这个时刻,来怀念这里的人和事。"

这是一个叫张若凡的23岁男孩写的《给老一辈陕一建人的一封信》,作为陕建一建集团陕北公司出纳员,虽然入职时间很短,但他对企业却充满真情,字里行间,无不显露出对前辈的敬仰和对企业的忠诚。

"在孩提时代,我有一个喜欢'卖弄'历史的爷爷,不厌其烦地讲着同一段故事,孩时的我虽然听不懂爷爷在说什么,但我能看到爷爷下意识嘴角上扬和脸颊浮现的自豪。后来爷爷老了,连年患病让他连说话都很费力气,记得有一次爷爷以前的同事老友们来探望,闲聊中提起'老一建'的时候,我看到爷爷的眼眶湿润了,那泪仿若是初春里的暖阳拥有融化冰川的力量。在这一刻,我觉得发出光芒的不仅仅是太阳,还有爷爷那深情的目光,我想这就是爷爷对自己曾作为建筑人的倔强。"

"在过去异常艰苦的环境中,我们陕建一建人却创造着一个又一个奇迹,我们开山辟地,拦河筑坝,将一根根钢筋变成坚固的铜墙,将一袋袋水泥筑成牢固的铁壁。脚手架上我们拧紧梦想,搅拌机上我们挥洒着青春。我们陕建一建人,无愧于天地,却唯独愧于家人,月圆之夜,多少坚守工地的七尺男儿泪湿满襟。"

"'继承奋发兴伟业、保持荣誉代代人。'每每唱起高亢激越的《司歌》,我的内心都会像云卷风驰般澎湃,宛若一道光亮划破黑夜,点醒我们年轻一代的远方和希望,也同时在警醒我们脚下的荆棘和前方的风浪。'务实执着、永创第一',在老一辈陕一建人用青春和汗水凝聚的企业精神下，我们也将追随着你们，迈入到那一代又一代陕一建人前仆后继的道路上。"

"前辈们，您还好吗？也许我们虽不曾相见，也未知姓名，可我还是很想念你们，就像你们想念那座'黄楼'里曾发生的点点滴滴，你们不会丢下那些回忆，我们不会忘记你们，陕一建更不会，那林立在栋栋高层中任凭雨打也不动摇的'黄楼'、那迎风展翅久经风雨洗礼的陕建大旗就是铁证。"

"传承不守旧，创新不忘本。请你们相信我们后辈们会牢记身上的使命、传承一代一代凝练的铁军精神，因为这里有你、有我、有他，有我们每一个站立的陕建人。年华易老，精神永存，笔落至此早已哽咽。谨以此文致敬那些正在一线奋斗或那些早已隐退江湖曾为陕一建默默付出的前辈们。希望前辈们共同见证属于我们陕一建人更为辉煌的篇章。"

一天天地融入陕建一建集团大家庭的张若凡被前辈们跋山涉水、奋斗牺牲的精神所感动，也真切感受到自己作为大家庭新成员肩上所担负的沉甸甸的责任。这是写给老一辈陕建一建人的一封信，也是年轻一代把革命旗帜扛到底的铿锵誓言。

2022年11月16日上午，陕建一建集团办公楼里热闹非凡，数十位在陕建一建集团发展史上做出了重要贡献的老领导和老职工代表来到公司"探亲"，抚今忆昔，感慨万千。

一个、二个、三个、四个……在企业展览馆荣誉殿堂，几个老同志饶有兴致地数着整齐排列的鲁班奖"小金人"。这曾经是一代一代陕建一建人梦寐以求的荣誉，如今金光闪耀，伸手可触，令老同志格外兴奋，由衷地为企业的发展壮大深感自豪。

"你们是集团历久弥新、接续传承的见证者，也是集团蓬勃发展、再创辉煌的奠基人。"黄海龙深情地说，他代表集团现任领导班子，对各位公司元老"回家"表示热烈的欢迎，并汇报了集团近年来的发展变化。

故地重游，旧貌新颜。大家参观了展厅、大礼堂、食堂、办公区等地，跟随讲解人员的讲述，对集团历年来获得的诸多荣誉以及目前在建的超高层、大型体育赛事场馆、省外重点项目等精品工程进行了解。

黄海龙表示，走得再远，也不能忘记来时路；发展得再快，也不能忘记老领导老职工们曾经打下的坚实基础。今天，陕建一建人正是踏着前辈的足迹接续向前，将时刻铭记老领导们殷殷嘱托，为把集团打造成国内一流建筑企业而不懈奋斗。

随后，老同志一行来到曲江·云松间项目建设现场。通过参观，大家从施工亮点、科技创新、科技馆、现场实体质量、安全管理等方面对项目有了充分的了解，并纷纷表示陕建一建集团的项目一线精细化管理做到了扎实、细致、专业、创新和与时俱进。花园一般的施工现场、神奇的造楼机让老同志们啧啧称赞，不时伸出大拇指。

陕建一建集团纪委书记、工会主席程华安表示，陕建一建集团取得的成绩，是一代代陕建一建人以铁军传承、以奋斗筑梦、以实干圆梦，接续奋斗的结果，老一辈一建人为公司改革发展辛勤工作了一生，艰苦奋斗了一生，无私奉献了一生，把最宝贵的青春年华献给了公司、献给了建筑。希望让新一代年轻的一建人能够学习老一辈不怕苦、不怕难、勇往直前的拼搏精神，接过接力棒，在一线建功奉献，做出更多更优异的成绩。

老领导们满怀深情，回顾70年来陕建一建人艰苦奋斗、自强不息的峥嵘历程，为集团蓬勃发展屡创历史新高、职工幸福指数持续攀升感到由衷的高兴，为集团在改革发展中取得的系列重大突破感到无比振奋，为集团全心全意为职工谋福利、为企业谋发展而欣慰不已，并对集团未来的发展提出了殷切期望。

仰望黄楼门前高高飘扬的司旗，一位耄耋之年的老同志动情地说，"看到我们陕建一建不断发展壮大，旧貌换新颜，我们这些曾经为企业倾注过心血的老同志倍感欣慰，也倍感自豪。"

薪火相传能长久，星光灿烂必百年。走过70年风风雨雨，陕建一建集团汇聚了无数人的感情、心血、翙冀，在一代一代建设者手中延续，发展，壮大，就像一条越来越宽阔的河流，涛声激越，奔腾不息。

第九章

运筹帷幄

锐始者必图其终，成功者先计于始。

市场弄潮，不仅要靠勇气和决心，更靠智慧与谋略。
管理无止境，永远在路上。项目管理全覆盖，牵一发而动全身。
风险与利益共存，激发整个项目团队潜能，没有最好，只有更好。
全员考核，一个都不能少。人人身上有指标，千斤重担大家挑。
让每个人都有压力，每个人都有动力，凝聚成万众一心的强大合力。
"现场就是市场"。干一个工程，树一座丰碑。品质铸造品牌，品牌赢得市场。
开疆拓土，外面的世界很精彩。走出去，闯出一片新蓝海。
打造狼性文化，培养狼性团队。以凝聚力提升战斗力，陕建一建，每个人都了不起。

第一节　牵住项目管理"牛鼻子"

1978年12月，以党的十一届三中全会为起点，中国人民进入了改革开放和社会主义现代化建设的新时期。市场经济开始萌动，长期在传统的计划经济体制下的企业开始寻找新的出路，新的突破。

从新中国成立以来，我国的建筑产业一直是根据分配的建设计划来施工，但僧多粥少，人浮于事，"吃不饱"现象长期存在，这一切似乎都成定律，企业似乎只能等米下锅，不温不火、不死不活地支撑着。

改革开放，春风浩荡，逐渐打开了人们的视野，拓展了人们的思路，许多企业开始探索突围之路。

陕建一建和众多建筑企业一样，也在不断思索和探寻，如何打破延续多年的"大锅饭？"如何更好地调动每一个人的积极性和创造性？如何改变过去的粗放式经营为精细化管理？

多劳多得，少劳少得，不劳不得。把收入与业绩挂钩，与产品质量挂钩，与工作成效挂钩，开始成为越来越多企业的共识。

1980年，陕建一建公司制定了《全优综合降低成本提成奖具体规定》，"改革奖励制度，把奖励同经营成果挂起钩来。"结果取得了超出预想的效果。

1981年，公司又在上年实践的基础上，制定了《定包创优奖励办法》，各单位普遍反映这项制度对调动职工积极性，提高工程质量有一定促进作用。

1983年，在山东济南召开的全国建筑工作会议上提出了《全国建筑业体制改革大纲》。7月，城乡建设环境部颁布了建筑安装工程招标投标试行办法，率先把建筑业推向市场，政府再不给建筑企业分配施工任务，对建筑工程发承包实行招标投标办法。

同年10月，为了适应全国建筑市场改革的新形势，陕西省政府决定政企分离，将陕西建筑工程局从政府序列中剥离出来，改名为"陕西省建筑工程总公司"。陕建总公司从市场经营、生产计划等8个方面向其旗下的包括陕建一公司在内的各子公司下放了自主经营权，将它们强行推上了市场。就这样，陕建一公司一步步成为自负盈亏、独立经营的法人单位。

1984年初，六届人大二次会议针对建筑业的改革指出，建筑业实行多种经济责任制的核心是招标承包制。招标承包制改变了实施基本建设项目用行政办法分配任务的形式，确立了建设单位与施工企业的交易形式，这是从计划经济向市场经济转换的基本标志。

面对新形势，陕建一公司不等不靠，走向市场，1984年10月，全省建筑工程项目实行招标投标制，陕建一公司作为全省第一个中标单位夺得西安高压电瓷厂4060平方米厂房项目，跨出了走向市场的第一步。

此后又承揽了陕棉10厂、西安钢厂、蒲城电厂、西安果品公司等单位的厂房和冷库工程，承接了止园饭店主楼、西安宾馆二期、延安大学、延安宾馆等公用民用工程，还走向国外，参加也门共和国马里旅馆、扎马尔居民住宅群和也门国家观礼台等国外工程建设。

企业经营机制的转换与改革，调动了企业内在经营活力和职工积极性，创造了陕建一建集团历史最好生产成绩和经济效益，1986年集团总产值创建司以来最高达4123.3万元，特别是西安宾馆二期被评为陕西省质量优秀工程，改变和结束了集团施工的工程是"俄罗斯的大姑娘—结实但皮肤粗"的形象，走向质量兴企之路。1985年4月29日省城乡建设环境保护厅批准陕建一建集团为建安一级企业。

关山千里远，而今启新程。

1984年4月，日本大成公司在位于云贵交界处，黄泥河下游的装机60千瓦的鲁布革（布依族语：山清水秀的地方）水电站引水隧洞工程招标投标中，一举战胜中国、日本、挪威、意大利、美国、德国、南斯拉夫、法国等八个国家承包商，日本大成公司以低于标底43%的低价中标，获得引水隧洞工程的总承包权。

鲁布革水电站项目是当时国家重点工程，大成公司派到中国来的仅是一支30人的管理队伍，从中国水电十四局雇了424名劳动工人。他们开挖23个月，单头月平均进尺222.5米，相当于我国同类工程的2至2.5倍；在开挖直径8.8米的圆形发电隧洞中，创造了单头进尺373.7米的国际先进纪录，达到了工程质量好、用工用料省、工程造价低的显著效果，创造了隧洞施工国际一流水平，成为我国第一个国际性承包工程的"窗口"。

鲁布革工程管理中所展现出的奇迹在于产生了先进的管理机制，精干的项目班子，科学的施工方法，有序的作业现场，高效、低耗、优质的项目管理理念，给当时我国工程建设领域"投资大、工期长、见效慢"的弊端和施工管理体制以巨大的冲击。"鲁布革冲击波"将"项目法施工""项目管理"等全新理念和模式带进中国。

1985年11月，国务院批准鲁布格工程之厂房工地率先进行项目法施工的尝试，参照大成公司鲁布革事务所的建制，建立了精干的指挥机构，使用配套的先进施工机械，优化施工组织设计，产生了我国的"项目法施工"的雏形。

"项目法施工"立竿见影，提高了劳动生产率和工程质量，加快了施工进度，取得了显著效果。到1986年底，历时十三个月，不仅把耽误的三个月时间抢回来，还提前四个半月结束了开挖工程，安装车间混凝土工程提前半年完成。彻底改变了过去"投资无底洞，工期马拉松"局面。

鲁布革工程"一石激激起千层浪"。1987年6月，在国务院领导同志前期视察工程的基础上，召开全国施工工作会议，要求有关部门对鲁布革工程管理经验进行总结，在建筑行业推广。

1987年10月28日，国家计委、国家体改委、劳动人事部、中国人民建设银行、国家工商行政管理局联合发布了《关于批准第一批推广鲁布革工程管理经验试点企业有关问题的通知》。

《通知》指出:"推广鲁布革工程管理经验的根本途径在于深化施工体制改革,同时确立施工管理体制改革的总目标,即有步骤地调整、改组施工企业,逐步建立以智能密集型的工程总承包公司(集团)为'龙头',以专业施工企业和农村建筑队为依托,全民与集体、总包与分包,前方与后方,分工协作,互为补充,具有中国特色的工程建设企业组织机构。"

曾任中国建筑业协会副会长兼秘书长吴涛总结概括了中国工程项目管理基本框架体系的深刻内涵:工程项目管理的主要特征是"动态管理、优化配置、目标控制、节点考核";运行机制是"总部宏观调控,项目授权管理,专业施工保障社会力量协调";组织结构是"两层建设、三层关系",即管理层与作业层建设,项目层次与企业层次,项目经理与企业法定代表人,项目经理部与劳务作业层的关系;推行主体是"两制建设、三个升级",即项目经理责任制和项目成本核算制,技术进步和科学管理升级、总承包管理能力升级、智力结构和资本运营升级。

推广"鲁布革"工程管理经验的重要历史意义,就是它作为建筑业改革的起始点,开启了我国工程项目管理事业,带动了建筑业整体的革命性变革,成为中国建筑业改革的里程碑。2017年9月,在"纪念国务院推广鲁布革工程管理经验30周年"活动上,时任第十届全国人大环境与资源保护委员会主任委员毛如柏表示。

1992年的党的十四大正式宣布:"我国经济体制改革的目标是建立社会主义市场经济体制","要使市场在社会主义国家宏观调控下对资源配置起基础性作用"。这标志着我国经济体制的根本变革有了明确的目标。

为了加快推进项目管理制改革,20世纪90年代初,陕建总公司开始宣传和要求项目承包管理。项目经理部有权选择技术和管理人员,有权在市场上选择所需的专业分包和劳务分包队伍。

1995年,陕建总公司专门邀请了中国项目承包管理研究的发起人之一,也是当时中国建筑业协会项目管理委员会秘书长吴涛,来陕宣讲项目管理的基本理论、基本原则和基本做法。

此后,"项目管理"作为一项企业管理的主要任务,在每年的工作会议上部署,在年终工作总结时要检查。持续加力的推动,使得项目管理理论逐步成为管理者和全体职工的共识。项目承包管理的成功经验,鼓励了更多企业和项目经理参与到实践中来。

在全国建筑业轰轰烈烈开展项目管理改革的大背景下，在陕建总公司的强力推动下，陕建一建也在不断探索项目管理新路径，新方法。

2002年，陕建一建通过开展"项目管理年"活动，新开的工程基本都按照《项目管理实施办法》签订了项目管理责任书，也涌现了许多在这方面做的好的单位。

第六分公司承建的杨凌田园居16、17、18号住宅楼工程，规范实施了项目管理，工程主体封顶后，公司项目管理委员会对项目成本的责任目标进行考核，其工程成本降低率达7.34%（指标为1.5%），这是公司实施新的项目管理办法后考核的第一个项目，取得如此好的成绩，为公司进一步完善项目管理、加强成本核算提供了有力验证。

与此相反，第四分公司承建的西安石油学院思远综合楼工程，虽然在工程质量、文明施工方面取得了良好的成绩，但由于没有很好落实公司关于加强项目管理的规定，没有对项目成本进行有效的过程监控，造成项目管理混乱，工程成本严重亏损。

项目管理的实践事例，也充分说明实施项目管理的必要性和重要性。其正反两方面的经验充分证明，实施项目管理是目前建筑企业进行施工管理最为有效的办法，是建筑企业提高效益的有效途径，必须不折不扣地坚决贯彻执行。

2007年，针对分公司近年来落实项目部、项目经理责权利不到位状况，陕建一建公司结合项目管理办法，加大了项目部责权利和项目经理承包合同签订制度的落实力度，完善了激励措施。

为进一步规范项目管理，2009年，陕建一建公司修订了项目的总、分包协议书、目标责任范本及相关要求，规范了总、分包行为，明确了项目部的责、权、利。为加强过程成本控制和分包管理，成立了招标管理部，制定了《招议标管理办法》和《分包合同管理办法》，对劳务、材料等分包进行专门管理，规范分包管理行为，提高了工作效率。

2012年，陕建一建对分公司采用工程项目的责任目标管理模式，公司层面的管理重点放在提供服务和风险防范方面，分公司负责对项目的全面目标管理，使责、权、利更加明晰。在新出台的《工程项目目标管理规定》中，公司要求所有项目都要签订责任目标书，缴纳风险抵押金，降低项目风险，核心是要从制度上给予基层单位充分的活力，给予基层主要管理者实现自我价值的平台，解决"为谁干"的问题。

2013年，陕建一建新的项目管理办法进入全面执行阶段，确定了实行项目责任目标管理七个团队成员的名单及风险抵押金缴纳比例，完成了风险抵押金中股权与房产抵押内部手续的办理，对实物资产进行了盘点。6月28日，陕建一建集团完成了与七个团队82个项目目标责任书的签订。为解决及时考核兑现的问题，集团成立了专门的核算部。

"是骡子是马拉出来遛遛。"2013年，集团把在建的所有的联营、自营项目放到一起比较竞争，集团各个部门在季检通报中图文并茂，项目的优劣一目了然，并强制排名，营造一种你追我赶的竞争氛围。干得好的项目经理腰杆挺得更直，排名落后的项目经理不好意思，攥紧拳头暗中发力追赶。同时也为所有项目经理提供一个相互交流、沟通学习的渠道，从而提高集团项目管理整体能力。

2014年，为了使项目管理过程全面受控，集团每季度对所有项目的质量管理、安全生产、文明施工、企业标识、分包管理、成本管理等方面进行检查，对于发现的问题及时进行整改，杜绝各类隐患。通过检查、评比、排名、通报、奖罚等手段，鼓励先进，鞭策落后，力求达到项目的同质化管理，有效控制了项目在建过程中的风险。

2015年3月，时任陕建一建集团总经理解静参在集团一届二次职工代表大会上对集团强化对项目检查、督差纠偏的"良苦用心"进行了解读"'木桶效应'告诉我们一个组织的整体素质高低，不是取决于这个组织的最优秀分子的素质，而是取决于这个组织中最一般分子的素质，取决于'短板'。对于集团而言就是要时刻关注差的项目，重点支持发展薄弱的项目，从而使得整个集团一盘棋，协调发展，共同进步。"

对季度检查排名后十位的项目，陕建一公司指定专人，限定时间，进行督办整改。财务部门反复筛查确定出的效益最差的若干个项目进行深度成本分析，找出原因，制定措施，确保督办整改落实。

如何进一步创新管理机制，提高项目管理人员的积极性和能动性，从而提升全集团工程项目管理的盈利水平？陕建一建人始终在实践中探索，在探索中大胆尝试。模拟股份制这个全新的概念应运而生。

2015年，按照"利益共享、风险共担、核定基数、超额分成、多缴多奖"的原则，陕建一建集团制定了《陕建一建集团项目施工模拟股份制实施方案》，其核心就是模拟参照股份制办法，把项目团队变成"股东"，收益直接与项目盈亏挂钩。

面对新生事物，有人议论纷纷，有人疑虑观望，为了验证模拟股份制的实效，陕建一建集团首先选择了江西阿南食品生产基地项目进行试点。

起初,该项目经核算后项目几乎没有利润,推行模拟股份制举步维艰。陕建一建集团按照模拟股份制实施办法的规定,要求领导带头入股:项目经理参股份额不得低于总股本的30%,生产副经理以及技术负责人参股份额不得低于总股本的10%。这一举措消除了职工疑虑,给项目注入了强大的信心,先后共有22人交纳股金总计150万元。

参与者与项目利益休戚相关,荣损与共,形成了牢固的责任和利益共同体,主人翁意识空前高涨,上至项目经理下到普通施工员、材料员乃至质量员,都开始下意识地关心项目成本,关心工程质量,大家的责任心显著增强。

项目购置临设设施本是行政采购部门的事,但江西阿南食品项目部的材料主管却管起了这份"闲事"。他仔细算账对比,认准租赁集装箱板房比从西安运旧房或购新房都划算,于是就建议项目部16间临时用的活动房、空调、床等全部租赁,仅花费9万元,比购置新的一下子节约近20万元。

该项目2015年3月开工,当年8月就完成了总计17188平方米的全部施工任务,工程不但质量好,工期还提前了整整45天。

心往一处想,劲就会往一处使。结果可想而知。在工程主体土建部分已竣已结完成后,按照目标责任书的相关约定,项目部分红为131.61万元,集团第一时间全部予以兑现。

相比项目建设初期测算时几乎接近于零的利润,这一次艰难的模拟股份制试点取得的成效是巨大的,不仅提振了士气,增强了凝聚力,也坚定了集团推行模拟股份制的决心。

2016年,陕建一建集团在所有新开项目及符合要求的项目中全面推行模拟股份制。按照考核节点,实行模拟股份制的11个项目向参股成员兑现分红收入总计达615万元。经测算,这些项目向公司及集团上缴的管理费平均比例达到9%。

真金白银极大地激发了广大职工的生产热情和管理积极性,为集团深入推进这一运行模式夯实了基础。

实施模拟股份制的关键在项目经理,陕建一建集团要求模拟股份项目经理必须公开竞聘上岗,优中选优。竞聘人结合项目情况进行演讲,阐述自己的优势与不足,对项目管理(包括成本、工期、质量、安全、文明施工等)目标的承诺以及实现承诺的保证措施。领导、专家公开评议,现场打分,优胜劣汰。

2017年,模拟股份制继续打造多赢局面。全年集团自营新开项目模拟股份制覆盖率达到100%,共有15个项目进行兑现,累计兑现18次,实际兑现金额

936.11 万元，股本金收益率达到 39%。

通过按节点及时落实考核兑现，职工们获得了实实在在的收益，职工收入相比未实行模拟股份制时大幅度提高，项目成本控制更加有效，有力地提高了项目的整体效益，形成集团、子公司、项目部职工三方共赢的良好局面。

新形势，需要新思路。新阶段，需要不断优化战略，谋而后动。2019 年 3 月 2 日，黄海龙在陕建一建集团二届一次职代会上的引用了古人："不谋万世者，不足谋一时；不谋全局者，不足谋一域"的观念，强调集团各级"一把手"要善于站在战略的高度分析和处理问题，要努力增强统揽全局的能力。学习对标企业的战略思维和战略眼光，提高班子对全局性、长远性、根本性的重大事件进行谋划的能力。科学制定战略目标，认真分析发展环境，周密论证发展路径，精准制定工作措施，夯实基础确保完成。

纵观当前大势，黄海龙认为，建筑行业马太效应不断凸显，强者越强、弱者越弱。如何在激烈的竞争中突出重围，是摆在许多企业面前一道共同的难题。对陕建一建集团而言，一定要坚持差异化发展战略，打造一建的特色和亮点。在项目构成方面，要提高房建以外项目的占比，利用好市政特级资质，做大市政版块，打好安装这张王牌，加强顶层设计，破解发展难题。总结交大创新港项目经验得失，一鼓作气，做强装饰装修。

企业的发展战略该由谁去想？谁来抓？怎么抓到位？作为企业带头人，这个问题一直是黄海龙在深度思考的方向性问题。他认为，企业改革发展部要充分发挥智囊作用，履行参谋职能，牵头制定集团发展战略，为领导决策提供科学依据。各级领导干部应在实际工作中培养和运用战略思维，要有大局意识，多思考事关企业发展的大问题，因为关注的问题大，心中时刻装着全局和长远，才能登高望远。

黄海龙认为，企业在战略制定阶段，应该充分运用管理科学的战略分析方法，力求战略方案科学可行。在战略执行阶段，既要有明确的战略目标、战略重点、优先顺序、主攻方向、工作机制、推进方式和时间表，又要善于根据内外环境变化及时调整战略方案，保持战略方案与时俱进。

2019 年，根据总公司上市要求，陕建一建集团的"模拟股份制"转换为"项目管理目标责任制"，土建、安装、市政路桥、装饰等项目全数覆盖。期间共考核项目 240 余次，奖励金额 9032 万元，极大地调动了职工的积极性，项目利润大幅提高。

2020 年，陕建一建集团项目管理体系继续高效运行。以季度综合检查及通报会为抓手，持续加强集团对项目的整体管控。实行所有项目全覆盖的季度综合大检查，通过制定标准、总结亮点、查找问题、督办整改形成管理闭环，促进项目综合管理水平持续提升。风险抵押金平均回报率达到38%，大家的积极性和项目经理的成本意识都很高，得到了广大职工的普遍认可，受到了项目一线管理人员的热烈欢迎。

项目管理目标责任制以项目部为载体，以项目管理人员为主体，以超利分红为激励，一线管理人员普遍意识到，工地上浪费的每一块砖都有他们的损失，节省的每一寸钢筋都有他们的利益。大家目标空前一致，事不关己，高高挂起的"甩手掌柜"越来越少。

实行项目管理目标责任制，绝不意味着所有压力和负担都必须有项目团队承担，集团必须做好对项目实施的跟踪监督，也要做好全程服务。陕建一建集团规定，对项目的各阶段考核奖罚应在集团审批后3个月内及时到位，"如兑现不到位，董事长、总经理、总会计师、主管生产副总经理工资停发。"

2021年，陕建一建集团以降本增效为核心，不断发掘新潜能，项目管理再夯实。以季度综合检查及通报会为抓手，持续加强集团对项目的整体管控。实行所有项目全覆盖的季度综合大检查，通过制定标准、总结亮点、查找问题、督办整改形成管理闭环，促进项目综合管理水平持续提升。全集团共缴纳风险抵押金1.1亿元，全年兑现3339万元，新开项目实施率达到100%，安装项目也全面实施且效果明显，安装公司利润总额从上年的1207万元增长到6667万元，真正实现了跨越式发展。

位于北京市海淀区的陕建北京融创树村项目本工程造价5.03亿元，是陕建一建集团在北京市场承建的第一个项目，作为北京核心区的地标性工程，全国首批高标准住宅。该项目要求全面实施装配式建筑，装配率达到91%，这在全国也处于绝对领先的水平。同时，项目要求全面实施三星级绿色建筑、全面实施超低能耗建筑、全面实施健康建筑，取得三星级健康建筑设计及运行标识，还必须通过三星级绿色建材认证。这样高标准的要求在陕建一建集团历史上也是前所未有的。

面对这块难啃的"硬骨头"，谁来项目部挑大梁成为关键。接受任务的第六分公司变"相马"为"赛马"，首先张榜公示，广发"英雄帖"，面向公司所属职工开展项目经理竞聘，共有6位同志勇敢"揭榜"，评审会上，竞聘者对个人基本情况、工作简历、主要业绩、竞聘岗位的认识、施工现场的布置、施工计划的安排及实施、项目管理方案进行阐述。

竞聘者还按要求在《目标责任制审批表》确定的管理目标基础上承诺工期、质量、安全、文明绿色施工、计划利润率及风险抵押金缴纳时间。竞聘成绩采用综合打分法确定（考核总分＝竞聘演讲成绩×70%＋考核成绩×30%）。

竞聘结果，年轻的项目经理卫正平脱颖而出。当时只有34岁卫正平看起来像一个刚出校门的白面书生，让他到祖国首都去担纲陕建一建集团承建的第一个重大项目，能行吗？

卫正平虽然年轻，但已经打过几场硬仗。尤其在推进项目工期上有过优异的表现，在担任陕西恒大童世界项目技术总工时，他精心策划推行30多项加快工期的技术和方法，优化工序，安排木工、电工、钢筋工等数十个工种穿插作业，极大提高了项目工期，得到了建设方的高度认可。2021年年末，陕建一建集团公司接到雁塔区区政府餐厅改造项目，时间紧迫，他积极参与，和时间赛跑，从拆除、挖土、基础、回填、钢结构主体、市政管网，到室内外装修、室外绿化、家具摆放，一气呵成，最终克服了种种困难，以"出手必出彩，努力到感动自己"的信念，18天完成了餐厅约4860平方米工程项目，圆满交付并投入使用。在担任西安市利兹瀚宫烂尾楼改造项目经理时，短短的一个多月就完成了4万平方米幕墙安装和50%以上产值，令人刮目相看。这些优势对工期要求极为严苛的北京融创树村项目来说，无疑是极为重要的加分项。

根据集团项目管理目标责任制规定，北京融创树村项目管理团队缴纳了175万元风险抵押金，作为第一责任人的项目经理，卫正平缴纳了50万元，包括团队其他核心成员在内的18名管理人员缴纳了抵押金。由于对项目未来充满信心，一名电工、一名仓库管理员、一名材料员三名普通员工主动申请，也缴纳了1～2万元抵押金。

风险与共，利益共享。大家都在一个战舰上并肩作战，既为集体，也为个人，每个人的责任心和积极性都充分激发出来。北京融创树村项目施工期间经历了北京两会、冬奥会、党的二十大等一系列政治大事，施工人员难以调解。为赶工期，2022年春节，400多人放弃休假，奋战在项目一线，六公司党总支书记白军波从西安赶赴北京，坐镇指挥，与大家一道在工地过年，坚守工地数月，极大地鼓舞了士气。业主方深受感动，春节期间送来牛羊肉表示慰问。项目也按照预定目标，高标准、高质量地顺利推进。

2013年后，两任董事长章贵金、黄海龙多次强调，项目经理竞聘制、采取《项目管理目标责任书》和风险抵押金的形式，就是要增强员工的责任意识、风险意识和成本意识，夯实项目部主体责任，激发全体员工开发市场、深度经营、精细化管理的内生动力，实现降本增效、企业增收、职工受益。

第二节 看不见的"指挥棒"

　　一手抓考核，一手抓激励，陕建一建在多年的发展历程中，不断摸索企业管理之道，不断完善企业管理办法，利用看不见的指挥棒，充分调动广大职工的主动性和创造性，使企业逐步走向正轨，最终驶向高质量发展的快车道。

　　1978年12月，以党的十一届三中全会为起点，国家进入了改革开放和社会主义现代化建设的新时期。市场经济开始萌动，长期在传统的计划经济体制下的企业开始寻找新的出路，新的突破。

　　在中国共产党十一届三中全会闭幕不久，中央领导就建筑业发表了重要讲话："从多数资本主义国家看，建筑业是国民经济的三大支柱之一""建筑业发展起来，就可以更好地满足城乡人民的需要""在长期规划中，必须把建筑业放在重要位置"，建筑业迎来重大发展机遇[①]。

　　从新中国成立以来，我国的建筑产业一直是根据分配的建设计划来施工，但僧多粥少，人浮于事，"吃不饱"现象长期存在，但一切似乎都成定律，企业似乎只能等米下锅，不温不火、不死不活地支撑着。

　　改革开放，春风浩荡，逐渐打开了人们的视野，拓展的人们的思路，许多企业开始探索突围之路。

　　陕建一建和众多建筑企业一样，也在不断思索和探寻，如何打破延续多年的"大锅饭？"如何更好地调动每一个人的积极性和创造性？如何改变过去的粗放式经营为精细化管理？

　　多劳多得，少劳少得，不劳不得。把收入与业绩挂钩，与产品质量挂钩，与工作成效挂钩，开始成为越来越多企业的共识。

　　1980年，陕建一建公司制定了《全优综合降低成本提成奖具体规定》，"改革奖励制度，把奖励同经营成果挂钩。"结果取得了超出预想的效果。

　　1981年，公司又在上年实践的基础上，制定了《定包创优奖励办法》，各单位

---

① 摘自共产党员网，党史百年·天天读，4月2日，P210 https://www.12371.cn/2021/03/29/ARTI1616981833699447.shtml

普遍反映这项制度对调动职工积极性，提高工程质量有一定促进作用。

2007年，强化目标考核，规范项目管理。2007年公司对基层单位的考核目标进行了调整，改变了以产值为主的考核方式，建立了以目标管理与绩效考核相统一的指标体系和评价考核激励机制，制定了《企业内部生产经营绩效考核办法》、《绩效考核管理实施方案》，实行了新的岗薪工资与绩效考核相配套，完善了公司三种经营模式的考核办法。

2009年，陕建一建集团实施股份制改革的第一年，公司出台了经营工作相关流程和管理办法。新的有限公司成立后，我们根据公司经营工作实际情况和新的经营工作特点，修改制定了《经营管理办法》和《经营奖励细则》，建立了经营工作约束和激励机制，规范了经营行为。根据新制度规定，公司将目标分解到人，责任落实到人，切实发挥了激励机制作用。

陕建一建集团还把经营工作的关键环节编制成便于操作和可追溯的工作流程，制定出台了投标前评审流程、中标后交底流程、合同评审流程以及《合同管理制度》，加强了经营工作程序化管理，避免了工作的盲目性和无效运作，提高了工作效率，逐步解决基层单位"敢不敢投"的畏难和投机心理，鼓励他们多投标，投好标。

2009年，公司加大了对例会制度的推行力度。年初公司确定了机关部门和基层单位的年度目标，公司班子、基层单位、机关部室，每周按照个人的职责和年度工作目标召开例会，明晰自己的工作。机关实行的部室月度管理例会为机关的作风转变开了一个好头，增强了工作的责任感，使机关部门由管理安排型向服务指导型转变，在自己分管的范围内代表公司一肩挑起责任，推进了公司目标管理，使工作质量和工作效率都有了明显的提高。

修订了《施工现场文明施工、质量、安全量化考核办法》，实施了以评比"三佳、三差"为内容的季度生产检查办法。在季度检查中，找出做的好的亮点并全面推广，对前三名进行奖励，对后三名进行处罚，通过检查、督办等方式进一步加强了项目的管理力度，使管理人员一肩挑起责任，并加大对落后工地的督办力度，取得了一定的成效。

集团领导班子周例会、机关科室月度例会、科室科员周例会等三个层次的例会促进公司的绩效目标管理。上到领导班子每个成员，下到基层单位、机关部室每个职工，每周都按照个人的年度工作目标和职责召开例会，取得了一定的效果。

每个部门、每个分公司在制定目标前，要拿出自己需突破的个性化目标，同时和责任书挂钩。此外，要提高机关部室对基层工作的服务能力，改变机关部室去基层提的问题多、实际帮助少，责备怪罪多、督促解决少的现象，要为基层真正解决实际困难，要真正地一肩挑起责任，真正达到各负其责，齐抓共管。

2010年，公司坚持的《月检季评制度》，涉及项目的成本、进度、质量、安全和文明工地建设等各个方面。随着公司经营规模的大幅提高，2010年公司生产项目和体量都大幅增加，针对这一情况，公司对项目的月检季评办法进一步细化，除提问题分类、亮点推介、评"三好三差"等外，又增加了进步最快和反馈最差、重复出现问题最多等奖罚的措施，狠抓了月检季评办法执行力度。通过努力，公司的项目管理水平有了普遍提高。

2011年，公司紧扣"绩效提高年"主题，将提高各级管理者的绩效作为重要目标。在公司大目标确定的基础上，将目标层层分解，按照职责和岗位说明书把公司年度发展的总目标逐条分解到每一位分管领导、每一个职能部门、每一个基层单位、每一位管理人员，把"千斤重担人人挑，人人肩上有指标"落到实处。

2012年，陕建一建集团对分公司采用工程项目的责任目标管理模式，公司层面的管理重点放在提供服务和风险防范方面，分公司负责对项目的全面目标管理，使责、权、利更加明晰。

集团还大力倡导"一肩挑起责任"的理念。"一肩挑起责任"一方面是"对上"，即指自身管理范围内的事情要对上级负责，对于所出现的问题一肩挑起责任，另一方面是"对下"，要以感恩的心对待下属，下属为你完成管理范围内工作，所以下属出了问题，大家首先要从自身找原因，分析问题出现的原因，为下属出现的问题一肩挑起责任。

2013年，集团将季度检查办法进行了调整，将重点放到了季检通报上。把集团在建的所有的联营、自营项目放到一起比较竞争，集团各个部门在通报中图文并茂，项目优劣一目了然，并强制排名，营造一种你追我赶的竞争氛围。一方面叫干的好的项目经理腰杆挺得更直，排名落后的项目经理不好意思，起到相互扫脸竞争的作用，另一方面为所有项目经理提供一个相互交流，了解沟通的渠道，从而提高项目管理能力。

2015年，集团通过季度检查，使所有项目全面受控。每季度由领导带队组织五大部门对所有项目的质量管理、安全生产、集中采购、文明施工、企业标识、分包管理、成本控制等方面进行检查，对于发现的问题及时进行整改及督办，杜绝各类隐患。通过检查评比、排名通报、奖优罚劣等手段，鼓励先进，鞭策落后，提高项目的同质化和精细化管理水平。

2016年，陕建一建集团按照"利益共享、风险共担、核定基数、超额分成、多缴多奖"的原则，在所有新开项目及符合要求的项目中全面推行模拟股份制，实行模拟股份制的11个项目按照考核节点向参股成员兑现的分红收入总计达615万元。经测算，这些项目向公司及集团上缴的管理费平均比例达到9%。这些实实在在的成效极大地激发了广大职工的生产积极性和管理机动性，也为集团该年深入推进这一运行模式夯实了基础。

通过实施模拟股份制，陕建一建集团的项目管理变化明显。因为项目部的收支与每个人的利益相挂钩，所以在现场变更方面，关心现场签证的人明显增加。改变了以往只有少数人关心签证的状况，现在各成员能及时通气、相互提醒，任何细小的变更都收集汇总起来，由责任人筛选后向甲方、监理提出，真正做到颗粒归仓。

2017年，集团一方面对领导干部按照年度目标责任书进行考核，发放奖金、项目兑现奖等。同时实行全员绩效考核，以月度考核结果兑现绩效奖，并开展各类"专业技术人员岗位知识考核"，成绩排名前5%的员工给予涨工资的奖励，排名在10%的员工在企业内刊给予宣传表扬鼓励。

2018年，通过集团月度经营例会，对各子公司、经营部各部门分别进行排名通报并落实奖惩，在经营团队中间营造浓厚的竞争氛围，有效激发了团队活力。同时，继续分层级、分阶段开展"讲好一建故事"演讲比赛，促进了经营人员对外沟通、谈判能力的提升。

2019年，另一方面在制度执行上发力。以《管理者绩效考核办法》和《基层公司绩效考核办法》为指挥棒，深化全员竞争机制。以岗位练兵为抓手，建立项目创新工作室，每周组织项目人员相互交流学习，定期开展技术质量业务大赛，营造了浓厚的学习氛围；组织1780名一线职工开展施工员、安全员、质量员、造价员、经营员等十个岗位知识考试，考核结果与工资挂钩，奖优罚劣，促进了职工岗位成长成才。

2020年，继续推动落实目标责任制办法，做到全覆盖。从这几年实行的效果来看，这个办法非常好。风险抵押金平均回报率达到38%，大家的积极性和项目经理的成本意识都很高，得到了广大职工的普遍认可，受到了项目一线管理人员的热烈欢迎。

2021年，进一步优化项目管理目标责任制，实行所有项目全覆盖的季度综合大检查，通过制定标准、总结亮点、查找问题、督办整改形成管理闭环，促进项目综合管理水平持续提升。及时奖罚，实现了在建项目目标责任制全覆盖，共缴纳风险抵押金 1.1 亿元，全年兑现 3339 万元，新开项目实施率达到 100%，安装项目也全面实施且效果明显，安装公司利润总额从去年的 1207 万元增长到今年的 6667 万元。

为了促进集团公司及下属单位全面完成其年度工作目标，明确管理者的责、权、利，提高工作绩效，陕建一建集团办制定发布了《2021 年度管理者绩效考核办法》，对集团领导、集团部门及所属和代管单位正、副职、财务总监，采取年度考核与任期考核相结合、结果考核与过程评价相结合、考核结果与奖惩挂钩的考核办法，全面纳入考核范围。

对集团高层领导的绩效考核，首先科学合理、公开透明地按照集团发展规划和年度目标的总体要求，并依据当年的整体经济形势和年度中心工作，在充分考虑各位领导的职责、分工的前提下，确定每个人的年度工作目标。

集团高层领导年度目标满分为 100 分，年终根据各位高层领导的每项目标权重及该项目标实际完成比例，按照以下标准进行打分，然后将所有目标得分情况相加，得出该领导年度目标总得分。如，完成 80%（含 80%）至 90% 以内时，按该项目标权重的 70% 得分。年终由集团人力资源部根据高层领导年度目标完成情况及《集团中、高层工作效能综合考评办法》进行排名。

对集团下属单位正、副职绩效考核，年初由集团项目管理部、财务部、经营部、人力资源部、总工办、科技信息中心、安全技术部、工程结算管理部、采购管理部、法务部、企业改革发展部等与下属单位初步沟通后共同确定年度生产经营目标建议值，集团根据整体经济形势及其运营情况，对各下属单位的目标建议值进行核定。下属单位正、副职依次签订《生产经营目标责任书》。

其中规定，当利润总额指标完成时，根据责任大小，按五个档次标准进行奖励，最高奖励 20 万元。但如果当年发生经营亏损，则按亏损额的 2% 进行处罚，同时本办法中的其他奖励指标减半。

为使考核更全面，陕建一建集团对下属单位正、副职绩效考核的指标不限于实现利润奖罚，还涵盖上缴货币资金奖罚、营业收入指标奖罚、经营签约额指标奖罚、工程结算量指标奖罚、工程质量等级、文明工地、绿色施工、示范奖、科研成果及 BIM 技术应用奖罚项目同质化、标准化管理奖罚、安全奖罚、精神文明建设奖罚等方方面面。

例如，工程项目获得省级"文明工地"称号，每项奖励 1000 元；获得国家级"文明工地"称号，每项奖励 3000 元；获得市级观摩工地称号，每项奖励 3000 元；

获得省级观摩工地称号，每项奖励 5000 元。

例如，工程项目获得省级示范奖（绿色科技、创新技术、优质结构），每项奖励 500 元；获得国家级示范奖（绿色科技、创新技术、优质结构），每项奖励 1000 元。

例如，全年没有发生安全事故，全年排名第一名奖励 8000 元，第二名奖励 5000 元，第三名 3000 元；倒数第一名罚 8000 元，倒数第二名罚 5000 元，倒数第三名罚 3000 元。

例如，职工上岗率，其中：新入职员工考核淘汰指标，以各公司为单位，不足 5 人不淘汰，5 人及以上单位，淘汰后 20%，每少完成一人罚款 2000 元；三至五年员工流失率指标控制在 5% 以内，如超过，罚款 5000 元。

例如，一级建造师考试通过人数，每少完成一人，罚 3000 元；每超额完成一人，奖励 3000 元；其中市政、公路、水利专业一级建造师每完成一人增奖 3000 元。

也就是说，只要你对公司的发展作出了某一方面贡献，就一定会受到物质奖励。相反，就可能受到处罚。

考核结果经集团领导审核确认后，年度兑现奖金时，正、副职奖金在考核结束后当期兑现，其中 20% 留做任期风险抵押金，由各单位上缴集团财务部，任期风险抵押金留足 300000 元后不再留取。

年度考核结果为罚款时，罚款从风险抵押金中扣抵（副职按照正职的 70% 予以罚款），不足部分由其本人向集团财务部缴纳，但最高处罚金额不超过 10 万元（副职最高处罚金额不超过 7 万元）。

目前，陕建一建集团的人员绩效考核制度由《中高层综合效能考核办法》《管理者绩效考核办法》《基层绩效考核办法》和《岗位定级办法》四个制度组成。这些《办法》的考核对象分别为：一建集团机关中高层管理人员；各经营单位正职、机关科员及各基层单位副职和员工。

四个制度覆盖了陕建一建集团从高层到基层的全体干部职工，是一套名副其实的全员考核机制。考核通过打分排名、目标责任、强制比例分配等形式，对全员实行绩效奖罚。奖励方式包含：年度奖金上浮、目标责任兑现、月度绩效上浮、评优评先奖励、储备梯队进阶及管理职务晋升等。惩罚方式包括：奖金、目标兑现奖、绩效工资的下浮及各类通报批评，甚至转岗、免职或淘汰。

考核带来质量，考核带来效益。陕建一建集团各分公司也在不断完善和强化考核方式。陕建一建集团安装公司每月对在建项目进行检查，从安全、质量、进度、资料、现场文明管理等多方面综合考评，对项目经理和管理团队进行打分排名，奖优罚劣，不仅促进了各项目团队之间的竞争，还有力调动了各项目的管理积极性、主动性。

考核全覆盖，"一个都不能少"。通过不同层级、不同方式的考核，让每一个人都有压力，每一个人都有动力，全公司形成强大合力。考核这根看不见的指挥棒，激发每个人的潜能，调动所有人的积极性，推动整个集团高效运转，高质量发展。

第三节 "现场就是市场"

2022年11月5日上午，西安市2022年三季度重点项目观摩活动走进陕建一建集团承建的长安·松间项目。西安市四大班子领导，有关市级部门主要负责同志，各区县、开发区和西咸新区各新城党（工）委书记等领导、专家、同行莅临现场。

这是继莱特OLED材料研发生产基地、陕建丝路创发中心、西京电子元器件产业基地四期工程、阎良空天产业园项目之后，陕建一建集团第5个"受检"项目，也是陕建一建集团连续第3天迎接西安市2022年三季度重点项目观摩。

长安·松间项目位于西安市长安区常宁新区，东侧为城市干路城南大道，南侧毗邻绿地城，西侧及北侧紧邻长安公园，地处长安城区中心地带，潏河环绕东西向横穿而过，景观资源优越。项目规划总用地面积约89亩，总建筑面积为14.7万平方米。

长安·松间项目建筑造型多变，立面交叉设置，形成一种独特的建筑美感，温泉酒店与潏河交相辉映，将自然、艺术、人文、极简相融合，多维空间结合建筑，使园林景观更具美学欣赏与日常使用功能，达到建筑与自然的和谐之美。

该项目团队在进场初期就拿出超高标准和要求，积极应用BIM技术进行深化设计，通过碰撞检测解决复杂造型造成的设计冲突，同时对复杂节点进行三维可视化交底，力求将建筑效果完美呈现。为确保建设方提前完成预售楼节点，项目部科学策划，精心管理，应用广联达智慧工地平台，全方位管理项目施工进度、安全、质量和绿色施工。

"看到陕建一建的项目现场，就看到了陕建一建管理的精髓，看到了陕建一建人的精气神。"观摩现场，一位行业资深专家这样赞叹说。

"今天的现场，就是明天的市场。"早在2002年3月，时任陕建一建总经理黄忠银在公司九届二次职代会上的报告就旗帜鲜明地提出了这一观点，他认为，现有的在建工程是我们千辛万苦争来的，它既是我们生存的基础，更是企业对外宣传、展示实力的窗口。我们只有把现有工程干好，干成名牌工程、优质工程，才能提高企业的知名度，扩大企业的影响力，争取到更大的市场份额。

"工程项目是建筑企业的'活广告'。"2007年4月，时任陕建一建总经理张培林在公司十届三次职代会上所做的行政工作报告上强调，加快企业发展，扩大市场占有份额，要有优质的企业品牌做支撑，而实施品牌战略的重点在项目，工程进度、质量、文明施工、质优而价格合理的产品都是向市场和客户展示公司实力的窗口，既宣传了公司，又扩大了影响。

"我们一定要通过工程建设，实施'干一项工程，交一方朋友，占一片市场，树一块丰碑'的品牌战略。"张培林坚定有力地指出。

对于建筑施工企业而言，工程项目是展现企业风貌的主阵地。因此，陕建一建集团始终把创建文明工地作为展示企业形象的重要窗口，深入开展文明工地建设，严格按照国家安全文明施工相关政策要求以及行业标准做好文明施工，形成了"安全理念强、文明氛围浓、科技含量高"的创建特色，与集团各类精神文明创建活动相得益彰，从而极大地提升了陕建一建集团的品牌形象。目前，集团在建的所有项目都能按照省市级文明工地的标准要求进行布置、安排和管理，工地围挡规范，标识齐全完好。在每一项施工中，都精心组织，科学安排，做到工完场清。

陕建一建集团从文明施工、绿色施工、节能环保到安全管理方面都力争做到完美，不仅对内起到树立标杆的作用，而且对外起到行业引领作用，将文明展示给社会。这也极大地提升了集团的品牌和形象，与集团各类精神文明创建活动相得益彰。

围绕文明工地创建活动，陕建一建集团形成了三个层次和同质化的创建思路，即以省、市级文明施工观摩工地为引领，以省、市级文明工地为标准的塔形创建结构。通过观摩会、交流会、总结评比营造创立标杆，持续创新，形成了自上而下，全面覆盖项目的创建体系。

创建文明工地，必须有章可循。陕建一建集团不断完善制度，制定流程，先后制定了《文明工地创建流程》《项目前期策划流程》《施工现场精细化管理流程》《施工现场安全标准化手册》《施工亮点推介实施手册》《标准化安全设施》《安全标志统一标准》等，形成了机构健全，职责分明，程序清晰，考核及时的内部创建模式。

策划先行，过程控制。依托集团内部专家库，针对工程特点编制策划书，通过季度检查打分排名，从而有效地实现文明施工的过程控制。

通过这些做法，陕建一建的文明工地创建始终保持全省前列，连续15年创建陕西省观摩工地，是全省创建观摩工地最多的企业。

"发展决不能以牺牲人的生命为代价，这必须作为一条不可逾越的红线"，习近平总书记这句话语重心长，催人警醒。多年来，陕建一建始终坚持"安全第一、预防为主、综合治理"的安全生产方针，树立红线意识，建立了集团总部、基层单位、项目部三位一体的安全管理体系。一级抓一级，一级带一级，有效运用安全巡检系统等信息化手段加强监管，全力管控安全体系高效运行。

各单位一把手是本单位安全生产第一责任人，对本单位的安全生产负全面领导责任。陕建一建集团要求各单位负责人必须完善安全生产责任体系，落实"党政同责、一岗双责、齐抓共管"的要求，将安全责任落实到每个项目、每个岗位，构建"横向到边、纵向到底"的安全责任体系，形成安全生产工作"千斤重担众人挑，人人肩上有指标"的局面。

集团在签订年度安全目标责任书时，力求把每条职责具体化，数量化，做到可操作、可考核，同时将严格责任制考核程序，把考核结果和年底绩效相挂钩，对不能很好履行安全责任的负责人进行问责，让他们有"切肤之痛"，以"痛改前非"。

陕建一建集团副总经理迟晓明强调，安全生产是集团实现高质量发展的根本保障，没有安全，既谈不上发展，更谈不上质量。每一起事故的发生不仅仅是某个项目部的独立事件，它们对外都代表着陕建一建集团；每一起事故都会对集团的社会声誉和正常的生产经营活动产生消极影响。大家要牢固树立大局意识，运用全局思维开展安全管理工作。

陕建一建集团积极推进安全生产标准化建设，2009年编制公司《施工现场安全标准化管理手册》，为项目安全管理设施标准化、同质化的实施奠定了基础。2016年开始陆续出台了《安全标志统一标准》《标准化安全设施》等标准化手册，2022年制定下发《安全内业资料指导手册》，规范各项目安全资料整编，为集团进一步推进项目安全生产标准化建设提供了科学依据。

近年来，陕建一建集团积极推行安全巡检系统、安全远程巡检等信息化系统，深化项目综合管理系统的使用效果，实现危大工程过程动态分级管控，加快了安全管理信息化建设。同时不断加强了安全管理人才队伍建设，安全管理人员从2009年的30多人发展到2022年的300余人，培养了一批专业技术水平过硬并纳入省、市安全专家库的专职安全管理人才。

针对进城务工人员安全意识淡薄的现状，陕建一建创新安全教育培训模式，制作安全警示片《生命之鉴》，通过一个个血淋淋的案例警示施工管理人员，从"要我安全"到"我要安全"，从而提高施工人员的安全意识。

结合安全生产月等活动，持续举行安全培训、安全宣誓、应急演练、安全生产承诺书等，为集团健康快速发展提供了坚实的安全保障。集团也荣获陕西省安全生产工作先进单位称号。

2017年6月，陕西省住房和城乡建设厅将陕建一建集团确定为全省建设行业"安全生产风险分级管控和隐患排查治理双重预防机制"试点企业。集团抓住契机，科学制定隐患排查治理执行措施，将隐患排查治理融入了日常安全管理工作当中，将辨识台账中的重大危险源作为辨识依据，罗列出了7类41项重大隐患。通过建立起双重预防机制体系，打破了过去"安全工作就是安全主管部门的事"的管理劣势，形成了隐患排查的群防群治、齐抓共管的良好局面。

织密了隐患排查治理网。集团通过分级查验，形成一张严密的隐患排查网，极大地改进了以往以经验为主的粗放式隐患排查治理的方法。

建立了隐患治理台账。各职能部门、各单位依照隐患排查治理指南和标准查验表在巡检、月检、季检中全面开展隐患排查，按照"谁主管、谁负责"和"横向到边、纵向到底、及时发现、不留死角"的原则，明确隐患类型、整改时限及时治理隐患，建立台账。指导项目部将隐患排查工作常态化，形成了一种自主的、动态的、高效的、不断完善的PDCA循环机制。

在陕建系统率先试点应用质量安全巡检系统，有效加强了项目安全过程管控，促进了集团安全管理水平整体提升。上线了隐患排查治理巡检系统。管理人员通过手机"云建造"APP能够随时上传项目安全隐患，科学高效进行安全监管，形成从计划—检查—整改—验证完整的隐患排查闭环台账记录。

通过以点带面，广泛深入开展文明工地创建活动，集团不仅建成了一大批行为管理标准化、安全管理标准化、质量管理标准化、环境保护标准化、办公临设标准化、新技术应用达标的省级文明工地，而且使广大项目管理人员形成了争第一、树标杆的思想观念，推动了工程质量出精品，施工安全上水平。全国文明单位、鲁班奖、国优奖、中国安装之星、陕西省质量奖……一块块颇具分量的奖项收入囊中。

"现场就是市场"。这一点陕建一建集团七公司最有体会：在西安科技大学，他们攻坚克难打响第一炮，从此一干就是10年；在金风科技有限公司，因表现卓越，深得建设方信任，业主牵线搭桥，从而拿到得利斯厂房项目；在临潼疗养院项目，他们在项目上的完美表现让陕西省政府机关服务管理局又将三爻小区项目、省政府原农委小院改建项目交给了他们。

2008年,陕建一建集团七公司承建曲江观唐项目,派出一流团队,不仅提前完成施工任务,还创优夺杯,得到甲方万众地产高度认可,陆续将万众国际酒店项目、万众玫瑰园住宅小区曲江·德闳中学项目、曲江·云松间项目、长安松间项目、高新望云松间等高品质项目交给陕建一建集团七公司,双方已经持续合作15个年头。

2012年,陕建一建集团四公司在西安杨凌农业示范区承揽了第一个BT项目——杨凌永安家园安置小区项目,公司克服周围环境影响和资金短缺等重重困难,大家斗酷暑、战严寒,放弃了节假日休息时间和与家人团聚的机会,日夜奋战在施工一线,想方设法将工程保质保量按期交工,赢得建设方、监理单位和当地政府的广泛好评,最终该项目获得省市级文明工地、省级结构示范工程、陕西省和全国保障性安居工程优秀项目等殊誉,时任公司总经理刘东还获得"全省建筑业优秀项目经理"荣誉称号。

通过杨凌这第一个项目,四公司把根深深扎进了杨凌市场,10多年来,相继承揽了杨凌步长一期、二期,杨凌永安路项目、新桥路项目、杨凌金融大厦项目、杨凌富海四期五期六期和杨凌物流园一期二期、杨凌综合保税区一期工程等10多个项目,塑造了铁军品牌,也赢得了巨大的市场。

"和陕建一建合作,心里踏实,放心。我们双方现在已经不仅是单纯的甲方乙方关系,而是同进退、共发展的战略合作伙伴关系,是配合默契、心有灵犀的兄弟关系。"万众国际地产掌舵人李五亮毫不掩饰他对陕建一建的欣赏和赞美。

黄海龙必须亲自担任曲江W酒店项目的项目经理并坚守现场,如果黄海龙一天不到项目现场,扣罚乙方10万元,如果李五亮一天不到项目现场,扣罚甲方20万元。双方如确实有事无法到项目现场,需经过对方同意。这样"苛刻"的条款,明明白白地写在陕建一建集团与万众国际地产合作的合同里。可以看出,作为投资方的李五亮对工程品质的高度重视,对黄海龙的充分信任甚至依赖。"英雄惜英雄",共同的质量观、价值观让双方的手紧紧地握在一起。

"海龙,你这清水混凝土干得太漂亮了,摸起来就像小孩的脸蛋一样光滑。"曲江云松间项目混凝土刚刚揭开"面纱",黄海龙就接到了李五亮的电话,兴奋之情溢于言表。

当然,万众国际地产接连不断开发的大项目也自然而然地吸引了众多施工单位的目光,国内某知名大型建筑企业通过关系找到李五亮,想分一杯羹。碍于情面,李五亮提出可以考虑，但要到对方的项目上实地考察。来到项目，第一感觉果然非常好，谈笑之间，李五亮忽然脱离了对方安排好的参观线路，径直来到楼上施工现场，没想到一片凌乱，甚至连下脚的地方都没有。李五亮轻轻一笑："建议你们到曲江云松间项目看一看，然后再和我谈。"对方果真带着团队来到曲江云松间项目观摩，边边角角、楼上楼下仔仔细细看了又看，就再也没有给李五亮打电话。

陕建一建集团从来不会让信任自己的人失望，目前，他们已经为万众国际项目赢得3座鲁班奖和一个詹天佑奖。他们的合作佳话，依然在续写。

2017年，陕建一建集团与华润集团合作建设的西安奥体中心游泳跳水馆项目先后荣获中国建设工程鲁班奖、国家建筑防水行业科学技术奖"金禹奖"金奖、中国钢结构金奖、陕西省创新技术应用工程等多项殊荣，陕建一建集团凭借高速度、高质量、高配合度，得到华润集团的充分肯定，后续滚动经营了华润未来城市项目、丝路国际体育文化交流培训基地项目、丝路国际体育文化交流培训基地体育工艺施工项目、西安国际足球中心项目，并因此与西安市港务区管委会、沣东新城管委会都建立了良好的合作关系。

航天二中作为西安市的重点民生工程，工期紧、任务重、工程体量巨大，面对如此艰巨繁重的施工任务，集团及项目部全力协调推进，抢工期、抓质量、保安全，最后保质保量如期交工，深得业主的好评和信任。正因为航天二中项目的卓越表现，才带来了后续航天基地基础教育提升改造项目、东兆余安置地块2、东兆余安置地块3、阎良空天产业园一期、阎良空天产业园二期等项目的经营成果。

出手必须出彩，完成必须完美。2012年以来，陕建一建集团已经连续成功创建31个省、市观摩工地，129个省文明工地，连续14年创建全国3A级安全文明标准化项目23项。陕西省考古博物馆、航天厂房、航天二中、奥体中心、恒大童世界以及曲江新区三爻村商业街等6个项目迎接了西安市四大班子的观摩考察指导。2020年陕建一建集团被中国安全产业协会评为安全生产标准化企业，党委书记、董事长黄海龙被授予"中国安全产业建筑行业安全生产标准化带头人"陕建一建集团用自己优异的表现赢得了信誉，赢得了市场，赢得了先机。

第四节　走出去，一片天

2019年6月11日，在对吉尔吉斯斯坦共和国进行国事访问并出席上海合作组织成员国元首理事会第十九次会议前夕，国家主席习近平在吉尔吉斯斯坦《言论报》、"卡巴尔"国家通讯社发表了题为《愿中吉友谊之树枝繁叶茂、四季常青》的署名文章。

文中所提到的奥什市医院，位于吉尔吉斯斯坦奥什市，是一个可容纳150个床位、日门诊量200人次的综合性医院，由门诊医技楼、住院病房楼、行政科研楼和附属用房组成，框架剪力墙结构，建筑面积1.25万平方米，工程造价1.57亿元。

奥什医院（2019年境外鲁班奖）

该项目是中国政府在吉尔吉斯斯坦实施的最大援助项目，也是吉尔吉斯斯坦南部规模最大、现代化水平最高的医院项目。由陕西华山国际公司承建，陕建一建集团具体实施。

项目自开工建设之日起，就面临气候环境、人文文化、当地习俗等诸多困难的考验。当地气候多变，冬季温度均在零下15℃以下。施工技术组针对当地气候特征，提前编制冬期施工方案。在冬期来临前，提前完成湿作业及外墙封闭施工，并安装了临时锅炉进行供暖，为冬期室内精装修创造了作业条件。

在一层伊斯兰风格圆弧挂板及造型柱施工时,设计复杂,施工难度大。为了保证工程质量,施工技术组精心策划,采用模板内置法,一次浇筑完成,使得棱角、线条分明。

由于项目施工所需材料匮乏、工具紧缺,大部分材料需从国内运往现场,加之当地海关过关流程复杂,给施工造成层层阻碍。现场管理人员经过多方协调沟通,克服重重困难,翻越 500 多公里山路,在短短三个月时间进场 500 余车材料,保证了项目施工的顺利进行。

针对吉尔吉斯斯坦奥什地区的防恐形势,项目部特别重视安保工作,定期进行防恐怖袭击应急培训,避免安全事故的发生。对外籍管理或作业人员进行重点培训,切实提高安全意识和安全生产技能,确保了施工安全。

最终,通过国内外职工的一致努力,该项目在商务部国际合作事务局巡检中受到专家检查组的高度赞扬,特别是对施工过程中室外散水、屋面细部处理、墙面墙角平整顺直度等高出设计标准及规范要求的做法给予了高度评价和认可。专家组在评价时称:"自验收以来,奥什医院是目前看到的质量最好的援建项目,建议申报鲁班奖"。

2018 年 4 月 22 日,吉尔吉斯斯坦奥什医院项目举行移交仪式,吉国总统索隆拜·热恩别科夫、中国驻吉国大使杜德文为项目剪彩。央视纪录频道对奥什医院项目建设情况进行了报道。陕建一建集团六公司副总经理、时任奥什医院项目负责人胡小锋在接受采访时表示,虽然远在国外,压力很大,但陕建一建人从不畏惧,创建优质工程的决心一直没有改变。

2019 年,奥什医院项目荣获鲁班奖,这是陕建一建集团也是陕建总公司获得鲁班奖的唯一境外工程。

陕建总公司的"走出去"战略,要追溯到 20 世纪 80 年代。建筑业在这之前相当长的时期内都是处于国家基本建设投资部门的从属地位,国有建筑企业完全受制于计划经济的约束。政府计划委员会或建设委员会下达建设项目计划给建工局,建工局再负责将政府投资的建设任务协调分配到各个施工企业,同时代表政府向企业收取经营利润。因此,上级下达任务,企业完成任务,各方都没有市场压力。

党的十一届三中全会打开了通向国际建筑市场的大门,陕建一公司一批干部和工人怀着一颗为国争光、为企业创汇的赤诚之心,飞往红海之滨的阿拉伯也门共和国,决心在国际建筑市场上大显身手。阿拉伯也门共和国地处亚洲西南部,海拔 2600 到 3000 米,系沙漠地带,常年少雨、气候干燥。施工现场没有水、没有电,也没有路，是块牧羊人放牧的地方。

1980年9月，陕建一公司先遣队一行17人，在公司副经理赵春德率领下，从也门首都萨那乘坐三辆大卡车，满载着钢管、脚手架、搅拌机、卷扬机、活动板房和生活用具，从沙漠中开进马里卜工地。在荒无人烟的茫茫沙漠中，建筑工人把三辆卡车安置在一个三角形地面的三个尖顶上，打开车灯，就地起火做饭。

入夜，他们就躺在沙子上、木板上、水箱上进入梦乡。在如此艰苦的异国他乡，陕建一公司前后出国1000余人次，共计完成马里卜省政府大楼、旅馆、萨那住宅楼415套、扎马尔住宅楼438套、国际学校和国家观礼台等14项工程任务，盈利800多万美元。陕建一公司建设的优良工程和干部职工的优异表现，让也门人民十分钦佩，不仅为公司赢得了效益，更为祖国赢得了声誉。

1984年初，全国人大六届二次会议针对建筑业的改革指出，建筑业实行多种经济责任制的核心是招标承包制。市场经济逼迫越来越多"吃不饱"的企业开始寻找新出路。

80年代中后期，国家在沿海建立了13个开发区，东南沿海经济飞速发展，吸引了国内外大量的投资。相反，当时陕西的基本建设规模比全国平均水平还低40%。面对严峻的形势，陕建总公司在80年代末提出了"站稳陕西、打出省外、积极开拓国际市场"的口号，并由总公司领导亲自带队，开始在上海承接工程。

当时，部分干部嫌离家太远，管理不便，声称"宁在陕西喝稀饭，不到上海吃馍馍"，为此，总公司还召开党委扩大会议，发出了异乎寻常的"命令"，硬是以行政命令的方式，将几个下属企业"赶"到了上海。可见当时思想封闭的程度以及冲破传统观念之艰难。随着省内市场的进一步萧条和外埠市场的打开，总公司上下逐步在"走出去"的问题上统一了认识。

根据形势的变化，陕建总公司相继作出了"坚定走向全国大市场的决心，加快实施经营战略转移"的决定，不仅在本省重点工程上设立了若干个项目经理部，而且根据国家经济调控的走向和陕西发展较为缓慢的实际，采取了"西方不亮东方亮"的经营策略，分批在上海、珠海、苏州、福州、厦门、惠州、珠海、北京、烟台等东部沿海城市和新疆地区布点经营，其中上海、福建、广西的市场开发规模较大，为集团创造了较好的经济效益和社会效益，积累了丰富的外埠市场经营管理经验。

随着企业规模的不断扩大，实力不断增强，陕建一建人已经不能满足于只在家门口的一亩三分地耕耘，他们把目光投向更远。

早在 1993 年，时任陕建一建总经理周林就提出"立足陕西、面向全国、开拓海外"的经营战略。2009 年初，针对国内经济下滑的不利局面，刚刚完成股份制改革的陕建一建积极应对，调整市场开发理念，创新市场开发模式，提出了巩固原有市场，依托西安市场，开拓陕北、陕南及省外市场、实施"走出去"的经营战略，对建筑装饰、市政路桥、机电安装分别确定了主攻方向和具体的投标策略，对现有资源进行重新配置和整合，占领高端市场，取得了一定成效。

2009 年是四川省灾后重建的高潮，众多项目开工建设，加上国家扩大内需政策，中央财政资金投入超过 1 万亿元用于四川灾后建设，包括住房、基础设施、公共服务建设等多方面。陕建一建集团为此专门制定了针对成都市场的开发计划，加大了对成都分公司的支持力度，全年在成都投标 21 次，中标 1.5 亿元。

2010 年，陕建一建集团继续实施"走出去"战略，全司一盘棋，整合优势资源，重点突破，形成以关中——天水经济区为中心，辐射陕北、内蒙古、山西、成都等市场的经营格局。分别针对不同市场下达指标，围绕指标整合资源，陕北、内蒙古、山西、甘肃等地区超额完成了经营目标，为实现公司全年经营目标打下了良好的基础。

2010 年，陕建一建集团和多家知名企业合作，在影响力大、含金量高的项目上有所突破。全年共签订 3000 万以上的项目 30 余个，涉及工业厂房、公共设施、道路园林等多个领域，与包括万科地产、奔驰公司、亨特建筑等企业携手，相继承揽了包括鄂尔多斯商贸城（6.8 亿元）、万科城（1.6 亿元）、利星行奔驰西部技术中心（2.3 亿元）、亨特厂房、陕西宾馆 18 号楼（8.5 亿元）等项目，并且在楼观台道教风景区、庆阳市西峰区、蒲城城南新区等市政园林、道路工程上取得突破。

2013 年，陕建一建集团多点开花，继续扩大外埠市场，先后在江西、甘肃、贵州、新疆、宁夏、广西等地都取得了突破，在江西，公司承揽 2 个项目造价近 2 亿元；在广西，承接了第一个超高层的安装项目；在贵州，承揽了中航贵阳发动机产业基地油库（油罐）工程，启动了工业安装；在宁夏，和顶津食品有限公司再度合作；在甘肃，承揽了天然气管道安装工程以及高速公路机电工程，为集团下一步的布局打下了良好的基础。

2014 年，强力推进"走出去"发展战略。不断拉大经营骨架，形成了省内市场和省外市场并驾齐驱的经营格局。在江西，承揽了洪都航空工业复合材料厂房及天鹅文慧园等工程，造价近 3 亿元。在宁夏，承揽了宁夏种子博览城和银川世茂砖渠项目，造价 3.4 亿元。2014 年，省外承揽施工任务 14.77 亿元，占经营总额的 17.64%。

2016 年，按照陕建集团"两扩，两升，两优"的经营理念，陕建一建集团在同延长、陕文投、西咸新区等已有合作伙伴保持友好合作的基础上，发展了碧桂园、西安市公安局等新的合作伙伴，既扩大了合伙群，又提升了客户质量。集团承接了咸阳高新电子信息产业创业基地、延安文兴书院、中交长缨新天地、榆林大剧院、延安大学安装项目等一批大体量重点项目，还成立了专门的超高层经营机构跟踪高端项目，瞄准外部市场。

针对省内、省外和海外三种不同类型的市场，陕建一建集团制定了不同的经营策略，进一步优化市场布局：省内主抓重点项目和高端客户，2016 年承揽省市重点项目 31.9 亿元，占经营总量的 22.5%。省外主抓市场拓展，2016 年在已有的 14 个省外市场基础上，新开辟辽宁、山西、广东、福建等 4 个市场，全年承揽省外项目 27.83 亿元，占经营总量的 19.6%。

2019 年 3 月，陕建一建集团党委书记、董事长黄海龙在谈到企业市场布局时强调，一定不能局限在陕西这块西北边陲，要把目光投向东部经济发达地区。利用合作、参股、并购等方式在江西、江苏、海南等地扎根，开枝散叶。在项目施工方面，充分发挥我们在超高层、精密厂房、体育场馆建设、超大体量复杂施工等方面的优势，打造拳头产品，扩大市场份额。

2021 年，陕建一建集团紧跟国家区域发展战略，市场开拓脚步进一步加快，愈加强劲，有规划、有目标地向海南、浙江、四川等重点市场"走出去"，深融、深挖、深耕，全年省外经营总量 70.7 亿元，占比 25.9%，同比增长达 63.8%。

道阻且长，行则将至。2017 年，一天中午近 11 点，经营部门负责人李红接到公司主要领导电话，江西有一个房地产项目准备对外招标，要求她尽快摸清情况，研究投标方案。一听说有项目，李红马上坐不住了，第一时间买了机票，带着团队直奔南昌。到达南昌时已经是晚上 11 点多了，考虑到当地工程计价与陕西有较大差异，李红连夜在网上搜到当地出售计价软件的公司并取得联系。第二天一大早，软件公司技术人员就按照李红的要求来到宾馆，面对面教大家如何操作。

为了掌握当地行情，陕建一建集团由 5 女 1 男组成的投标团队迅速出击，分头行动，马不停蹄地登门拜访当地造价站、定额站、材料供应站，咨询了解当地劳务费、施工工序等，细致入微，风尘仆仆，连轴转干了 9 天，终于制作好了标书。几位女同志有的小孩还在上幼儿园，有的家中父母年事已高，都拖着疲惫的身体急着往回赶。就在大家都过了安检，甚至行李都已经托运了时候，留在当地"断后"的李红接到业主电话，项目有变化，标书必须重新制作。由于该房地产项目有28栋楼房，李红一人无法在短时间内完成标书更改，万般无奈，她打通了同事的电话。

刚刚还兴高采烈准备登机的几位同事听到这一消息，虽感意外，但纷纷请求留下，最终2位女同志放弃登机，和李红一起，完成了标书更改，按照对方规定的时间，送达了标书。

最终，陕建一建的标书因为报价合理、施工方案科学在综合评审中胜出，一举中标。

走出去，承接的每一个工程项目，都代表陕建一建的形象气质，无论规模大小，无论经济效益如何，陕建一建集团都高度重视，派出精兵强将，力求做到最好。

2016年，陕建一建承接了位于重庆两江新区的重庆翰博项目，该项目占地100多亩，建筑面积5万平方米。山城重庆常年阴雨连绵，湿热的夏天，每天都像洗桑拿浴，十分难受。项目团队克服天气困扰，为了赶工期，大雨小干，小雨大干，晴天拼命干，24小时轮班施工。七八月酷暑难耐，潮热的温度有时达到40度以上，室外作业一会儿就会大汗淋漓，衣服湿透。虽然项目上为大家熬制了绿豆汤，发放了防暑降温药品，但许多人还是出现肠胃不适症状，产生了高温引发的不良反应。但没有一个人退缩，大家始终保持旺盛的斗志日夜奋战在施工一线，最终保质保量提前完成了建设任务。得到了业主高度肯定："把项目交给这样一支业务素质高，能打硬仗的建筑铁军，放心。今后我们企业其他项目还交给陕建一建干。"

2017年，陕建一建集团承接了内蒙古哈纳斯集团杭锦旗至鄂托克旗天然气管道联络线项目，这是一个将内蒙古的天然气输送到银川的输气管线工程，全长50多公里，施工难度之大、要求之高对首次承接此类工程的陕建一建集团来说，前所未有。

炎热的夏季，早上五点多钟，太阳就开始炙烤大地，为了加快进度，项目团队全力以赴，每天完成100多道焊口，一次合格率达100%，钢制的管道表面温度常常高达六七十度，给许多工人的胳膊上留下了烙印，可他们轻松地说，这是属于哈纳斯的勋章，是属于他们永恒的记忆。在滴水成冰的12月，甲方要求继续施工，陕建一建人没有犹豫，没有讨价还价，组织好队伍，三班倒，24小时施工。寒夜里，冷月下，风镐凿在坚硬的岩石上，火星四溅，映照着陕建一建人坚忍不拔的脸庞。

就这样，在冰与火的考验中，陕建一建人提前高质量完成了施工任务，甲方不仅送来了表扬信,又增加了 10 多公里管道线工程量。

近年来,陕建一建集团一方面深化战略合作,发挥近年来开展战略合作的成功经验,发挥优势,依托陕建控股集团的高端平台积极加深加强和各地政府、央企、大型国企、知名民企、高校的战略合作,盯牢大市场、大产业、大投资、大集团、大项目,发展新客户,巩固老客户,迅速扩大经营规模。一方面坚定不移"走出去"。加大海南、江浙、北京、川渝等地区域化管理力度,与当地政府、业主建立良好的互动机制,形成良好的市场效应和社会效应。

陕西建工党委书记、董事长张义光强调,在实施"走出去"战略中,陕西建工要秉持"为客户创造价值,让对方先赢,让对方多赢,最终实现共赢"的合作理念,持续创新提升深融、深挖、深耕能力,提早谋局,精心布局,快速入局,在构建新发展格局中下好先手棋。

2020 年,陕建一建集团承建了由融创地产开发建设的杭州滨融府房地产项目,虽然集团在进场前测算,初期就可能亏损 3460 余万元,但项目作为陕建一建集团挺进长江三角洲的第一站,集团"走出去"战略的重要布局,陕建一建集团决定"虎口夺食",在极其艰难处境下求生存谋发展。项目开工后,杭州房地产市场销售火爆,建设方审时度势,根据市场情况决定加快开发节奏,抢占市场,因而要求施工方加快速度,提前交付最早开盘的 5 号楼和 7 号楼。

面对突发新情况,项目部全体不等不靠、提前策划、责任到人,铆足干劲扎根属地、深耕深融,全速前进。项目 7 号楼于 2020 年 10 月 5 日开始垫层施工,30 天内就完成约 7000 平方米筏板、夹层及地下室施工,5 号楼于 2020 年 10 月 15 日开始施工,25 天内完成约 5000 平方米筏板、夹层及地下室施工,按原计划需要 5 天才能完成一层的工期,最终以"3 天一层,30 天 10 层"的惊人速度,优质高效地提前完成施工计划,为甲方在销售节点上抢占了先机,5 号楼和 7 号楼在网上销售,2 秒内即被抢购一空,甲方获得了丰厚的收益。在接下来的项目二期、三期、四期建设中,陕建一建集团项目团队斗志不减,火力全开,均比原计划提前交付,为甲方赢得了宝贵的销售"黄金期"。

这种完美履约的专业态度,能打硬仗的铁军风格,得到了甲方高度评价,并以最快的速度进行了赶工费结算,支付了合同约定的可调差增加金额,陕建一建打破窘境,树立良好口碑的同时让项目扭亏为盈。实现了"让对方先赢,让对方多赢、最终实现共赢"的良性循环,在长三角地区打赢了漂亮的第一仗,锻造了高品质项目和良好的市场美誉度,为陕建一建集团开辟新战场打下坚实基础。

胸怀大志、目光高远的陕建一建人始终没有停止"走出去"的步伐,《陕西建工第一建设集团有限公司第十四个五年发展规划（2021—2025年）》擘画了集团发展宏大版图：

省内市场：以巩固稳定提升为主，签约额由目前的77%降为65%。以西安市为中心，辐射扩展西咸新区、沣东新城、高新区等地，成熟地区成立属地化公司。"十四五"末合同签约额272亿元、营业收入130亿元、利润7亿元，占比65%。

省外市场：逐步深耕、深挖、深融，市场份额逐步提高，签约额由目前的20%提升到30%，重点布局海南省、江西省、长三角区域市场。"十四五"末合同签约额125亿元、营业收入60亿元、利润3.2亿元，占比30%。

海外市场：选取相关领域技术与管理经验成熟，履约能力好能够支撑项目运行的房建项目、市政基础设施项目进行重点开发，做到风险可控，确保经营质量和效益的可持续性发展。跟随国家政策聚焦东南亚、中亚等优势区域市场。"十四五"末合同签约额21亿元、营业收入10亿元、利润0.6亿元，占比5%。

"'走出去'是我们陕建一建做大做强的必由之路。但目前外埠市场还是我们的短板，作为双特双甲的大型国有建筑企业，我们开拓省外、国外市场的力度还远远不够，外部市场产值占比还比较低，未来还有很大的潜力和市场空间，我们将精心谋划，谋而后动，在更广阔的天地打响陕建一建品牌。"黄海龙表示。

第五节　每个人都了不起

2022年9月1日，西安高新区第五高级中学开学，在开学典礼上，校领导庄重地对同学们说，今天第一课，我要告诉你们，大家能如期来到这崭新的校舍，坐在明亮的教室里读书，在新建的实验楼、图书馆、报告厅、艺术楼里享受美好的学生时光，陕建一建的叔叔们付出了巨大的努力和艰辛。没有什么岁月静好，只是因为有人为你负重前行。

西安高新区第五高级中学、第六学校项目是高新区2022年计划建设50所学校中的两所，也是起步最晚但施工最快的项目。在该项目建设中，陕建一建五公司项目团队克服了有效工期紧、施工难度大、雨天异常多，以及受2020年劳务人员返岗困难、物资供应不畅等重重困难，确保了4500名学生按时入学，创造了"90天9万平方米7个亿"的奇迹。

西安高新区五高、六校

2022年初，紧张的工期如泰山压顶。项目要想按期交付，钢结构是"重头戏"，在武汉的钢构厂因产量不足、加工缓慢、运输受限等因素，迟迟不能进场，现场经常是"干两天等三天"，严重影响进度。

"5·30"封顶目标迫在眉睫，技术员韩超主动请缨前往武汉钢构厂驻场，这一去就是整整19天。在武汉，他每天按照计划对照生产进度，随时按现场需求调整发货顺序，项目部门前唯一一条运输道路上塞满了装有几十吨钢构件的半挂车，足足排了两公里多，高峰期达40余辆。

在项目部全体人员"5+2""白+黑"的共同努力下，5月30日，钢结构主体全面封顶，60多家专业分包队伍同时进场，确保各项工序无缝衔接。二次结构、装饰装修、室外管网交叉作业多、协调量大，施工高峰期现场人员多达2800人。因为工地西侧市政道路也在施工，断水断电是在所难免的事，现场发电机、洒水车随时待命，确保现场正常生产。为了确保每一个分项节点进度，项目部以小时为单位倒排工期，制订"责任田"制度。

5·30、6·30、7·30，每个节点目标步步紧逼。要如期交工，室外工程是关键。7月，正是室外大干的时候，雨一下就是半个月，现场道路泥泞不堪，泥浆足有40厘米，给各项施工作业带来了严峻的考验。项目部实行"人海战术"，现场所有人员三班倒，1000多台机械运转不停歇。外墙施工时，项目部利用彩条布对外墙全覆盖，搭建临时遮雨棚，510台吊篮"满挂"作业，每天完成2000平方米外墙施工。

项目开工以来，陕建人充分展现了勇于担当、敢打硬仗的铁军精神。陕建一建集团公司领导坚守一线、坐镇指挥，时任五公司副总经理李高峰每天中午1点和晚上12点召开碰头会，分派"责任点"节点，落实任务进度，安排次日任务，从无间断，50多天瘦了15斤；青年突击队队长、项目经理马高总是出现在急难险重的关键时刻，技术负责人王小龙在妻子进产房时仍在工地奔波。管理员王栋的儿子突发疾病住进ICU他也没能及时赶到……

"千难万难，不能耽误娃上学。"带着这样一种最朴素的情感，陕建一建每一个参战干部职工都鼓足了干劲。这个曾经被建设方也一度认为是不可能完成的任务，在项目全体人员的奋力拼搏下，顶烈日、战风雨，苦战90个日夜，谱写出了一段可歌可泣的精彩篇章，彰显了陕建一建的铁军风采，展现了陕建人的政治担当。

这不是一个人在战斗，而是一个团队在战斗。黄海龙多次强调，铁军就是要干别人干不成的事，陕建一建集团要倡导狼性文化，打造狼性管理团队。充分发挥每一个人的作用，形成合力，干成大事。

2021年，陕建一建集团市政路桥公司承建了西安咸阳国际机场三期扩建工程远端停车场项目，该工程是中国民航局"十三五"规划的重点工程、国家发展改革委和交通运输部的重大基础设施工程，更是陕建集团进军机场建设领域的首次尝试。

远端停车场项目建设点多面广，需与等多家施工单位交叉施工，场地十分受限。项目经理宋立带领项目部全体员工提前预案、协作沟通、快速响应，及时编制施工作业计划，并建立旬、日的平衡调度会议制度并按期召开生产协调会议，做到长计划短安排，发现问题及时调节，有效确保施工进度。

2022年1月底，项目部临时接到机场职工之家室外三期的建设任务，负责完成整个室外管道、道路、配套停车场的施工。一边是人员、材料紧缺，一边是天寒地冻，项目全员火速就位，冒着大雪24小时不停歇地干，从2月1日到2月14日，共计完成室外道路和停车场13029平方米，路缘石安装2777米，雨污水管道1714米；驻地围挡542米，草皮绿化5928平方米等，顺利完成机场职工之家建设。

2022年7月10日，为配合机场三期程东货机坪区域8月底具备投运条件，项目部必须于7月底前完成配套相关雨污水工程。项目部全员克服场地障碍、连续阴雨天气、相关单位交叉作业等困难，与指挥部、监理及设计人员紧密沟通，持续优化施工方案，严控质量，科学组织、精心施工，通过不懈努力，分别提前15天和

20 天完成东货机坪雨污水相关施工内容，为年度目标实现和后续工程推进奠定了坚实基础。

召之即来、来之能战、战之能胜。陕建一建人不计得失、不讲条件、不惧困难的务实作风得到建设方高度评价。

2009 年 12 月，陕建一建集团四公司刚刚起步，人员少，底子薄，承接的安康毛坝收费站项目造价只有 1200 万元，但公司上下高度重视，决心全力以赴打好这一仗。当时安康地区遭受了百年不遇的洪涝灾害，道路被冲毁、材料无法及时送达工地、施工现场缺水断电，通信中断，项目团队团结一心，硬是靠人拉肩扛，确保了材料的供给。

长途跋涉，道路泥泞，他们布满泥土的脚上留下了血红的水泡，肩上磨掉了皮，脖子留下了严重的晒伤，嘴唇留下了深深的裂痕，但没有一个人叫一声苦，喊一声累。项目经理王晓琪因工作劳累突发脑梗，身体稍有好转，为了工程连续 3 个月未回过家，始终奋战在施工一线，最终因劳累突发脑溢血倒在了办公桌前，虽然经医院抢救性命是保住了，但是他再也未能回到热爱的工作岗位。

公司当年的老书记崔碧珠驻扎项目，亲自给项目人员做了一个月饭。在恶劣的环境和艰苦的条件下，项目部人员同心同德，按期保质保量完成了施工任务。

2011 年，陕建一建四公司承揽了第一个省外项目甘肃华池南梁教学点项目，条件艰苦环境恶劣，地下水不能饮用，工地离县城 4 公里多，为了解决项目人员吃水难，当年的老机修工胡爱民师傅就到 3 公里外的老乡家里挑水，一天三四趟风雨无阻。项目造价员李伟有事回西安，去车站没有车辆送，他就拦了一辆拉石子的拖拉机，一路颠簸到县城汽车站坐长途汽车到火车站，再坐火车到西安。

4 月的华池夜里风非常大，一夜呼啸后硬生生拔走了二楼的活动房，大家就在一楼办公室铺上床，办公室既休息又办公。由于条件限制大家吃的最多的就是咸菜、豆腐乳、咸鸭蛋、挂面和蒸馍。就是在这样艰苦的条件下，华池项目最终按期保质保量完成施工任务，还成功创建了甘肃省省级文明工地。

从 2008 年成立时只有 13 名职工，主营业务收入 3200 万元，到如今拥有职工 315 人，主营业务收入 13 亿元。四公司在逆境中崛起，在奋斗者中壮大。公司总经理贾志武说，团队精神是四公司制胜法宝，永远不能丢！

西安交通大学科技创新港科创基地项目是教育部与陕西省共建的国家级重点项目，科创基地项目占地 1750 亩，总建筑面积 159 万平方米，是一个集教学科研、会议办公、学术交流、图书阅览、文体锻炼、生活服务等为一体的大型智慧学镇。

陕建不到两年时间完成科创基地的全部建设任务，创造了享誉行业的"创新港"速度。

2017 年 2 月，陕建一建集团安装公司承建了科创基地 C 标段 4 号楼工程，为确保万无一失，安装公司领导亲自坐镇。该项目单体工程多，施工质量要求同质化，施工难度高。同时大范围、多部位机电管线明装，施工难度大。安装公司项目部根据工程特点难点，研发出"机电干线模块化提升施工技术"，将走廊内所有机电管线模块化分段后，整体提升并安装，确保了机电管线安装质量，完美地呈现了设备管线明装设计意图，成为一大特色亮点。

在施工关键阶段，项目部全体人员每天常常工作到凌晨两三点钟，拉线铺水管、定方案、创建 BIM 模型、人员培训，每个人绷紧神经，鼓足干劲，连续 10 天休息时间不超过 4 小时。

2017 年 7 月 2 日凌晨 3 点，挖掘机在工作过程中不小心挖断了临时水管，导致管道中的水肆意横流。接到现场电话后，项目经理迅速与各方协调调度，带领 4 名工人第一时间抵达事故现场，毫不犹豫跳进 1.5 米深的泥水坑中，停泵、关闭总阀门、预热热熔机、抽水一气呵成，奋战 2 个多小时，终于完成了抢修任务。

14 栋办公和生活用房，2 个餐厅，2 个水泵房和 1 个篮球场，大面积的临水、临电配套建设，陕建一建安装公司仅用了 10 天时间，比计划提前了 15 天，确保项目管理人员和施工人员顺利入住。

目前科创基地项目已获囊括各类建设工程最高奖 5 项，鲁班奖、国优金奖、詹天佑奖、中国安装工程优质奖，并获得 2022 年国际项目管理大奖，成为鲁班奖有史以来获奖面积最大的群体性工程。陕建一建安装公司所有参建干部职工倍感欣慰：在这场大兵团作战中，我们没有掉队，铁军的旗帜始终高高飘扬。

1942 年 5 月 23 日，毛泽东在延安举行的文艺座谈会上发表讲话。2016 年 5 月 23 日，延安文兴书院项目喜封金顶。陕建一建集团三公司用这样的方式为纪念毛泽东在延安文艺座谈会上的讲话发表 74 周年献礼，也为即将到来的第十一届中国艺术节添彩。

延安文兴书院项目是第十一届中国艺术节分会场，也是延安市重点建设项目。为此，三公司总经理张立亲自担任项目经理，与现场管理人员精准把控每一个细节，晚上坚持召开碰头会、技术交流会，落实当天问题，明确下一步工作思路和施工步骤。

本工程的难点是斜屋面坡度较大，结构复杂。屋面有 16 道高低不同的折线起坡，最大坡度22度。这对梁、板节点的细部处理，以及现浇斜屋面的混凝土浇筑质量控制提出了极高的要求。项目部在屋脊两端统一标高，用线绳拉好，确保屋脊是一条直线。为保证工程质量，项目管理人员三班倒，连续84个小时不停歇，浇筑5000平方米斜屋面混凝土，使得屋面一次性浇筑完成。

项目执行经理田广的父亲因糖尿病引起白内障，导致眼底出血，双眼视力接近"0"，但是这位老人怕影响孩子的工作，谁也没告诉，只身前往县医院就诊，只留给儿子满满的歉意。生产经理杨镒丞因为没有时间回西安，经过再三思量，最后"慎重"选择在女友来项目部探望时求婚，在他看来能在自己为之付出心血的项目前立下"海誓山盟"，别有一番滋味在心头。

工长朱树树甚至认为自己请假去参加二建考试都是一件丢人的事情。他在考试回来后，3天3夜里只睡了11个小时，就是要赶上之前落下来的工作。工长代俭超的发小结婚，很希望在婚礼上能看到他，于是派车到项目部接，但他还是婉拒了。材料员高健，在三天时间里把1000多吨租赁材料全部清退出场，三天里他打了300块钱的电话费，以至于出现了幻听，总觉得手机在响。

的确，这个平均年龄只有24.5岁的年轻团队，在延安新区凭着难以想象的施工速度，赢得了无数的鲜花和掌声，他们用实际行动，为新时代的延安精神增添了新内涵。

"团队意识是我们陕建一建能打硬仗、打胜仗的最大优势之一。"陕建一建集团办公室主任吴苏楠感慨地说，从他进入公司的十多年里，耳闻目睹，公司取得的每一项成绩，都离不开上下同心，众志成城。无论是项目一线，还是后勤保障，无论是集团高层集体决策，还是各分公司分路合围，都离不开团队作战形成的强大凝聚力和向心力。

上合组织现代化农业交流中心项目是杨凌示范区贯彻落实上海合作组织成员国元首理事会（比什凯克）第十九次会议精神的具体行动，对促进上合组织国家农业技术及粮食安全等领域合作具有重要的意义。项目主要涉及上合组织成员国农业合作发展中心、农业技术交流中心、农资农产品展示中心、农业技术示范推广中心以及后勤保障中心等五大中心建设。

面对这个充满政治意义、施工难度、施工强度三大挑战的项目，陕建一建二公司派出精兵强将组成项目团队，志在必胜。

在施工中，除土建结构、装饰和各专业工程外，水电、消防、智能化、室外配套等分项工程较多，在施工各个阶段都要有专业施工技术上和管理上的协调配合措施。协调配合要求较高。

项目团队通过设置专门调度机构，制定专门的各施工阶段综合调度计划与协调管理措施，配备专门的施工计划调度责任人，分别负责主要材料料具、作业人员、机械设备的计划、调度、协调管理工作，确保整个工程施工忙而不乱、有条不紊地进行。

项目涉及深基坑、降水、高大模板、操作平台等一系列分部分项工程，施工难度大，为此，项目团队首先建立完善的生产管理机构，并建立了有效的质量管理体系和安全管理体系。在施工中提前进行图纸重难点分析，针对各工程的具体特点与难点，采取有针对性的、切实可行的施工技术措施，以确保施工质量、进度和安全。针对危大工程，编制专项施工方案及专项应急预案，及时组织专家论证。

当上合组织现代化农业交流中心项目像一粒种子在曾经的不毛之地上生根、发芽、成长，当世人惊叹它的艳丽华美，一定有人会记得，那些浇灌它的汗水和心血。

"积力之所举，则无不胜也；众智之所为，则无不成也。"陕建一建集团在发展过程中，既充分发挥党员干部的领头雁作用，鼓励有能力的各类人才奋勇争先，脱颖而出，更注重凝心聚力，充分发挥团队的战斗堡垒作用。

——在阎良飞机场建设中，陕建一建人众志成城，披星戴月，克服了一个又一个困难，为中华人民共和国的航天航空事业添砖加瓦，固本培基；

——在长达20年的边家村基地保卫战中，陕建一建几代主要领导顶住压力，甚至不惧丢掉"乌纱帽"也要据理力争，广大职工和家属自发团结起来，自强不息，在极为不利的情况下抱成一团，上下同心，保住了家园，取得了最后的胜利；

——在照金镇红色旅游项目，34幢单体工程6万多平方米，为实现对业主那份庄严的承诺，在冰天雪地的施工现场，陕建一建干部职工与2000多名施工人员顶寒风、冒雨雪，战胜一个个常人难以想象的困难，用比岩石更硬的意志，45天全部封顶，被省市领导誉为"照金速度"；

——在温州鹿城广场项目招标投标过程中，为应对前所未有的379米高楼的挑战，陕建一建集团组建了由集团主要领导、专家、技术、商务、质量等多兵种组成的"百人团"豪华阵容，把每个人的潜能都充分挖掘出来，集思广益，协同作战，大家一起熬过了一个又一个不眠之夜，最终形成最佳投标方案，在群雄逐鹿的超高层建筑市场脱颖而出；

——2022年初，陕建一建接到上级建设雁塔区和港务区应急医院的紧急任务，而当时集团党委书记、董事长黄海龙被隔离在家，"群龙无首"之际，集团平时团队作战的能力得到充分体现。集团副总经理、六公司总经理李引胜带领团队第一时间奔赴雁塔区应急医院项目现场，集团副总经理、七公司总经理高雄带领团队第一时间奔赴港务区应急医院项目现场，两队人马双线作战，火力全开，外联、施工、质量、安全、材料、后勤等小组成员各就各位，各负其责，穿插作业，协同高效，高质量打赢了这场攻坚战。

……

每一次出击，都蕴含着团队的力量，每一次收获，都离不开团队的智慧，每一次成长，都带着团队的光芒。在 70 年风雨兼程的长征路上，有你，有我，有我们，陕建一建，每一个人都了不起，陕建一建，每一个人都无上荣光。

第十章

红心向党

万山磅礴，必有主峰。

坚持党的领导，加强党的建设，是国有企业的根和魂，是陕建一建始终坚定不移贯彻执行的思想标准和行为准则，也是陕建一建独特优势的根本所在。

危难急重，共产党员冲在最前面；直面生死，鲜艳的党旗飘扬在最高处。

脱贫攻坚，始终把百姓冷暖放在心上。党指引的方向就是陕建一建人勇毅前行的方向。

扶危济困，勇担社会责任，山高水阔，不忘来时路。

初心如磐，红心永向党。信仰的力量，穿越时空。

践行党的二十大精神，陕建一建人众志成城，昂首迈步在高质量发展的大路上。

第一节　危急有我

这是一场分秒必争的极速挑战，这是一场确保完成任务的合力攻坚。听党话，跟党走，坚决完成任务。

2020年2月10日，建筑面积27542平方米的西安市公共卫生中心正式完工。从2月1日进场到完工，陕建一建人闻令而动，快速反应，只用了9天9夜就圆满地完成了上级交给的紧急而光荣的特殊任务。

这是不眠不休的9天9夜，这是众志成城的9天9夜，这是充分证明陕建一建人责任与担当的9天9夜。

关键时刻见本色，乱云飞渡仍从容。面对时间紧、任务重、结构复杂的工程项目，陕建一建集团严格执行上级的决策部署，按照陕建集团的统筹安排，组织大批党员干部逆向而行，在西安市公共卫生中心项目工地上打响了一场全市瞩目的攻坚战。

时间就是生命。在得知西安市公共卫生中心项目建设信息后，1月27日、28日，陕建一建集团连续召开专题会议，总结以往抢险项目施工经验，组织人员编制施工组织设计，设计施工平面图，安排施工进度计划，准备施工材料物资，做好了打大仗、打硬仗的先期准备。

1月31日，大年初七，许多人还沉浸在节日的氛围中。当日夜里，陕建一建集团收到建设西安市公共卫生中心指令。集团快速反应，党委书记、董事长黄海龙亲任总指挥，领导班子成员程华安、刘家全、迟晓明、刘丹洲、高雄等悉数驻扎现场，轮流值班，直接参战。紧急抽调五公司、六公司、七公司、安装公司、装饰公司精兵强将参战，其他公司随时待命支援项目建设，机关工程项目管理部、安技部、结算管理部、综合办、工会等众多部门派人到现场参与指导工作，协同作战。

2月1日清晨，寒风料峭，冷气逼人，战斗已然打响。部分管理人员开始接收场地，熟悉场容场貌；部分管理人员开始测量放线，并配合机施集团施工；另一部分管理人员开始接管办公区，打扫久未使用的办公室和宿舍，恢复卫生间和食堂，当天晚上就在食堂吃上了晚饭，使其具备了正常的生产和工作条件。全部准备工作就绪，原先冷清的地方一下子变成了热火朝天、人声鼎沸的施工现场。

2月2日，终于拿到了施工图纸，现场近600名管理人员，1500名劳务工人，争分夺秒，大干快上，一刻不停与时间赛跑。在这里，不论分工，不分你我，有什么困难大家一起上，有问题大家一起协商解决。几乎所有的管理人员都是降格使用的，分公司总经理干的是项目经理的活，项目经理干的是工长的活，工长干的是劳务人员的活。

由于在春节假期期间，使得大量劳务工人无法按时到岗，劳动力奇缺，项目现场的管理人员就亲自上阵，绑钢筋、卸材料、拉电线，与工人一起劳动，为的就是把时间能再抢一点回来。大家相继完成了基槽开挖、钢筋绑扎、模板搭设、混凝土浇筑，到当天晚上12点，共完成土方开挖5000立方米，混凝土浇筑1500立方米，垫层全部打完。

到这个时候，很多人已连续工作了16个小时甚至更多。为了节省时间，他们甚至顾不得吃饭、喝水，实在困得不行了就裹紧棉大衣在基坑边眯一会。呼出的热气在睫毛上结了冰碴子,刚拿到手的热馒头吃到嘴里已经冰冷。有的人为了节省往返在路上的时间,索性就在车里打个盹对付一宿。有的人指挥协调现场施工需要不停地喊,一天下来嗓子都"冒了烟",说不出话来。大家只有一门心思:快一点,再快一点。快一点干完,快一点交给下一道工序。

把梦想刻在奋斗的坐标,时任陕建一建集团第七公司副总经理景朋涛以身作则,一头扎进现场迅速行动起来,生产安排、人员调配、材料进场,每一项都了然于胸。节奏快、强度大,他就像个陀螺,奔走在现场各个角落。匆忙扒两口盒饭,每天仅有三四个小时在车上休息,一身泥水,双眼布满血丝,喉咙一度发不出声来……自进场一直到竣工交付,他一直都在一线,第一个进场,最后一个撤离。

"工程不完我不退"。2月3日一大早,参战者又马不停蹄开始基础支墩及导墙钢筋绑扎、混凝土浇筑。高强度劳动让工地上每一名建设者都绷紧神经,"快点!再快点!"不仅挂在每个人的嘴边,也刻在每个人心里。多道工序同时推进,多家单位同场作业,谁也不甘落后,谁也不想拖后腿。

按照陕建集团的安排,由陕建一建集团负责整个项目的后勤保障工作。兵法中常说"兵马未动,粮草先行",后勤工作是保障前线工作人员取得胜利的关键。

为了让现场约2400人吃饱、吃好、吃得健康、吃得舒心,陕建一建加急调来了15个厨师,将他们分成三个灶,保证每顿两荤两素4个菜,每天供应三顿热乎饭。正值春节,再加上疫情的影响,买菜极不方便。后厨师傅往往要跑很远的路,他们从凌晨四点就要开始准备,一直要忙到晚上十二点多才能结束。

每到饭点,刚开始忙起来的时候,后勤组的管理人员就主动到厨房帮忙摘菜、洗菜、盛饭、装盒,并开车将饭运到工地,等到大家都吃完后再把饭盒收回,这才算结束。很多时候,等这些都忙完后,后勤组的同志们只是扒拉几口冷饭或者吃个馒头夹辣子,就又开始了忙碌。

现场生产分秒必争,质量和安全却一刻也未放松,安全事故更是零容忍!面对这场"硬仗",质量安全组人员铆足精神,保证24小时在场。施工前详细交底,施工中不间断巡查,让每个工作面进展都在实时掌控中,杜绝施工偏差和违规操作。如此高标准要求要在占地几百亩的现场实现,一个班次12小时,不停奔走,每天数万步,每个质量安全人员都练成了"铁脚板"!

人间有大爱。自进场施工以来,不断有一建内部其他兄弟单位、陕建系统其他单位以及社会爱心人士打来电话,要捐款捐物。捐的东西有泡面、香肠、矿泉水、红星软香酥、苹果、酸奶等食品,还有烧水壶等日用品。更有附近的村民主动前来，说自己懂水电，愿为项目尽绵薄之力。甚至还有村民留言说自己会补胎，如果需要愿意随时效劳。

大战大考。危难时刻，一个个一建人挺身而出，逆向而行。这里面有兄弟，有夫妻，有师徒，还有父子。他们舍"小家"顾"大家"，置个人安危于身外，全力投入到这场没有硝烟的战场中，涌现出了很多可歌可泣的感人事迹。

程传学是一位地地道道的"老安装"，年过五十的他从业三十五载，在管道专业方面有深厚的造诣。他接到公司通知，毫不犹豫地赶到了施工一线，肩负起整个项目的管道质量监管重任。由于现场面积巨大，施工作业点遍地开花，他就和大家不停地在现场巡查，将所有施工进度状况都实时掌控。因为工期紧迫，根本没有返工的余地，只能一次成优。

"咱就是一个普通职工，捐不了钱也捐不了物资，但咱有一双手，可以在建医院时出把力气，尽一份心。"程师傅的话不是豪言壮语，但在这非常时期，却是字字千钧，温暖人心。

"虎父无犬子"，程传学的儿子程福全也是安装部门大军中的一员。他知道父亲平日里虽然话不多，但时刻看着自己呢。在这次战斗中，一定要争一口气，给父亲看看。今年刚25岁的他一来到现场，就挑起了第五工程公司现场材料管理和室外电缆敷设的重担。年轻的他身上仿佛有使不完的力气。在冰冷彻骨的寒夜，185的电缆粗如小臂，异常冰凉沉重，他带领工人要把四趟90多米长重逾千斤的电缆铺设到地下套管中。号子喊得他嗓子都哑了，后来急性子的他干脆自己上手一起拉电缆，从下午一直干到凌晨。休息时，双手端碗泡面都不听使唤了。

正月初七，家住彬州市北极镇的田凡在微信群得知西安市公共卫生中心项目建设信息后，顾不得疫情，第一时间报名参战，第二天便火速来到项目现场。恰逢场地平整和土方开挖进入关键时期，他二话不说，迅速进入角色，一直干到第二天凌晨五点才结束。在车上短暂休息了一个多小时后，天刚亮，他又开始了新一天的忙活。

家在农村的妈妈担心田凡，命令同在陕建一建工作的哥哥田广去工地看望弟弟，叮嘱他给田凡带了一大兜干馍片和煮鸡蛋，生怕他饿着肚子干活。

打虎亲兄弟，上阵父子兵。田广来到项目现场，二话不说就投入了战斗。田凡说："哥，咱兄弟俩来一个就行了。"田广安慰他说："这个关键时刻谁也不能装孬种。工地上这么多人哪家没有妻儿父母？我也是一建的一员，我有义务，也有责任啊。"田广不但自己帮着干，还"公私兼顾"，安排了6个管理人员和12个熟练的木工师傅，为田凡所在的5号宿舍楼模板搭设提供了强有力的火力支援。田凡所在的六公司也成为同标段中第一个进行箱式板房吊装的单位。

眼看项目接近尾声，田家两兄弟终于有时间考虑一下自家的事了。原来，他们的父亲因长期血糖高、血脂高导致左脚小拇指溃烂，原计划过年后就安排截指手术。现在，西安市公共卫生中心这个"突如其来"的项目就要竣工，他们终于可以安心去准备父亲的手术了。

这就是务实执着的陕建一建人，他们平常默默无语，朴素普通，但当大疫当前，危急时刻，他们总是挺身而出，冲锋在前，舍小我，担大义，无私奉献，践行着"建筑铁军"的使命和担当。

西安市公共卫生中心项目建设现场，不仅有亲兄弟、"父子兵"，还有"夫妻档"，他们舍下父母孩子热炕头，携手奋战在工程建设的第一线。

装饰公司雷佳接到公司的建设通知后，顾不得休息，第一时间赶往施工现场，投身到建设大军中。他的妻子管维娜同样也是装饰公司的一员，在丈夫接到通知后，她本可以不用到建设一线中去，但作为一名共产党员，她选择义无反顾奔赴现场。到饭点了找她，她这个后勤保障组组长好像一只永不停息的陀螺，不知疲倦。

六公司的陈晓斌带领4名管理人员没日没夜坚守在现场，为了减少上厕所的时间，他尽量不喝水。现场环境嘈杂，为了让大家听清调度，他常常必须大声呼喊，几天下来嗓子都喊哑了。饿了就吃碗泡面，困了就裹紧军大衣在基坑边眯一会儿，四天四夜没出过工地的大门。他的爱人范启媛每天工地与家两头跑。几天下来，终于累垮了，但她病了也不下火线，仍然奔走在项目现场。

五公司的倪鑫和装饰公司的赵千慧、六公司的申凯和装饰公司资料员王菲、七公司杨磊和邓青……一对对夫妻奋战在工地的不同角落，有时一天下来都顾不上说一句话，但他们心中明白，两人挥洒汗水都是为了一个共同的奋斗目标。

哪有什么岁月静好，只是有人在为你负重前行。今天，当人民需要，就让我们来做那个负重前行的人吧。

就是许许多多这样可敬可爱的陕建一建人，用行动对照初心，用担当书写使命。她们舍小家为大家，将使命和激情汇聚在这片小小的工地上。她们像一束束微小却明亮的灯光，照亮天空。在这个寒冷的早春，她们像一盏盏火把，温暖你我。

不惜一切代价，不讲任何条件，克服一切困难！陕建一建集团集中一切可以集中的人力、财力、物力，优质高效完成了西安市公共卫生中心医生办公区及宿舍区工程施工任务。项目广大职工把责任扛在肩上，把使命放在心中，鼓足干劲往前冲，不愧是一支召之即来、来之能战、战之必胜的建筑铁军。他们用实际行动证明了陕建一建集团是一支在关键时刻能拉得出、用得上、打得赢的优秀团队,给全市人民交出了一份合格的答卷。

关键时刻冲得上,危难关头豁得出,千钧一发打得赢。

陕建一建"建筑铁军"绝非虚名。

2021年岁末,为确保人民群众的生命安全,西安市委市政府审时度势,未雨绸缪,果断决策要迅速建设一批应急医院,作好打大仗、打硬仗的充分准备。

西安市应急医院建设

召之能战,战之能胜。陕建铁军连夜集结,火速出征,再次征战第一线,万众一心抢建应急医院。

1月1日,元旦,新年第一天,陕建一建集团接到西安市雁塔区应急医院的建设指令。速度就是胜利,陕建一建集团党委立即发出战斗"动员令"。仅1个小时后,138名建设者,1450名劳务工人组成的突击队组建完成。党员先锋队、青年突击队红旗招展,冲锋在前,180台工程机械火速驰援施工一线,一场与时间的赛跑由此开启。

经集团党委研究决定,由善打硬仗的第六分公司作为雁塔区应急医院建设的主力,一建集团副总经理、六公司党总支书记、总经理李引胜迅速集结精兵强将,连夜进驻项目现场。

雁塔区1号病区项目占地约44.7亩,总建筑面积9986平方米,规划设计360间病区房间。整个施工任务只给短短4天时间,加之施工场地是由停车场改建而成，基础条件较差，现场既没有水、电、排污等设施，也没有供工作人员住宿和用餐的场地，环境艰苦、任务艰巨、时间紧迫。

现场杂乱？限时清理！设施不足？紧急外调！夜幕降临时，施工现场依旧灯火通明。工作人员每天工作超20个小时不停歇，劳务人员两班倒，确保早上5点前上班，凌晨2点后下班，最高峰有上千人同时作业，昼夜不息，通宵达旦。在合力攻坚的集结号之下，每个人都在奋力拼搏。

为在最短时间内完成建设任务，项目指挥部制定了"小时制"作战地图，倒排工期计划，同步推进规划设计、方案编制、现场施工、资源保障等各项工作，数十家分包单位、上百道工序、一千多名建设者无缝对接、密切协作。

每一个节点就是一个关卡，每一次攻坚就是一次冲锋。为确保按时完成建设任务，项目实行"5＋2""白加黑"的施工策略，样板先行，各项工序无缝隙衔接的策略贯穿项目建设始终。火力全开的机械设备，亮如白昼的施工现场，施工现场的每一个人每日不过两个小时的睡眠，沙哑的喉咙、红肿难以站立的双脚都见证了他们的责任与坚守。

现场宿舍及餐厅区域施工负责人杨晓晨表示，再苦再累都不怕，毕竟咱是一名党员干部，也是有西安公共卫生中心建设经验的人。可跟着我干的劳务工友们都是来自五湖四海，繁琐的土建基础砌筑、厢房骨架安装、洁具拼装、卫浴拼装等工序穿插施工，我必须要盯紧，绝不能出任何差错。

假期期间，劳务工人紧张。第六分公司雁塔科创中心项目副经理周博赶紧在劳务群里发消息"哪里有工人？劳务兄弟速与我联系"。话音刚落开着车就上路，群内但凡有人回复，他就立即前往工人所在位置，把他们接往建设项目。1小时便集结了200名劳务工友到达现场。

90后的总工长杨超晚上干得实在睁不开眼了。一张旧纸壳、一个泡沫板就是一张床，短暂地眯一会儿。平日里帅气威武的小伙子早已"不修边幅"，衣衫不整，满身尘土。

"快点，再快点，速度卸车！"将近1万平方米的现场，6小时内完成400多间厢房进场，24小时完成所有厢房吊顶安装、集成卫浴安装，12小时完成400余张床位搭设，48小时基本完成全部建设任务，72小时达到移交条件……

项目材料负责人孙玲莉不停地奔走在现场各区域，每天仅有劳务班组倒班的交替时间可以休息，双眼通红，喉咙一度发不出声来。因为每天都在打电话催促材料进场，充电宝一个不够两个交替使用，手机打得发烫，她笑着说："就当是暖宝宝了，医院早一刻投入使用，群众就多一份保障！"

把6岁的孩子托付给爷爷奶奶，夫妻俩双双奔赴现场。作为基础物资"大管家"，六公司综合科科长范启媛在前往项目的路上几乎联系完雁塔区所有超市，凑齐各类所需的保障物资。

后勤保障部的群里不时传来"发热鞋垫、暖宝宝已送到，马上送至作业面，大家再坚持一下！""金嗓子喉宝、草珊瑚含片到货了，大家吃完饭了记得拿上！""还有没吃饭的同事吗？报送位置，马上送到！"

就是这样一个暖心的人在这个冬天风风火火地奔跑在项目的各个角落。一天几万步是最基本的标配，冬日的紫外线早已把脸晒得层次分明，耳朵也被磨出血印，却仍然乐此不疲地穿梭于现场。

4个昼夜的日夜鏖战，96个小时的拼搏坚守，1月5日早上8点，雁塔区应急医院通过验收，如期交付。

就在雁塔区应急医院紧锣密鼓建设的同时，西安港务区元朔应急医院也在热火朝天地进行中。

陕建一建集团双线作战，火力全开。

2021年12月31日，陕建一建集团第七公司接到建设"西安国际港务区元朔应急医院"任务。该项目总用地面积约9.2万平方米，总建筑面积40039平方米，需要建设病房1504间，比雁塔区应急医院规模更大，任务更艰巨。

时任集团副总经理、第七公司总经理高雄和公司党总支书记罗娜迅速行动，在公司职工群里发起"请战书"。

"我是党员，我先上！""我无负担，我报名！""我有西安市公共卫生中心项目施工经验，让我去！"数以百计的职工第一时间响应，大家摩拳擦掌，纷纷请战。

2022年元旦当天，召集人员、视频会议、现场勘察、研究方案、确定施工计划。仅用半天，建设队伍组建完成！共有100余名管理人员分成外联、后勤保障、文明施工、施工管理、安全管理、材料管理、技术质量等分组，分别有组织、有规划地奔赴港务区。

"我必须带领我的团队一直坚守在项目一线！"高雄亲自带队，按照集团领导的部署，高效组织、科学规划、多种预案、因地制宜，从设计、采购到施工，每一个环节、每一处细节都要坚持高标准、严要求。

入场当夜，建设者们没有片刻停歇，迅速分组开展前期准备工作。管理人员和劳务工人一起施工作业，边施工、边规划图纸、材料进场、吊装、统筹物资，人人各司其职,建设现场彻夜灯火通明、塔吊林立。

"人员机械 24 小时不停,全速抢建!现场设计策划、材料调转、施工部署、安全监管、后勤保障、质量验收高效进行。

没有桌椅办公场所,会议就在工地上进行。他们站在荒芜的空地上露天开会,吃饭也是着急在施工作业面上凑合两口,就赶紧再投入工作。顾不上喝水,很多人"失了声音",嗓子冒烟了。但任何困难都不足以让他们停步哪怕一分一秒,因为他们深知,建设的步伐越快,将越早为人民群众提供一个"温暖的家"。

西安国际港务区元朔应急医院建设任务圆满完成

本次七公司负责建设的区域共有 8 栋单体,每栋分为 40 间,共 320 个房间。现场调动汽车吊、板车合计 30 余台、运输材料大型车辆 20 余辆,人、材、机管理有序,1483 米围挡仅用半天完成。现场实行 24 小时作业模式,每日平均进材料 30 余车!冬日的汗水、满腔的热情、高效的协作、决胜千里的指挥,港务区"应急医院"连续奋战建设加速度!

由于人数众多,菜品购买艰难,上千人的后勤保障也成为重点难点。公司成立了以公司机关工会为主牵头的后勤组,负责保障 4600 多人的一日四餐,最晚一餐延续到凌晨一点,确保上千份盒饭送到每个人手里,用一餐餐热腾腾的饭菜温暖参战职工们的心。

项目现场还为大家准备了充足的速食干粮储备在库房，包括方便面、饼干、火腿肠、面包、牛奶等，有备无患，粮草充足，力求万无一失。

微光成炬，向光而行。七公司技术质量科在项目组建了由技术负责人、质量员、资料试验员共计12人组成的"应急医院技术团队"，在技术管理上主动出击，以服务现场进度为核心理念合理优化。如建议设计院采用砖墩作为厢房基础，不仅有效缩短工期，也大大降低了施工难度；所有排污管道经优化后无需破除路面，实现室外和厢房吊装同步施工；做好隐蔽工程验收和全数分户检查，落实举牌验收，现场质量一次成型，全部合格。

安全是高效的前提。七公司安全科在科长李军行的带领下，集结了13人组成安全管理团队，提前布局谋划。科室人员精心进行前期准备，警戒线、高音喇叭、安全资料及设备等急需的物品迅速集结。方舱建设多为起重吊装的程序，由水泥砖砌筑的基础需要多次散点吊运，物体打击风险骤增。面对打击面广，作业人员流动性大的特点，在吊装作业周边由安全管理人员巡场，实施网格化监管；每日班前教育，过程教育，并在过程中对起重机械区域进行警戒隔离，确保机械安全、人员安全。

夜间作业风险在此次建设任务中依然是重头戏。安全团队坚持午夜之前全体在岗，午夜之后轮班休息的原则，确保有作业的地方就有安全员全程旁站、巡场。面对发电机不可控因素多，油料存放存在电气危险等隐患，他们从实际情况出发，针对发电机发电进行专门的管控，由电工组成使用及维护组，确保正常情况下有人维护，夜间施工有照明，有人巡查，突发情况有人处理。

因为场地狭小，大家常常奋战到深夜，第二天又要接着工作，住宿就成了问题。现场的管理者就主动睡在车上，把床位让给一线施工人员。"他们要干体力活，最苦最累，应该先保证他们休息，我们对付一下没什么。"陕建一建集团工会副主席屈立娜动情地说。

忙而不乱，紧张有序。关键时刻，陕建一建集团全体干部职工充分展现了人民铁军的风采和品质，展现了临危不乱、管理有方的一贯作风和素养。就在抢建两个"应急医院"的时间段，集团党委书记、董事长黄海龙因特殊原因在家办公，只能遥控指挥，面对自己团队的卓越表现，他深感欣慰。

星夜驰援，舍我其谁。明知"逆行"仍前行，只想用最快的速度、最高的质量，为西安搭建出温暖的庇护所，打造出坚实的阵地。默契配合，彼此接力，耀眼的灯光将建设现场照耀得如同白昼，一建人在这个冷风刺骨的寒夜里挥汗如雨，演绎了一场合力攻坚。

在这场建设任务中，大家看到的是陕建速度，这背后蕴含的却是全体建设者不休不眠、全力奋战的勇敢担当，以及不达目的决不罢休的强大信念与力量。众志成城、万众一心，拳拳之心，滚烫如火，立命陕企担当！誓要用建设者力量筑就"温暖家园"。

从晨光熹微到夜色深沉，这场必胜之战的每一个日夜，都上演着一幕幕感人的画面，是责任，是担当，是使命，是不悔。坚持到底、永不放弃，全力以赴、不辱使命。

在寒风刺骨的深夜，党徽在一线作战的共产党员胸前闪耀光芒，化作鼓舞斗志的无穷力量。在雾霭笼罩的白天，党旗在工地最高处高高飘扬，引领着英雄铁军前进的方向。

听党指挥，能打硬仗，敢打硬仗，打赢硬仗。一建集团广大职工把责任扛在肩上，把使命放在心中，用奔跑的速度成功构筑起时代的堡垒，用国企的担当成功构筑起坚固的城墙。经过七天七夜的持续鏖战，1月9日圆满完成建设任务并顺利移交，向全市人民交出了一份合格的答卷。

在参与应急医院项目建设以外，陕建一建集团还积极承担社会责任，分别向长安区、雁塔区、碑林区、德善爱心共享厨房等多家机构和单位共计捐赠50多万元物资，助力各项工作有序推进。当陕建一建集团党委书记、董事长黄海龙得知特殊时期社区工作人员每天用餐不便时，立即安排陕建一建集团职工食堂购买米面油菜，启动"暖心暖胃"免费送餐工程，用实际行动支持一线"战士"。

特殊时期，集团积极响应省委组织部的号召，统筹安排216名党员干部下沉到基层一线支持工作，践行初心使命、体现责任担当。组织265名志愿者开展服务活动，他们不畏严寒，投身基层志愿服务，构成了一抹鲜亮夺目的"志愿红"。

在万众一心的鏖战之下，没有一个冬天不可逾越。

在众志成城的守护之中，没有一个春天不会到来。

第二节　扶危济困显担当

全面奔小康的路上，"一个也不能少"。党中央、国务院从全局出发，高瞻远瞩，全面打响脱贫攻坚战。

生在新社会，长在红旗下。作为血液里流淌着红色基因的全国文明单位陕建一建集团，下属两个单位持续保持省级文明单位，五个单位保持市级文明单位。在自身不断发展壮大的同时，陕建一建集团始终坚守自己国企定位，牢记一切为人民的光荣使命，担负起脱贫攻坚的历史责任。通过开展就业扶贫、消费扶贫、教育扶贫，多措并举，多管齐下，助力定点帮扶地区的贫困户增收脱贫，为决战决胜脱贫攻坚作出了积极贡献。

功成不必在我，功成必定有我。

脱贫攻坚第一招，就业扶贫。2021年是全面建成小康社会和打赢脱贫攻坚战的决胜之年，按照省政府稳就业助脱贫有关工作部署和陕建集团的具体要求，集团党委书记、董事长黄海龙组织召开帮扶建档立卡贫困人员就业工作专题会，学习传达了陕建集团帮扶建档立卡贫困人员就业工作部署推进会精神，并对集团开展此项工作进行了总体安排部署。

第一时间，陕建一建集团组织成立了两个扶贫工作队，深入汉中市南郑区、镇巴县，帮扶吸纳未脱贫、未就业"双未"建档立卡贫困劳动力实现脱贫就业。

为摸清底数，掌握实情，陕建一建扶贫工作队不厌其烦，细致认真地调查摸排了335户建档立卡贫困户，了解他们就业状况，确定就业意向，走村入户宣传企业提供的就业帮扶信息，并发放就业帮扶介绍等宣传资料。"一对一"地进行就业帮扶岗位推荐，鼓励他们走出大山，拓宽就业渠道，靠自己的双手脱贫增收奔小康。

以"就业一人、脱贫一家"为目标，视贫困户为朋友，与贫困户心连心，坚持把好事办好、实事办实、难事办成、急事办快，真心实意助脱贫，勇于负责显担当。自帮扶就业活动开展以来，共帮助58名建档立卡贫困人员走上工作岗位，实现就业。其中南郑区25名，全部为公益性岗位；镇巴县33名，为公益性岗位和临时性防疫公岗。陕建一建集团每月给予以上人员共计45260元岗位补贴。

脱贫攻坚第二招，消费扶贫。在助推脱贫攻坚中，陕建一建集团积极拓宽消费扶贫的路子，使优先采购贫困地区扶贫产品成为助力脱贫攻坚的"新常态"。

2018年，陕建一建集团工会赴咸阳乾县阳洪镇上陆陌村，开展了"精准扶贫、爱心助农"活动。上陆陌村盛产水果，由于销售渠道不畅，导致大量优质水果滞销，从而影响了村民整体收入。得知这一消息后，陕建一建集团工会迅速行动，前往上陆陌村与当地村干部积极沟通，与贫困户面对面交流。在详细了解他们的基本情况、家庭成员信息、身体健康状况、脱贫意向以及思想动态等情况后，集团自筹

40000 余元帮助他们解决滞销已久的水果。当天晚上 6 点，陕建一建工会职工和村民一起搬运完成了 2200 余箱贡梨装车任务，连夜赶赴西安，果农都十分感动，激动地说："陕建一建真是爱心企业，我们终于能过个舒心的春节了"。

2020 年春节前夕，陕建一建集团到定点扶贫县陕西省安康市白河县购买了扶贫产品木耳、粉条、干菇、豇豆干等 11476 份，合计 573800 元。在新春来临之际，开展对口地区农副产品采购活动，既能够满足广大职工采购年货的需求，又能带动贫困地区农副产品销售，帮助贫困户增收致富。这样的活动，既有年味更有人情味。

2020 年 5 月 23 日，陕建一建集团再赴安康市白河县焦赞村开展扶贫献爱心活动。在参观希望农产品加工厂、大黄岭苗木花卉基地、羊肚菌种植基地，了解企业生产运营情况之后，陕建一建集团与当地的秦工合作社签订了价值 200 万元的消费扶贫框架协议，并向焦赞村捐赠 2 万元的爱心扶贫资金，助力白河县精准扶贫。

陕建一建集团还充分利用网络平台奉献爱心。截至 2022 年年末，在陕西省总消费扶贫平台上购买扶贫产品 145 万余元。

脱贫攻坚第三招，教育扶贫。2020 年 5 月 22 日下午，陕建一建集团到蓝田县汤峪河村汤二小学开展关爱留守儿童活动。当看到当时小学操场破败不堪的现状，了解到学校需求时，立即表态援建学校操场，并以只争朝夕的精神投入学校操场建设，真抓实干，不到一个月的时间，一座以大美山河为背景，写着"好好学习，天天向上"、充满朝气的舞台出现了，操场也美化了，学校面貌焕然一新。

漫漫脱贫路，殷殷民生情。2020 年 7 月 10 日下午，陕建一建集团在蓝田县汤峪河村汤二小学举办援建操场交工仪式。在仪式上，陕建一建集团与西安市红十字会签订"陕建一建红十字"助学项目协议，正式启动"陕建一建红十字"一对一结对帮扶助学活动。陕建一建集团 10 名领导班子成员一对一帮扶 10 名学生，将每年定期资助留守困难儿童。对特困留守儿童开展一对一结对帮扶助学活动，帮扶将一直持续到学生高中毕业。

近年来，陕建一建集团认真贯彻落实各级党委政府及陕建集团党委脱贫攻坚工作各项部署，通过全力支持、参与"就业扶贫＋消费扶贫＋教育扶贫"的各项有效举措，持续助力定点帮扶地区脱贫攻坚工作，主动有为履行企业社会责任，用实际行动全力践行了一建人在脱贫攻坚实践中的初心和使命，以显著成效充分彰显了陕建一建集团的社会使命与担当，赢得了各级党委政府、集团公司及广大群众的充分认可和高度肯定。

2021年2月25日,习近平总书记在全国脱贫攻坚总结表彰大会上的讲话中,概括提炼了"上下同心、尽锐出战、精准务实、开拓创新、攻坚克难、不负人民"的脱贫攻坚精神,陕建一建人倍受鼓舞,因为他们也为脱贫攻坚精神奉献了汗水和力量。

心存善念,大爱无疆。2020年5月,在蓝田县入户走访中,陕建一建人无意中了解到,2016年3月,刚刚一岁十个月大的李郁嘉在玩耍时,不慎跌坐进了家中正准备煮面的开水锅中,身体后部从胸部到小腿整片大面积严重烫伤,受伤后先被送至西安市第九医院急救,后因伤情严重转至西安市西京医院治疗。由于烫伤面积巨大,伤情严重,需要40多万元的手术治疗费,家中倾其所有并四处借贷仍无法凑齐治疗费用,不得已向社会求救。

李郁嘉的不幸遭遇引起了社会广泛关注和同情,爱心市民纷纷伸出援手,共为李郁嘉捐助了30余万元,使他顺利接受了治疗,小小生命得以挽救。

为受伤儿童爱心捐款

术后,李郁嘉一直接受康复治疗。但随着孩子的成长,身体后部形成了约1080平方厘米的瘢痕,犹如一层厚厚的硬壳,每天奇痒难忍。更为要紧的是,腰部和腘窝处的瘢痕在弯腰时会引起剧烈疼痛,并已严重制约孩子的生长发育,若不及时治疗,会造成身体形变和残疾。

经向西京医院烧伤科咨询,李郁嘉小朋友的第二次植皮手术治疗费用约需36万元,医保报销及医院减免后,仍有20万元左右的治疗费需要个人承担。陕建一建集团工会了解到这个消息后,主动联系西安市红十字会,在全集团为李郁嘉小朋友发起募捐倡议。

在集团为李郁嘉小朋友的募捐活动中,集团领导班子成员带头捐款,广大干部职工纷纷伸出援助之手,很快为李郁嘉小朋友募集到 205258 元的手术治疗费用,解决了小郁嘉的燃眉之急,用实实在在的行动践行了"人道、博爱、奉献"的红十字精神。

关爱进城务工人员,温暖大家庭。陕建一建集团在各个项目部成立了工会联合会、服务进城务工人员工作小组等,构建了对进城务工人员进行培训、管理和维权的一体化服务体系,形成了"线上了解问题,线下解决问题"的高效机制,拉近了集团与进城务工人员的距离和感情,助推了生产的高效开展。2020 年,陕建一建集团想方设法将进城务工人员也纳入互助保障范畴,为 983 名进城务工人员办理了"住院+意外"互助保障保险,进一步延伸企业的关爱。

疫情无情,人间有爱。2020 年 3 月 3 日,一场温馨的捐赠仪式在西安市公共卫生中心综合行政楼会议室举行。陕建一建集团党委书记、董事长黄海龙将一块写有"陕建一建集团向西安市公共卫生中心捐赠资金 327085 元"的牌匾交到西安市公共卫生中心党委书记、院长虎威手中。

向西安市公共卫生中心捐赠资金

陕建一建集团广大干部职工迅速行动,纷纷主动捐款,在短短两天时间内,共有 1522 名职工捐款 227085 元,陕建一建集团又筹措资金 100000 元,两项合计

327085 元。

有一位普通职工曾在武汉上大学，当她听到组织捐款时，二话没说，把自己平时积攒下来的 22000 元全部捐了出来。有的职工将自己在西安市公共卫生中心项目参建期间的工资捐出来，以这样一种方式表达自己 100% 的支持。门卫、保洁员、离退休老同志等最普通职工也慷慨解囊，纷纷用自己最真挚的感情、最纯朴的爱心、最积极的行动，谱写了一曲感人肺腑的动人乐章。

陕建一建集团党委书记、董事长黄海龙在讲话中指出，十几天前，我们带着顺利交工的荣光告别了西安市公共卫生中心；今天，我们带着对医务人员的关心和祝福，带着陕建一建集团全体干部职工的情义重返此地，向奋战在一线，用血肉之躯护佑百姓安危的白衣战士表达我们最崇高的敬意、最真挚的问候。

一箱箱物资不仅是一份份爱心，更是国企担当。陕建一建集团持续将温暖送到一线，与奋斗在一线的工作人员勠力同心，共同前行。

继 2021 年 12 月 25 日、26 日先后给雁塔区捐赠物资及生活用品后，2022 年 1 月 13 日下午，陕建一建集团向雁塔区捐赠方便面 400 箱、火腿肠 50 箱、大米 300 袋、面粉 300 袋、食用油 300 桶、猪肉 435 斤，总价值 25 余万元。

2021 年 12 月 27 日，陕建一建集团向长安区捐赠防寒服 50 件、帐篷 3 套、暖风机 3 台，价值 13000 多元。

2022 年 1 月 5 日下午，陕建一建集团向长安区捐赠总价值 20 余万元的物资。

2022 年 8 月，陕建一建集团再次伸出援手，向商洛市红十字会捐赠生活物资等价值 20.31 万元。

越是危难时刻，越显责任担当；越是艰难险阻，越显人间大爱。陕建一建集团不仅在助力城市高质量发展上高效履约，建造精品工程，在关爱社会、回馈社会上，自始至终也都在坚持做有益于社会发展的爱心服务，弘扬陕建集团"向善而建"的企业哲学，真正地践行"善是济善，是责任"的理念。

互相守望，彼此温暖。总有一些让我们感动的人和事，他们用爱心和行动贡献力量。在陕西省肿瘤医院对面，有一家德善爱心共享厨房，这间 80 多平方米的厨房里分布着十多个炉灶，是专为附近有需要的病患家属免费提供的可以给病人做饭的地方。

当从网络上得知德善厨房的爱心故事后，陕建一建集团立即组织人员采购米面油、肉蛋菜等物资，无偿捐赠给德善厨房。2022 年 1 月 6 日上午，陕建一建集团将这批价值 40000 余元的爱心物资交到了德善厨房负责人的手中。时任集团工会主席、纪委书记袁勇表示："'抗癌厨房'的故事感动了无数人，这样的善良值得我们尊重，你们的善举值得人们学习。陕建一建集团也希望能贡献绵薄之力，通过你们继而帮助到更多的人。"

好人帮好人，爱心接力跑。如今，陕建一建集团对德善厨房的捐助已经成为常态。夏天德善厨房缺少一台冰箱，冬天需要一些过冬棉衣，集团就会尽量满足对方意愿。每隔一段时间就会送去一些柴米油盐。细心的工会副主席屈立娜说，考虑到德善厨房空间有限，我们每次尽量控制好总量。好在集团分公司挺多，正好也可以让大家都有机会奉献爱心。

万众一心，没有翻不过去的山；心手相连，没有跨不过去的坎。风雨过后，"西"望你我，"安"然无恙。

勇担社会责任，陕建一建永远冲锋在前。2019年6月，为了积极响应国家"两不愁三保障"的惠民政策，陕西省住房和城乡建设厅组织建工企业开展贫困山区危房鉴定工作，听闻消息后，陕建一建集团第一时间就报了名，派出18名参与危房鉴定的职工。

汉中市西乡县，大大小小上百个村庄散落山间，陕建一建职工一住就是半个多月。很多村庄需要徒步20多公里的山路才能到达。白天在山野间奔波一整天，爬山越岭，入户核查、资料审核、每户必到，许多人脚掌磨出了水泡，路途遥远的晚上就直接住在群众家里，还要在睡觉前完成当日的鉴定报告和工作日志，身心俱疲，常常趴在桌子上就睡着了。

风雨兼程，使命必达。半个多月时间里，无论是顶着炎炎烈日，还是冒着倾盆大雨，甚至冒着泥石流随时滑坡的危险，大家走遍了西乡县17个村镇，用自己的专业知识和敬业精神，圆满完成组织交给的光荣任务，再一次彰显了人民铁军风范。

心中有爱，就会始终奔赴需要爱的地方。陕建一建集团组织职工代表慰问看望空巢老人，为他们送去电暖器、冰箱、洗衣机等日用品，帮助他们解决生活中的实际困难；"八一"前夕开展拥军活动，为驻守岗位的人民子弟兵送去家用电器和生活必需品，并献上最崇高的敬意；赴王寺敬老院等进行爱心慰问，和老人谈心，为他们表演节目。

发扬"一方有难，八方支援"的优良传统。当汶川地震、玉树地震、舟曲泥石流等自然灾害的消息传来时，陕建一建集团总是积极组织干部职工为灾区人民捐款。2017年夏天，陕北突发洪灾，绥德县受灾严重，陕建一建集团立刻组织开展捐款捐物活动，并派车派人，第一时间赶赴受灾现场，帮助救援。

主动承担社会公益责任，以承担更多的义务为荣。多年来，陕建一建集团广泛开展公益活动和志愿服务，制定了《陕建一建集团志愿服务活动实施方案》，要求机关和基层各单位 50 岁以下的干部职工全部按要求在社区注册为志愿者，制定了学雷锋活动实施方案和活动开展计划，成立了学雷锋志愿服务队，开展多种形式的志愿服务和便民活动，大力发扬奉献、友爱、互助、进步的志愿服务精神，推动学雷锋活动深入持续开展。

2022 年，陕建一建集团 216 名党员干部、265 名志愿者主动下沉一线参与社区志愿服务，风雨无阻，众志成城。

集团组织职工参加义务植树、义务捡拾垃圾活动，深入社区开展环境卫生治理工作，积极参与"车让人"行动和"烟头不落地，西安更美丽"以及西安创建全国文明城市等社会综合治理活动，将志愿服务融入日常工作生活，在辖区营造了良好的氛围。

为帮助留守儿童、山区孩子更好地上学，陕建一建集团每年组织职工代表前往山村小学看望慰问，对蓝田县玉川镇南北沟小学、葛牌镇铁索桥村学校、洛南县洛源镇吊棚小学等进行爱心帮扶，给孩子们送上多种学习用品并为贫困生捐款。

2017 年六一儿童节，集团组织职工代表前往西安特殊教育机构白鹿亲智阳光家园，举行了"天使之翼、爱的呵护"主题活动，与患有自闭症或智力障碍的特殊儿童心贴心交流，为他们送去图书、画笔、益智玩具等大量爱心物品，还给学校送上了米、面、油等生活必需品。像这样的献爱心活动，陕建一建集团已经持续多年坚持着，集团多次被公益组织授予"捐资助学先进单位""爱心企业"等荣誉称号。

涓涓细流，汇成江海。70 年来，陕建一建人从没有忘记自己人民军队的光荣传统，从没有忘记自己国有企业的使命担当，始终尽其所能，发光发热，温暖他人，奉献社会。

第三节　让党旗高高飘扬

5000 年文明的长河中，我们是沧海一粟
68 载的丰功伟绩里，我们昂首阔步
在庆祝百年华诞的今天，我们向伟大的党祝福
在歌声飞扬的今朝，我们要向党旗汇报

汇报一建职工的辛勤与付出，汇报一建儿女奋进的画图

……

党旗啊，我们向您汇报

这些年一建人植根于三秦沃土

奋战在四海九州

留下无数凝固的建筑诗篇

续写了无数辉煌灿烂！

……

党旗啊，我们向您汇报

高举建筑铁军的旗帜

我们朝着国内知名的综合建筑服务商的目标，奋勇向前！

按照"5221"四大业务板块进行优化调整

我们努力打造高质量发展的新一建！

……

2021年6月18日，陕建一建集团在西安广电中心石榴花剧场隆重举办庆祝建党100周年大会暨"东方的太阳"主题歌会，集团领导班子集体登上舞台，真挚而深情地表演音画诗《向党旗汇报》，深深打动了每一位观众。

庆祝建党100周年大会暨"东方的太阳"主题歌会

越是壮阔的征程，越需要领航的力量。回首往事，陕建一建集团的党组织始终与时代发展同步伐、同党的事业共命运。

从国家第一个五年计划开始，老一辈一建人便投身于社会主义经济建设的热潮中，西安航天城、电子城、纺织城无不留下一建人攻坚克难、奋发图强的身影。

改革开放以来，国家经济高速蓬勃发展，基础设施建设步伐加快，集团党委始终坚守服务陕西经济发展大局的初心，承建了一大批省市重点项目，为陕西经济的追赶超越贡献了我们国有建筑企业应有的力量。

党的十八大以来，陕建一建集团党委以习近平新时代中国特色社会主义思想为指导，审时度势，坚守"党建抓实了就是生产力，抓细了就是凝聚力，抓强了就是战斗力"的信念，全面贯彻落实全国国有企业党的建设工作会议精神和习近平总书记关于国企党建的重要论述，准确把握新时代党建工作总要求，发扬好"光荣传统"，发挥好"独特优势"，推动党建工作与中心工作互促共进，以高质量党建引领高质量发展，用高质量发展推进高质量党建，取得党建工作和经济工作双丰收。

坚持党的领导，加强党的建设，是国有企业的根和魂。陕建一建集团脱胎于人民军队，听党指挥是融化在企业血脉里的永恒基因。

主干遒劲，方能枝繁叶茂。长期以来，陕建一建集团积极发挥党组织的领导核心和政治核心作用，将党建工作与生产经营中心工作同谋划、同落实、同考核。创新思路，不断延伸扩大党组织的覆盖面和影响力，建立项目党支部，设立党员示范岗，围绕项目管理及效益开展党建工作。

由陕建一建集团第六公司承建的 EPC 总承包工程雁塔科技创新研究中心，总建筑面积 28.7 万平方米，工程造价 29.8 亿元，建成后对促进雁塔区经济发展，完善区域科技创新体系，带动社会就业、拓展市场空间具有深远的意义。

2021 年 8 月 24 日项目开工，公司立即启动应急预案，项目部全员驻守，项目小组有序负责每日三次人员、车辆进出场的登记排查任务，确保项目建设加速。

北辰中天众星拱，思想之旗领航向。为强化党建引领和共产党员先锋模范作用，项目成立了联合党支部，成功举办了 2022 年"安全生产月"启动仪式暨架体坍塌事故应急救援演练观摩会、"凝心聚力抓生产，奋勇争先保节点"主题劳动竞赛、"建功十四五·筑梦新征程"庆"五·一"暨劳模表彰大会、"喜迎二十大·我为群众办实事"慰问一线送清凉活动、"匠心务实筑精品·清正廉洁守初心"廉洁文化进项目启动会一系列活动，极大地鼓舞了士气，提振了人心。

在联合党支部的坚强领导下，项目团队在封城期间克服了钢材、方木、叠合板、防水卷材等材料货源紧张，运输困难等不利因素，现场钢筋工、木工、架子工、水电工等班组依旧流水施工或平行作业，坚持夜间大干，做到封城期间项目建设"不打烊"，施工跑出"加速度"。

西安国际足球中心项目是大西安建设"国家中心城市"和"国际化大都市"城市形象的新坐标，也是陕建一建集团安装公司重点推进的项目。安装公司以该项目为基础，打造了公司第一个党员先锋工程。

西安国际足球中心项目经理王超在党员先锋工程活动协议上庄重地签上自己的名字，一笔一画，书写着共产党员敢打敢拼、勇于担当的精神，承诺充分发挥党员的先锋模范作用，力争以共产党员的先进性带动广大员工恪尽职守、建功立业。

通过在工程建设中设立党员示范岗、党员责任区、党员突击队等党内活动的重要载体，将企业中心工作与先锋工程创建有机结合，把无形的党建工作成效转化为有形的企业发展优势，不断推动企业持续健康向前发展。

安装公司党委书记李江斌说道，要加强思想引领，突出先锋队意识，亮身份，强素质，当先锋，持续激发党员干部职工担当作为的源源动力，以创新为驱动力，从细节管理入手，对准薄弱环节，主动向短板挑战，全力提升项目人员管理水平，让他们在各自岗位上发光发热。

党建工作抓实了就是生产力，抓好了就是竞争力。高新医疗产业园项目体量庞大，工期紧张，作为西安市重点项目，它对高新区改善社会民生有着非同寻常的意义，对陕建一建集团开拓市场和品牌建设有着至关重要的作用。基于项目战略地位的考虑，集团党委从大局出发，做出了三公司、五公司以及安装公司三支队伍协同作战的部署。

为充分发挥党支部战斗堡垒和党员的先锋模范作用，紧盯共同目标团结协作，联合分析和解决项目推进过程中存在的问题，实现优势互补、资源共享、交流互助、共同成长，为项目建设提供坚强的思想保障，陕建一建集团党委决定成立项目联合党支部，切实把参建党员和职工群众有效联系在一起。

依托联合党支部这个坚强堡垒，各单位紧紧围绕项目建设中心任务，通过"组织联建、党员联管、资源联享、文化联创"的工作机制，以"心合"促"力合"，把党的政治优势、组织优势切实转化为项目管理的优势。项目团队仅用40天完成4万平方米基础筏板及层高7.2米、地下两层共计10万余平方米的地下室主体结构施工任务，90天实现21万平方米主体结构封顶，完成产值6亿元，迎来各级领导和高科集团近万人观摩。项目荣获陕建一建集团"党建工作示范项目"称号。

陕建一建集团依托互联网以及新传播技术，以数字科技为引擎，将大数据、人工智能等信息技术与党建工作相融合，积极推进数字化党建建设，构建数字化党建新模式，打造党建数字化新平台和"永不下班"的"数字党建指导员"，拓展党务工作、党史学习教育、党日活动新场景，让基层党建工作更智能、规范、高效，让党建内容更接地气、更有吸引力。

在高质量党建推动高质量发展的新征程中，绿地智创金融谷项目党支部充分发挥"科技＋传媒"优势，利用5G富媒体党建学习点的优势，建设充分共享的党建数字资源，在降低党建学习成本的同时，最大限度提升党建学习效能。同时，党支部充分发挥一线"红色文化"阵地的作用，实时跟进学习，让一线党员在项目上感受到政治文化的熏陶，增强建设者的使命感，激发了项目党建活力。

近年来，陕建一建集团根据新时期政治思想工作的新形势、新变化，着力搭建"党建＋项目建设""党建＋企业文化"两大平台，聚合发展力量，将党建工作嵌入生产经营环节，用党建赋能发展，用发展检验党建成效。

"党建＋项目建设"，助力项目建设高质量推进。把党支部建在重大项目上。仅2021年，就先后成立了"高新医疗产业园""西安国际足球中心"等5个重点项目党支部，通过"党员突击队""党员先锋岗"等，充分发挥党组织在项目建设中的引领作用和党员的先锋模范作用，有力地助推了项目建设任务的快速完成。

"党建＋企业文化"，激发强大内生动力。以党史学习教育为抓手，创新开展思想政治工作、意识形态建设和企业文化宣传工作。举办"党史故事百人讲"微党课、"庆七一红歌会""我身边的共产党员"企业精神、企业名片演讲比赛等活动，弘扬主旋律、传播正能量、提振精气神。

"强党建就是强发展"。陕建一建集团始终把党的建设放在首位，夯实七大基础，筑牢组织堡垒。

——完善决策制度。不断完善党委会、董事会、经营班子议事规则等议事决策制度，制定了集团党委、董事会、经营班子"三重一大"议事清单，初步明晰了党委、董事会、经营班子的权责边界，充分发挥党组织的把关定向作用。

——健全基本组织。集团党委严格落实《国企条例》要求，不断加强基层党组织建设，做到了机构设置到哪里、党的组织就建设到哪里。目前，集团设置基层党组织39个，党员总计465名，实现了党组织在分公司、子公司及重点建设项目全覆盖。同时，建立了以集团党委工作规范、基层党支部工作细则等文件为支撑的党建制度体系。

——建强基本队伍。持续加强基层党组织班子建设，党员达到 7 人以上的支部均设立了支委会，支委成员齐全；配备专兼职党务干部 26 名，并严格落实"同职级同待遇"政策。

——加强教育培训。定期举办各类党务培训班，聘请专家进行授课，通过党务培训、专家授课、专题学习等，着力提升党务干部实操能力。

——优化队伍结构。严把党员发展"入口关""质量关""程序关"和"责任关"，2021 年发展党员 25 名，其中 35 岁以下年轻党员占 50%、拥有本科以上学历的达到 60%，党员队伍结构得到进一步优化。

——开展创先争优。大力开展"先进基层党组织""优秀党务工作者""优秀党员"创先争优活动，推出一批先进典型，发挥榜样的示范引领作用，在集团内营造了学习先进、争当先进的浓厚氛围。

——构建考评体系。每年分级开展党组织书记抓党建工作述职，将党建工作成效作为领导干部年度综合考评的重要指标之一，使党建考核由"软指标"变为"硬杠杠"，促进了党建工作责任落实落细。

弄潮儿向涛头立，手把红旗旗不湿。在疫情防控的紧要关头，飘扬在最高处的一定是鲜艳的党旗，冲在最前面的一定是共产党员。

2020 年抢建西安市公共卫生中心项目，陕建一建集团党委一线指挥，党委书记、董事长黄海龙亲自督战，身先士卒，率领 2600 多名干部职工鏖战 9 天 9 夜，保质保量完成了建设任务。

2022 年抢建雁塔区和港务区元朔应急医院，时任集团副总经理、七公司总经理高雄、七公司党总支书记罗娜临危不惧，排兵布阵，科学谋划；一建集团副总经理、六公司党总支书记、总经理李引胜带领精兵强将，不舍昼夜，全力以赴，顺利完成了上级交给的艰巨任务，给西安人民交上一份合格的答卷。

透过危难险重的攻坚克难，人民看到了党的领导始终是战胜一切艰难险阻的"关键核心"，看到了坚持和发展社会主义制度始终是实现强国复兴的根本之路，看到了冲锋在前的共产党员始终是紧要关头的信心依赖。

黄海龙谆谆告诫广大党员干部职工，要将这次重大项目攻坚战当作忠诚奉献、坚定爱党爱国信念的课堂，要当作敬业爱岗、恪守职业道德的课堂；要坚守好始终听党话跟党走的"思想阵地"、坚守好担当作为干事创业的"责任阵地"、坚守好纪律规矩不可逾越的"安全阵地"，用实际行动传承红色基因。

党建工作力求接地气，有创新，形式上丰富多彩，要让广大党员干部喜闻乐见，入脑入心。陕建一建集团举办了创意微党课大赛，由各基层单位党总支书记带头演绎，以视频、PPT、演讲、快板、相声、舞台剧等多种方式呈现，使广大党员深受感染，教育效果显著。微党课《今夜星光灿烂》荣获陕建集团最佳微党课。集团还在微信公众号开设《党史故事微讲述》栏目，党员代表接力诵读《党史故事100讲》。

"书记上党课""道德大讲堂""观看教育片""党员讲故事"，党史学习教育读书班、"知识竞赛""主题党日""两学一做"学习教育，"我身边的共产党员"演讲比赛、抄党章硬笔书法比赛……陕建一建集团党建活动生动活泼，灵活多样，深受广大党员干部职工的欢迎。

自2018年8月起，陕建一建集团党委开始在各级党组织中开展"以结果为导向，把本职工作干好就是担当"的主题讨论会。当年共开展103场讨论会，1218人在会上进行了发言，大家联系本职工作，畅所欲言，活动取得了实实在在的效果。

讨论会上，大家都能真正把自己摆进去，敢于揭短亮丑，触及思想深处，触及问题实质，起到了"照镜子、正衣冠、洗洗澡、治治病"的作用，既是一次触及灵魂的精神升华，也是一次终身受益的党性锤炼。

2018年6月28日，面对鲜红的党旗，82岁高龄的聂玉林在领誓人的带领下，和其他15名青年党员一起庄严宣誓，光荣地加入了中国共产党。为了这一刻，他足足等了53年。

1936年出生的聂玉林先后在西北一公司（现为陕建一建集团）从事过木工、水电工、材料保管等工作。在工作中，他踏实肯干，任劳任怨，赢得了大家普遍好评。

1965年，聂玉林第一次向党组织递交了入党申请书，但由于种种原因，始终未能如愿。但聂玉林一直以党员的标准严格要求自己。他工作认真负责，曾多次被评为先进工作者，获得奖品以及奖励。他常说，只有把工作干好才是入党的第一步，工作干好了才能对得起领导，对得起单位，对得起党。

退休后，热心肠的聂玉林加入了老年协会，负责4个村的邻里纠纷、家庭矛盾的疏通协调工作。他办事不偏不倚，有理有据，深得乡党们的信服。

近些年，聂玉林目睹了陕建一建集团在党的领导下不断发展壮大，各项工作有声有色，入党的愿望更加强烈。2016年，聂玉林向陕建一建集团离退休党总支递交了入党申请书。集团党委对此高度重视，要求离退休党总支认真做好培养工作。

五十年初心不改，终换来柳暗花明。聂玉林在步入耄耋之年的时候还能积极向党组织靠拢，退休几十年仍然矢志不渝要求进步，发挥余热和特长，在社会传递正能量，在陕建一建集团传为美谈。

2021年，组织集团所有党员职工参加的大型歌会《东方的太阳》得到了一致好评，节目被选送参加在北京召开的建设工程行业庆祝建党100周年大型活动。

万山磅礴，必有主峰。陕建一建集团党委始终要求全体党员干部要弘扬对党绝对忠诚的政治品格，在坚定理想信念上当好先锋、作出表率。要有坚定不移的信仰，坚定对马克思主义的信仰，汲取强大的真理力量、信仰力量、奋进力量；要有坚不可摧的信念，始终坚定中国特色社会主义道路自信、理论自信、制度自信、文化自信，在政治上不能有任何含糊，在思想上不能有任何动摇，在行动上不能有任何迟疑；要有坚如磐石的信心，牢记初心使命、保持前进定力，有效应对重大挑战、抵御重大风险、克服重大阻力、解决重大矛盾，在奋斗之路上开创出崭新业绩。

2022年10月16日上午，中国共产党第二十次全国代表大会在北京人民大会堂开幕。习近平代表第十九届中央委员会向大会作了题为《高举中国特色社会主义伟大旗帜 为全面建设社会主义现代化国家而团结奋斗》的报告。

陕建一建集团党委书记、董事长黄海龙在收看党的二十大开幕会盛况后心潮澎湃，信心倍增。他表示："习近平总书记的报告贯穿了以人民为中心的发展思想，鼓舞人心、催人奋进。作为一名党员，我为我们伟大、光荣、正确的中国共产党感到无比的骄傲和自豪。接下来，我将团结带领广大干部职工，以时不我待的紧迫感，抢抓发展机遇，加大市场经营，强化内部管理，创新机制体制，激发企业活力，全力以赴稳增长，为陕西高质量发展贡献陕建力量，以实际行动贯彻落实党的二十大精神。"

第四节　继往开来启新局

"新时代的伟大成就是党和人民一道拼出来、干出来、奋斗出来的！"2022年10月16日上午，陕建一建集团党委组织党员干部在集团大礼堂收看党的二十大开幕盛况，当听到习近平总书记报告里这句铿锵有力的话语，大家心潮起伏，不由自主地联想到集团近70年的奋斗历程，抚今忆昔，感慨万千。

"拼""干""奋斗"，这三个关键词正是陕建一建集团70年来精神风貌的真实写照和高度概括。

"一五"期间，陕建一建人完成了国家 156 项重点工程项目中的 13 项，靠肩挑人扛为陕西省工业化建设添砖加瓦，为人民共和国航空航天事业夯实根基。

三年困难时期，十年动乱，陕建一建人在生活极端困难的情况下坚持祖国的建设，无私奉献，在三秦大地留下一座座精品工程。

20 世纪 70 年代，面对唐山大地震、延安大洪水，一声令下，陕建一建人秉承军人本色，连夜奔赴灾区，抗震救灾，冲锋陷阵，为恢复当地经济发展作出巨大贡献。

1984 年，建筑业逐步推向市场，陕建一建广大职工与企业同呼吸、共命运，实现从"等米下锅"到"找米下锅"的艰难转变。

1996 年，公司持续开拓省外市场，不断向上海、江苏一带迈进。公司先后承担了上海六三三研究所松花江路高层住宅、松江刃具厂、东海商业中心一期等工程，这些工程的顺利完工，标志着陕建一建集团步入施工质量最高殿堂，为集团创造出了较高的经济效益和良好的社会信誉。此外，公司通过土地整合开发利用，缓解了当时资金困难的局面。

2003 年，公司紧紧抓住了西部大开发的大好历史机遇，快速的适应市场、抢占市场，形成了"自营、联营、职工个人全额承包"三种经营模式，确定了立足西安、逐步向省外市场的经营策略，完善了公司领导层、专业开发层、项目管理层"三级联动"的市场开发机制，依托国企资质、品牌、诚信和技术优势，经营规模得以迅速扩张，经营成果取得了突破性进展。

2008 年，股份制改革，陕建一建人敢为人先，无惧风浪，勇闯"深水区"，彻底进行了股份制改革，为企业加速发展赢得先机。

1994 年，陕建一建集团产值首次超过 1 亿元，2007 年产值突破 10 亿元，2020 年产值达到 108 亿元，陕建一建从步履跟跄到迈入高质量发展的快车道。

2020 年寒冬，在西安市公共卫生中心，陕建一建人不眠不休奋战 9 天 9 夜，以一腔热血铸就铜墙铁壁，守卫千万百姓生命安全。

2020 年，在西安奥体中心游泳跳水馆，陕建一建人历经 988 个日夜奋战，按期竣工交付，为"十四运"增光添彩。

20 项"鲁班奖"、22 项"国家优质工程奖"、8 项"中国安装之星"、6 项"中国建筑工程装饰奖"，陕建一建人"干一项工程，树一座丰碑"，赢得社会广泛认可与尊敬。

从也门到吉尔吉斯斯坦，从内蒙古到海南，从安徽到四川，陕建一建人跋山涉水，开疆拓土，"走出去"的步伐坚定有力。

实践证明，现实是此岸，理想是彼岸，奋斗则是通往理想彼岸的桥梁。陕建一建集团在70年的发展历程中，取得的任何成绩和进步，都是"拼"出来的，"干"出来的，"奋斗"出来的。天上不可能掉馅饼，唯有实干能振兴。

坚定意志力，激扬精气神。2012年，陕建一建在全公司广泛征集企业精神和企业名片，经过层层投票表决，"陕建一建 建筑铁军""务实执着 永创第一"以高票分别当选企业名片和企业精神，充分体现了陕建一建人见红旗就扛、见第一就争，敢做排头兵的冲劲和虎气。

当第一、抢头彩，绝不是因为爱虚名，好面子，而是因为"没有人能够记住第二，只能记住第一"。所有人都知道阿姆斯特朗是第一个登上月球的人，有多少人知道第二个呢？所有人都知道珠穆朗玛峰是世界最高峰，又有多少人知道第二个呢？争这个"第一"能给企业带来很多额外的收获，产生巨大的社会效益，这就是溢出效应，品牌效应，所以陕建一建人要众志成城，全力以赴，勇夺第一。黄海龙在向干部职工解读企业精神时，深入浅出，深得人心。"竞争文化"已经成为陕建一建集团企业文化的核心理念之一。

70年来，陕建一建人始终牢记自己身上的光荣使命，见红旗就扛，见山头就冲，将服务三秦大地经济发展、增进民生福祉的热血情怀化为了一项项可观可感的举措。在十四运项目、西安市学校项目、航天厂房、西安市公共卫生中心、高新区医疗产业园、机场三期、苹果城等一系列涉及体育事业、教育事业、航天事业、医疗卫生事业、交通运输事业、住房保障事业的重大项目建设中克服重重困难，高效履约，在学有所教、病有所医、住有所居上生动地践行了以人民为中心的发展理念，也为企业树立了一个立体的、丰富的社会形象，社会认可度和美誉度不断提升。

要在竞争中胜出，永创第一，就必须提振精神，带着饱满激情谋事干事，形成奋发向上、力争上游的浓厚氛围。黄海龙多次强调，陕建一建集团的干部职工要端正心态，保持积极乐观。积极的心态像太阳，照到哪里哪里亮。改变了心态就有了激情，有了激情就有了奋发向上的斗志。

"你内心如果是一团火，才能释放出光和热；你内心如果是一块冰，就是化了也还是零度。一个人如果能够在工作中始终保持积极进取、乐观豁达、平和从容的心态，就能少些迷茫、多些定力，少些忧愁、多些阳光，充满奋发图强的力量。"黄海龙与干部职工分享自己的体会时这样说。

善弈者谋势，善谋者致远。2010 年，陕建一建集团科学谋划，制定了《集团 2011 年至 2015 年发展规划》，迈开了向"强司富民"更高目标奋进的步伐。"十二五"期间，集团先后荣获"全国优秀施工企业""中国建筑业最具成长性百强企业""全国工人先锋号"等 9 项国家级荣誉；荣获"陕西省建筑业先进企业""陕西省信用企业""陕西省文明单位标兵"等 40 项省市级荣誉；李忠坤、张培林荣获"全国五一劳动奖章"，章贵金、黄海龙被授予"陕西省劳动模范"。

面临新形势，面对新挑战，黄海龙强调，要放大"坐标系"、找准"参照物"，对标最高、聚焦最好、锚定最优，争当排头兵、领头雁、引领者。要坚决打破小富即安、小进即满的心态，坚决打破不温不火的干事节奏，坚决打破不闯不试的中庸哲学，把"跳"的参照物定得更高，把"争"的目标定得更远，推动陕建一建集团各项工作更上一层楼。

"我们陕建一建人历来就有敢于担当、敢于争先的精神，历来就有不甘人后、不甘平庸的特质。""陕建一建人要延续'热血沸腾'的激情，保持'热气腾腾'的景象，干出'热火朝天'的场面，始终保持高质量发展良好态势。"黄海龙充满激情地说。

"十三五"（2016—2020 年）时期，是陕建一建集团深化改革、优化结构、加快企业转型升级，提升发展质量和效益，打造"百亿集团"的关键时期，是集团继续保持平稳较快发展，并迈入高质量发展快车道的五年。

五年来，在陕西省委、省政府、省国资委的正确领导和陕建集团的有效监管下，陕建一建集团以习近平新时代中国特色社会主义思想为引领，以经济发展为主线，以打造"百亿一建"为契机，坚持规模效益协同推进的发展理念，精准对标、追赶超越、抢抓机遇、开拓市场、优化结构、深化改革、狠抓落实、主动担当，集团各项工作全面进步。主要经济指标大幅度增长，超额完成任务，经营规模实现了大跨越，迈上新台阶，盈利能力逐步增强，品牌建设取得重要成果，整体经济运行持续稳定向好，在陕建系统内稳居第一方阵前列。

五年来，陕建一建集团计划经营签约额累计 800 亿元，实际累计完成 890 亿元，是"十二五"期间累计完成 326 亿元的 2.73 倍，年平均增长率 16.61%；计划营业收入累计 408 亿元，实际累计完成 415 亿元，是"十二五"期间累计完成 212 亿元的 1.96 倍，年平均增长率 13.22%；计划实现利润累计 6.6 亿元，实际累计完成 9.1 亿元，是"十二五"期间累计完成 1.9 亿元的 4.79 倍，年平均增长率 41.31%；营业收入利润率由 2015 年的 1.1% 增长到 2020 年的 3.77%，年平均增长率 18.77%。五年期间资产规模逐年攀升，2015 年资产总额为 27.14 亿元，2020 年资产总额已达到 145.7 亿元，年平均增长率 37.21%；2015 年净资产为 4.8 亿元，2020 年净资产 20.6 亿元，年平均增长率 34.84%。

潮涌再奋楫，破浪踏歌行。在新时代的长征路上，陕建一建人从跨越式追赶，进入高质量发展崭新时代，历史也将续写新的篇章，新的传奇。

"十四五"（2021—2025 年）时期，是陕建一建集团深化改革，优化结构，进行区域布局调整，加快企业转型升级和科技创新前进步伐，提升发展质量和效益，打造"综合建筑服务商"的关键时期。

经过近 70 年的传承和发展，陕建一建集团积累了向好向上高质量发展的扎实基础。尤其是"十三五"时期，集团踔厉奋发、勇毅前行，实现了"百亿一建"的战略目标，各项经济指标保持了强劲的增长势头，为集团精准谋划"十四五"，奋力开创新时期企业发展新辉煌奠定了坚实的基础。

2020 年，陕建一建集团发布了《陕西建工第一建设集团有限公司第十四个五年发展规划（2021—2025 年）》，其中理性、客观地分析了集团发展积聚的优势：

资质优势。具有国家建筑工程施工和市政公用工程施工总承包双特级资质、建筑行业设计和市政行业设计双甲级资质及其他一系列相关资质，涵盖建筑施工的主要领域。

区位优势。一建集团在西安市有着较好的品牌影响力，形成了以西安市为中心，逐渐向省外辐射的经营格局，在省内拥有地方政府的支持和扶持。

客户优势。以客户为中心的经营策略的推进和深化，在巩固老客户的同时，战略伙伴队伍持续拓展，由此带来的稳定且长期的合作，为我们经营发展带来重要的市场支撑。

人才优势。拥有的各类经营、技术、管理人才均在系统内名列前茅，同时依附于西安国家中心城市的地理优势、高校优势，对人才的吸引力较大。

品牌优势。一建集团近年来建设了大量具有影响力的地标工程、重点工程、民生工程，各项创优夺杯取得了大量的成果，在省内外拥有良好的口碑和知名度。

专业技术优势。目前一建集团涉及领域涵盖土建、安装、装饰、市政路桥等几大板块，尤其是在超高层、厂房、体育场馆等领域有着较强的专业技术优势。

融资能力优势。集团改制后经过 10 余年的发展，目前资本充足、现金流稳定、财务状况良好，融资能力、银行授信度都有较大优势，得到多家大型国有、商业银行的认可，综合授信 50 亿元以上，风险抗压能力较强。

施工能力优势。一建集团是一支打得赢、靠得住的团队,建设了许多急、难、险、重的工程项目,创造了"陕西速度""陕建高度",在施工质量、工艺、水平、速度、组织、协调等能力上具有优势。

文化和制度优势。"务实执着,永创第一"的企业精神已深入人心,并融入企业管理体系当中;管理制度健全、执行力较强,诚信履约成为所有员工共同认知。

九大优势汇聚成磅礴之力,成为推动陕建一建集团高质量发展的强大动能。

"成为国内知名的综合建筑服务商,实现强司富民目标。"陕建一建集团以此作为企业"十四五"发展愿景,绘就了新的蓝图。

"十四五"期间,陕建一建集团将秉承"务实执着、永创第一"的铁军精神,在"以人为本,构建和谐企业;以市场为先,满足顾客需求;以创新为源,不断追求卓越"的核心价值观指导下,按照"系统思考、持续改进、全面发展"的管理方针,实现"顾客满意、员工满意、股东满意、社会满意"的企业宗旨。陕建一建集团"十四五"发展理念,既有对过去的传承和发展,又有对全新目标的创新和提升。

思深方益远,谋定而后动。陕建一建集团以战略的眼光、科学的态度确定了集团"十四五"的总体目标:以陕建控股集团整体上市和迈入世界500强为契机,成为国内知名的综合建筑服务商。"十四五"期间,省内市场以巩固稳定提升为主,省外市场重点布局海南、江西、长三角地区;按照"5221"四大业务板块进行结构优化调整,房屋建筑营收占比降低、市政路桥营收占比快速提高、投融建业务全面启动。到2025年末合同签约额达到418亿元,营业收入200亿元,利税17亿元,利润总额10.8亿元,职工人均年收入超过21万元。

百舸争流,奋楫者先,千帆竞发,勇进者胜。面对新目标,始终豪情满怀的黄海龙号召大家,要时刻怀着"坐不住"的责任感、"慢不得"的紧迫感、"等不起"的使命感,在党的二十大精神指引下,为助力陕建控股集团实现"十四五"宏伟目标、挺进世界500强,为打造陕建一建集团"世界一流综合建筑服务商"新发展格局贡献智慧和力量。

2022年11月29日,陕建控股集团党的二十大精神宣讲团成员、陕建控股集团党委书记、董事长张义光走进陕建一建集团,做"党的二十大精神"专题宣讲。他号召广大党员干部把党的二十大精神转化为谋划发展的思路、促进发展的措施、领导发展的能力、推进发展的力量,以实干实绩实效交出学习贯彻党的二十大精神的优异"答卷"。他鼓励广大党员干部要发扬"越是艰险越向前"的精神,拿出"狭路相逢勇者胜"的气概,保持"乱云飞渡仍从容"的定力,练就"踏平坎坷成大道"

的本领，埋头苦干、奋勇前进，推动企业高质量发展再上新台阶，为谱写陕西新时代追赶超越新篇章、全面推进中华民族伟大复兴再立新功、再添新彩。

70年，同心筑梦，薪火相传；70年，铁军匠心，创新以恒。尝遍千辛万苦，经历千难万险，穿越千山万水，务实执着，永创第一的陕建一建人正满怀激情，信心百倍，在人间正道上继续高歌猛进，浩荡前行。

谨以此书献给

陕建一建集团成立 70 周年